LE DÉROULEMENT DU PROCÈS PÉNAL

Essai de droit comparé Congo/France

Saturnin Lovel BAMBA

LE DÉROULEMENT DU PROCÈS PÉNAL

Essai de droit comparé Congo/France

L'Harmattan
Congo-Brazzaville

5-7, rue de l'Ecole-Polytechnique, 75005 Paris
http://www.editions-harmattan.fr
ISBN : 978-2-343-15846-4
EAN : 9782343158464

AVANT-PROPOS

La criminalité étant une réalité présente au sein de chaque société du monde, la réaction sociale, face au phénomène criminel qui aujourd'hui s'accentue du jour au lendemain avec de nombreuses avancées scientifiques, a posé les règles qui font appel à une attention particulière de la part des praticiens du droit. De la prévention à la répression d'une infraction à la loi pénale, il existe une organisation procédurale destinée à éviter l'arbitraire. Cet ouvrage intitulé *Le déroulement du procès pénal "Droit comparé"* repose sur trois (3) parties, chacune d'elles composée de deux (02) chapitres. Ainsi, dans la première partie, il est question de chercher à connaître les origines du procès pénal (chapitre I) et bien évidemment les acteurs de ce procès (chapitre II). Ensuite, dans la deuxième partie consacrée à l'instance pénale (chapitre III) et les obstacles au déroulement du procès pénal (chapitre IV) ont constitué son crédo. Enfin, dans la troisième et dernière partie, l'exercice de l'action civile découlant d'une infraction à la loi pénale (chapitre V) et la prescription de l'action civile résultant d'une infraction à la loi pénale ont été passés en revue. Le but de cet ouvrage est de faire en sorte que ceux qui aspirent à la profession judiciaire et ceux qui l'exercent déjà puissent s'en servir ne serait-ce que comme un aide-mémoire ou comme une source d'inspiration juridico-culturelle. Ainsi, pour les praticiens du droit tels que les magistrats, avocats, notaires, huissiers de justice et greffiers, celui-ci pourra être, si l'on s'accordait, considéré comme un compagnon tout au long de leurs carrières professionnelles. Aux auditeurs de justice, l'ouvrage se présente comme un formateur qui, en cas de lanterne avérée sur certaines questions, pourra les éclairer si cela est nécessaire. Aux intellectuels et curieux, il se présente comme une source d'information sur les tenants et les aboutissants d'un procès pénal. L'ouvrage n'est pas conçu pour seulement servir les récipiendaires du droit français tels que les anciens États de l'AEF ou de l'AOF, mais aussi ceux qui trouveront son usage nécessaire.

INTRODUCTION

Le phénomène criminel est d'une homogénéité telle que la délinquance soit présente dans tous les Etats du monde entier qui constituent le globe terrestre. Devant cette réalité, les États font recours à un système de défense sociale qui s'arc-boute autour du droit pénal encore appelé « Droit criminel », considéré comme un ensemble de règles de droit ayant pour objet la définition des infractions ainsi que des sanctions qui leur sont applicables. En un sens large, le droit pénal général regorge également les règles qui traitent de façon spécifique chaque infraction à la loi pénale : c'est ce qu'on appelle couramment « Le Droit pénal spécial » et les règles qui régissent les différentes étapes qui tendent à la sanction des états dangereux : c'est « la procédure pénale ». Toutefois, en dépit du caractère homogène du phénomène criminel, le respect du principe de la souveraineté nationale des États permet à ceux-ci d'élaborer librement leurs lois et de définir dans celles-ci le fait qui constitue une infraction à la loi pénale. Néanmoins, il est constant en s'inspirant des différents textes de la sous-région en matière criminelle et de ceux de l'ancienne métropole (France) que les différents acteurs dans le déroulement du procès pénal sont quasiment identiques selon que nous soyons en France ou dans les différents pays de la sous-région. Le seul constat révèle qu'en général les textes répressifs en matière de procédure dans la sous-région sont inspirés de l'ancien code d'instruction criminelle (CIC) français de 1838 rendu applicable en AEF par l'ordonnance royale du 14 février 1838. Au Congo, en particulier, depuis l'acquisition de cet héritage, rien n'atteste que les avancées significatives ont été faites ou d'éventuels changements apportés. Pour tout dire, le Congo est resté au statu quo. D'autant plus que la loi n°1-63 du 13 janvier 1963 portant code de procédure pénale est un texte qui tire ses origines dans les cendres du code d'instruction criminelle (CIR) de 1838 en France (année où il a été rendu applicable en AEF Ord Roy du 14-2 1838. Qu'à cela ne tienne, il est normal d'affirmer que jusqu'à preuve du contraire le droit pénal général serait inefficace si les législateurs répressifs des différents pays du monde n'avaient pas eu la dextérité de légiférer en instituant les codes de procédure pénale dans leurs différents Etats respectifs. C'est pour dire que les méthodes d'élaboration, de leur adoption et de leur application peuvent s'avérer différentes, mais une chose reste réelle, c'est que leur terminologie reste la même. Car une loi pénale est toujours censée sanctionner un état dangereux dûment manifesté. C'est d'ailleurs la raison écrite même du Droit pénal. Car « en matière pénale, seul un texte de loi peut fonder la décision du juge. Il faut pour cela des lois précises et point de jurisprudence ». Ce qui signifie que dans leurs exercices de faire appliquer la loi pénale, les juges répressifs doivent se méfier de rendre les décisions par analogie. D'autant plus que la sensibilité du droit pénal veut qu'aucun comportement, semble-t-il dangereux, ne puisse être sanctionné si aucune loi répressive n'a au préalable prévu le caractère dangereux et punissable d'un tel comportement. C'est ce qui confirme d'ailleurs le caractère souverain de chaque État. Les réalités sociales de chacun des États du globe terrestre et tenant compte des avancées technologiques, idéologiques et de l'apparition de certaines formes de criminalité en Occident et en Orient, la réaction sociale, face à cette montée en puissance, légifère fermement et applique des sanctions pénales que certains pays avaient non seulement laissées tomber en désuétude, mais les avait abolies, c'est le cas de la peine de mort. La majorité des États d'Europe a aboli cette sanction suprême au seul nom du respect des droits de l'Homme. Mais bien d'autres envisagent déjà son rétablissement sinon l'ont déjà rétablie et procèdent, comme dans l'exécution de certaines peines, à l'exécution des condamnés à mort. Il y a des États qui, malgré les critiques, ont toujours maintenu cette sanction, à l'instar de certains États fédérés des États-Unis d'Amérique. L'État du Texas en est un exemple. Face à certaines formes de criminalité telles que le terrorisme, les Etats se doivent d'accommoder et d'harmoniser leurs lois répressives à la limite de cette réalité. Cela, pour éviter tant soit peu les critiques axées sur l'arbitraire. Car non seulement qu'il faut condamner, mais le condamné doit être convaincu de la gravité de son fait répréhensible et de la sanction qui lui est infligée en retour, évitant ainsi les exécutions sommaires de grands truands. S'incluant dans la sphère générale de la procédure pénale, l'objectif visé dans cet ouvrage est d'apporter et de véhiculer un message aux principaux récipiendaires qui peuvent être aussi bien des praticiens du droit, comme les magistrats, les auditeurs de justice, les avocats, les notaires, les huissiers et les officiers de police judiciaire, que par les enseignants-chercheurs, les étudiants en droit, les intellectuels et les curieux. Ainsi, ils s'apercevront qu'entre l'infraction et la peine, il existe des règles et les étapes qui gouvernent la procédure tendant à la répression de son auteur, c'est dire en réalité qu'un procès pénal naît, vit et meurt. Forts de sa souveraineté, chaque Etat légifère comme il le juge utile en matière répressive, et les différents acteurs de la procédure pénale sont tenus au respect scrupuleux des règles de procédure, car au moindre manquement, la procédure peut encourir la nullité. Toute infraction doit être définie en des termes clairs et précis pour exclure bien évidemment l'arbitraire et permettre à la société de connaître exactement la nature et la cause de l'accusation. On ne peut être puni qu'en vertu d'une loi établie et promulguée antérieurement au délit et légalement appliquée. C'est un principe qui est aussi reconnu dans la Déclaration des droits de l'homme et du citoyen de 1789, notamment eu son article 8.

Cet ouvrage fait éclairer la lanterne autour du déroulement du procès pénal. En ce sens que seront abordées dans leur profondeur toutes les péripéties qui constituent l'ossature du déroulement d'un procès pénal.

PREMIÈRE PARTIE

CHAPITRE I
LES ORIGINES DU PROCÈS PÉNAL

En matière pénale, une instance en justice est sujette à un bon nombre de conditions qui nécessitent une observation particulière. Ainsi, le principe de la légalité des infractions et des peines reconnu tant par les textes constitutionnels que par les lois répressives se doit d'être respecté. C'est pour autant dire que le crédit accordé à ce principe, qui couronne les origines de tout procès pénal, fait appel à la prévention légale des infractions (section I) et à la répression légale de ces infractions (section II).

Section I : ***La prévention légale des infractions***

Il est important de rappeler qu'en matière pénale, seul un texte, aussi bien légal que règlementaire, peut fonder la décision d'une juridiction devant laquelle une affaire est pendante. C'est aussi valable pour les différentes infractions car selon le texte de l'article 4 du Code pénal français de 1810, repris par celui du Congo : « Nulle contravention, nul délit, nul crime, ne peuvent être punis de peines qui n'étaient pas prononcées par la loi avant qu'ils fussent commis ». La conséquence logique de ce texte est que personne ne peut faire l'objet d'une condamnation pour un fait qualifié crime ou délit dont les éléments ne sont pas définis par la loi, ou par un fait qualifié contravention dont les éléments ne sont pas définis par le règlement. Il en est de même pour une peine. Nul ne peut être puni d'une peine non prévue par la loi ou dans le cas d'une contravention par le règlement. C'est ce qui fera l'objet des préventions criminelles,

Paragraphe 1 : ***La prévention en matière criminelle***

Placé au sommet des différentes infractions à la loi pénale, le crime est une infraction de droit commun qui se caractérise, comme toutes autres infractions à la loi qui les prévoit, par un élément matériel : le fait matériel constitutif d'une infraction et un élément moral qui s'étend autour d'une volonté délibérée ou l'intention manifeste de commettre une infraction. Il existe une bonne catégorie de faits qualifiés crimes.

- **Crime contre l'espèce humaine**

Le crime contre l'espèce humaine est juridiquement distinct du crime contre l'humanité, celui-ci au contraire renvoie à l'eugénisme, qui est une pratique tendant à la modification du patrimoine génétique humain (article 214 -1 du Code pénal en France) et au clonage reproductif, qui est une intervention ayant pour but de faire naître un enfant génétiquement identique à une autre personne vivante ou décédée (article 24-2 du code pénal en France et L 2151-1 du code de la santé publique).

- **Le crime contre l'humanité**

La loi congolaise n°8-98 du 31 octobre 1998 portant définition et répression du génocide, des crimes de guerre et des crimes contre l'humanité en son article 3 et en France l'article 211-1 et suivants du Code pénal, parlant du crime contre l'humanité, laissent entendre l'un des actes ci-après, lorsqu'il est perpétré dans le cadre d'une attaque généralisée ou systématique dirigée contre une population civile et en connaissance de l'attaque. Il s'agit donc : du meurtre, de l'extermination, de la réduction en esclavage, de la déportation ou transfert forcé de la population, de l'emprisonnement ou autre forme de privation grave de liberté physique en violation des dispositions fondamentales du droit international, de la torture, du viol, de l'esclavagisme sexuel, de la prostitution forcée, de la grossesse forcée, de la stérilisation forcée et d'autres formes de violence sexuelle de gravité semblable, de la persécution de tout groupe ou toute collectivité identique inspirée par des motifs d'ordre politique, racial, national, éthique, culturel, religieux ou sexiste ou d'autres critères universellement reconnus comme inadmissibles en droit international, des disparitions forcées, des crimes de discrimination tribale, ethnique ou religieuse, d'autres actes inhumains, de caractère analogue causant intentionnellement de grandes souffrances ou des atteintes graves à l'intégrité physique ou à la santé physique ou mentale, telles que : la contrainte à la prostitution, le pillage, la pratique massive et systématique d'exécutions sommaires, les enlèvements des personnes suivis de leur disparition. Tous ces actes, suivant les circonstances dans lesquelles ils ont été commis, notamment dans le contexte d'une attaque généralisée ou systématique, prennent automatiquement le qualificatif de crime contre l'humanité.

- **Crime de guerre**

Les faits de nature criminelle, commis dans les circonstances d'un conflit armé à caractère international, prennent la qualification juridique de « crimes de guerre » lorsque les différentes parties au conflit ignorent ou ne respectent pas des lois et coutumes applicables en temps de guerre. L'article 4 de la loi n° 8-98 du 31 octobre 1998, portant définition et répression du génocide, des crimes de guerre et des crimes contre l'humanité, dispose en termes clairs que : on entend par « crime de guerre ».

a) Les infractions graves aux conventions de Genève du 12 août 1949.
b) Les autres violations graves des lois et coutumes applicables aux conflits armés internationaux dans le cadre établi du droit international ;
c) Les violations graves de l'article 3 commun aux quatre conventions de Genève du 12 août 1949 ;

d) Et d'autres violations graves reconnues comme applicables aux conflits armés ne présentant pas un caractère international, dans le cadre établi du droit international. Tout semble indiquer dans l'esprit du législateur répressif congolais que certains actes prévus à l'article 6 de la présente loi, perpétrés en situation de conflit armé international ou national, ne peuvent que prendre le qualificatif de « crimes de guerre », puisque commis en temps de guerre, sinon lors d'un affrontement armé. Dans ce cas, il s'agit simplement de constater l'existence d'une confrontation armée.

- **Le génocide**

Au nombre d'infractions à caractère criminel, il y a le génocide qui occupe une place de renom. L'article 211-1 du Code pénal en France et premier de la loi n°8-98 du 31 octobre 1998, portant définition et répression du génocide, des crimes de guerre et des crimes contre l'humanité en République du Congo, définissent le génocide comme étant « le fait de commettre ou de faire commettre, en exécution d'un plan concerté tendant à détruire, en tout ou en partie, un groupe national, ethnique, racial, religieux ou un groupe déterminé à partir de tout autre critère arbitraire, l'un des actes suivants :

a) Meurtre des membres du groupe ;
b) Atteinte grave à l'intégrité physique ou mentale des membres du groupe ;
c) Soumission intentionnelle du groupe à des conditions d'existence devant entraîner sa destruction physique, partielle ou totale ;
d) Mesure visant à entraver les naissances au sein du groupe ;
e) Transfert forcé d'enfants.

À entendre dans les esprits des législateurs criminels français et congolais, le « plan concerté » doit être l'élément caractéristique principal non seulement dans la préparation de cette infraction, mais aussi et surtout dans les actes liés à sa commission par ses auteurs et leurs complices. Le plan concerté se traduit dans le conciliabule entre les acteurs et complices tendant à exécuter ou à faire exécuter leur dessein. L'article 3 de la loi congolaise précitée punit également des peines de génocide :

- L'entente en vue du génocide ;
- L'incitation directe et publique à commettre le génocide ;
- La tentative du génocide ;
- La complicité dans le génocide.

Il convient tout de même de rappeler que, en matière criminelle, toute tentative de crime lorsqu'elle a été manifestée par un commencement d'exécution et n'a manqué son effet que suite aux circonstances indépendantes de la volonté de son auteur est considérée comme le crime lui-même. Il ne faut, cependant, pas confondre le commencement d'exécution aux actes préparatoires à la commission du crime. Le fait par exemple d'acheter une arme ne signifie pas que l'on est dans le commencement d'exécution d'un meurtre ou d'un assassinat. Le juge répressif se doit d'observer avec beaucoup d'attention et savoir distinguer nettement le commencement d'exécution qui constitue la première phase de la tentative et les actes préparatoires qui ne constituent en rien une infraction.

Paragraphe 2 : ***la prévention en matière délictuelle***

Les délits sont des infractions de droit commun que la loi punit des peines correctionnelles. La loi énumère expressément que tel fait est constitutif d'un délit, car les préventions en matière pénale sont d'interprétation stricte. Les dispositions en la matière ne peuvent être étendues et doivent être interprétées restrictivement. Toutefois, ce principe n'interdit pas l'interprétation large de textes favorables au prévenu. De même, en matière répressive, le juge doit adapter un texte ancien aux nécessités de la vie actuelle. Ainsi, les préventions en matière délictuelle peuvent être réparties en deux groupes. Ce qui laisse envisager les délits commis contre les biens (A) et ceux commis contre l'intégrité des personnes (B).

A-) les délits commis contre les biens

Dans cette rubrique, il est question de relever, tant soit peu, les différents délits qui portent atteinte à la propriété par les mécanismes de la soustraction frauduleuse. La soustraction étant même comprise comme le fait de faire passer la possession d'un bien, d'un objet ou d' une somme d'argent des mains de son détenteur légitime dans celles de l'auteur du délit, contre le gré de ce détenteur. Ainsi, les délits comme : le vol (articles 379 du Code pénal congolais et 311-1du code pénal français), l'extension (articles 400 du Code pénal congolais et 312-1 du code pénal français, édition 2006), la banqueroute (articles 402 à 404 du code pénal congolais), la filouterie (articles 401 et 313-5 des codes pénaux congolais et français), l'escroquerie (articles 405 du Code pénal congolais et 313- 1 du Code pénal français), l'abus de confiance (articles 406 à 408 du Code pénal congolais, 314-1 du Code pénal français) constituent autant d'infractions dont l'idéal est de soustraire subrepticement le bien appartenant à autrui. Dans la commission de ces délits, leurs auteurs portent gravement atteinte à la propriété, mais aussi au bien d'autrui et à son préjudice. Toutefois, la tentative des délits n'est punissable que si le texte qui le prévoit en fait expressément état. D'ailleurs, les articles 3 du Code pénal congolais et 3 de l'ancien Code pénal de 1810 en France disposent : « les tentatives de délits ne sont considérées comme délits que dans les cas déterminés par une disposition spéciale de la loi ». À vrai dire, pour que la tentative d'un délit soit poursuivie devant un tribunal correctionnel, le juge répressif devra au préalable consulter le texte de la loi prévoyant qu'en la matière la tentative est punissable. Au cas contraire aucune poursuite ne sera valablement fondée. L'inobservation de cette règle rime avec l'arbitraire.

B- Les délits commis contre les personnes

Dans ce contexte, il est question seulement des personnes physiques dans leur intégrité. Car dans leur quotidien, certaines personnes se livrent à des actes de violence tant volontaires (a) qu'involontaires sur d'autres (b).

a) Les actes de violence volontaires

Les actes de cette nature sont caractérisés, de la part de leurs auteurs, par une volonté manifestement délibérée de porter atteinte à l'intégrité physique ou morale d'autrui ou par un projet nuisible visant à porter atteinte aux personnes ou aux biens, tel est le cas des menaces prévues respectivement par les codes pénaux français (articles 222-17s et 322-12s) et congolais (articles 305 à 308). Il est aussi question des coups, ou des blessures et même des voies de fait qui sont exercés sur l'intégrité physique de la personne d'autrui ; d'ailleurs, les articles 309 à 311 du Code pénal congolais en font leur crédo. Toutes les infractions constituent en réalité des actes de violence qui sont un terme générique désignant l'ensemble des infractions portant atteinte à l'intégrité des personnes.

b) Les actes de violences involontaires

Caractérisés par l'absence de volonté délibérée de commettre une infraction, les actes de violence involontaires par opposition aux actes de violence volontaires sont ceux qui dans ce contexte constituent en réalité des délits non intentionnels. Ce sont donc des atteintes involontaires qui sont une expression générique qui regroupe l'homicide involontaire, les blessures involontaires et les coups involontaires, portant plus ou moins atteinte à la vie ou à l'intégrité physique des personnes que les codes pénaux français (articles 221-6 s, 222-19s) et congolais (articles 319 et 320) ont prévu dans leur sein.

Paragraphe 3 : *La prévention en matière contraventionnelle*

C'est la dernière catégorie des infractions. À la différence avec les crimes et délits qui tirent leur origine dans la loi, les contraventions, par contre, sont d'origine réglementaire. Dans ce contexte, seul un texte émanant d'un règlement quelconque ou un arrêté peut prescrire, selon une circonstance, que tels ou tels faits sont de nature contraventionnelle en fonction bien sûr de leur légère gravité. En République du Congo, l'article 472 du Code pénal en vigueur prévoit quatre (04) classes de contraventions. Elles varient donc de la première classe (articles 471, 472, 473 et 474 du Code pénal) jusqu'à la quatrième classe. En revanche, en France, les contraventions varient de la première classe jusqu'à la cinquième classe (articles 111-1, 131-12 et 131-40 du Code pénal français). Il est important tout de même de rappeler qu'en dehors du fait que les contraventions sont de source règlementaire ou émanant d'arrêtés ministériels ou des différents administrateurs ayant compétence comme l'a prévu le décret n° 45-889 du 3/5/1945 relatif aux pouvoirs de police des gouverneurs généraux, gouverneurs résidents supérieurs, et chefs de territoires (AGG. Prom : 30 /10/1945 JOAEF 1945 p. 853.). Ces contraventions sont ensuite compilées après qu'elles ont été édictées par leurs auteurs dans le Code pénal. Cette réalité est de rigueur aussi bien en France qu'au Congo.

Section II : ***La répression légale des infractions***

Dans le respect de leur triptyque, selon qu'il s'agit d'un crime, d'un délit ou d'une contravention, la répression de ces trois (03) catégories d'infractions varie suivant cette logique. Ainsi, il est nécessaire de rappeler, comme en prévention, que la répression des infractions requiert, elle aussi, un strict respect du principe de légalité. C'est pour autant dire que le juge répressif ne peut que faire application de la sanction pénale qui est prévue pour l'infraction dont il doit juger la culpabilité de son auteur. En d'autres termes, il ne doit pas rendre les décisions par analogie. Il est tenu de rester fidèle aux préventions légales du législateur répressif. Toutefois, les peines varient selon que nous sommes en matière criminelle (paragraphe 1), en matière délictuelle (paragraphe 2), ou en matière contraventionnelle paragraphe3).

Paragraphe 1 : ***Les peines en matière criminelle***

La peine est une sanction punitive que le législateur répressif légifère en vue de protéger la société contre le phénomène criminel. Infligées par une juridiction répressive au nom de la société, à l'auteur d'infraction en rétribution de la faute commise, l'intimidation et la réadaptation du criminel ou sa mise définitive hors d'état de nuire (par l'exécution de la peine de mort) restent autant d'objectifs visés. Depuis l'abolition de la peine de mort par la loi du 9 octobre 1981, et relevant d'une interdiction constitutionnelle depuis la loi constitutionnelle n° 2007-239 du 23 février 2007 en France, le Congo avait ratifié le statut de Rome et déposé son instrument de ratification auprès du secrétaire général des Nations Unies, le 03 mai 2004, ce qui interdit l'application de la peine de mort. L'on considère désormais qu'en matière criminelle, les peines varient dans les deux (02) pays. Elles peuvent être à perpétuité, de 30 ans, 20 ans, 15 ans au moins, mais ne peuvent être inférieures à 10 ans. On ajoutera l'amende et les peines complémentaires. Au Congo, il est important de nuancer, car l'actuel Code pénal en vigueur regorge en son sein la peine de mort. Le livre premier, en son article 7, dispose : « les peines afflictives infamantes sont :

1. La mort ;
2. Les travaux forcés à perpétuité ;
3. Les déportations ;
4. Les travaux forcés à temps ;
5. La détention ;
6. La réclusion »

Cela peut paraître ambigu avec la ratification du statut Rome du 17 juillet 1998, traité entré en vigueur le 1er juillet 2002, après ratification par 64 États instituant la cour pénale internationale qui interdit aux États ayant ratifié l'application de la peine de mort. Ces États doivent en général et en particulier le Congo harmoniser leurs législations en la matière, en écartant simplement cette sanction. Le juge répressif en l'espèce est invité à plus de dextérité, en ce sens qu'il devrait tenir compte de la situation actuelle de l'environnement juridique international. Ce qui signifie, en termes clairs, que dans le cas et face à une infraction qualifiée crime et passible de la peine de mort, le juge doit dans ces circonstances tenir compte de cette fameuse ratification du statut de Rome, afin de trouver à juste titre parmi les sanctions pénales en vigueur, dans la loi, celle qui est adéquate et conforme par rapport à la nature des faits criminels qui lui sont soumis. Toutefois, dans l'exercice de son pouvoir souverain d'appréciation, le juge répressif, lorsqu'il décide d'entrer en voie de condamnation, peut assortir sa condamnation de la peine d'emprisonnement ou d'un sursis.

- **Le sursis**

C'est une mesure qui dispense en tout on partie de l'exécution d'une peine. Celle-ci peut être prononcée après une condamnation à l'emprisonnement ou à l'amende. Ainsi, dans la pratique, la mesure du sursis en procédure pénale repose sur les articles 643 à 644 du code de procédure pénale au Congo. En revanche, en France, le sursis a son fondement légal à partir des articles 132-29, 132-40 et 132-54 du Code pénal. On distingue cependant trois (03) formes de sursis à savoir :

- **Le sursis simple**

Le sursis simple est une mesure de suspension, totale ou partielle, de l'exécution d'une peine pouvant être décidée par le juge répressif à l'égard de criminels n'ayant pas fait l'objet de certaines mesures répressives dans les cinq ans ayant précédé les faits et dont le bénéfice est soumis à révocation en cas de nouvelles condamnations à certaines peines dans le même délai.

- **Le sursis avec mise à l'épreuve**

C'est une mesure qui consiste à suspendre totalement ou partiellement l'exécution d'une peine d'emprisonnement de cinq ans au plus, combinée avec certaines obligations consistant pour le condamné à respecter diverses contraintes (contrôle, obligations particulières) tout en pouvant obtenir certaines aides destinées à favoriser son reclassement social. Le bénéfice de ce sursis peut être révoqué tant en cas de nouvelles condamnations à certaines peines pendant le délai d'épreuve, qu'en cas de non-respect d'obligations imposées.

- **Le sursis assorti de l'obligation d'accomplir un travail d'intérêt général**

Cette nouvelle forme de sursis est une innovation qui vise, comme les deux premiers, la suspension de l'exécution d'une peine. Fonctionnant sur le modèle du sursis probatoire, l'exécution d'un travail d'intérêt général au profit d'une personne morale de droit public ou d'une association, dans les conditions du droit commun de cette institution, constitue l'obligation essentielle du condamné.
À l'observation de tout ce qui précède, force est de constater que, dans tous les cas, le juge ne devra prononcer le sursis avec mise à l'épreuve que lorsque la peine décidée souverainement est de cinq (05) ans au plus après un crime ou un délit. Rappelons que, en matière pénale, il y a un principe clair selon lequel : « on ne peut être puni de peines qui ne sont pas prévues par la loi ». Ce qui signifie que compte tenu de l'interprétation stricte qui se présente comme le leitmotiv du droit pénal, le juge répressif en matière criminelle ne saurait, pour ce qui est du sursis avec mise à l'épreuve, prononcer cette mesure si la peine prononcée au principal est supérieure à cinq (05) ans. L'on suppose que s'il procède de la sorte, une telle décision pourra faire l'objet d'un appel et encourir la cassation. Ainsi, il convient de souligner dès le départ que le sursis d'une manière générale, peu importe sa forme, se prononce aussi bien pour une condamnation pour crime que pour une condamnation pour délit. Pour les contraventions, on peut affirmer sans risque de se tromper que le sursis ne se prononce pas, car la loi n'en dispose pas autrement en France, tout comme en République du Congo.

Paragraphe 2 : ***La répression en matière délictuelle***

Dans le cadre de sa réaction face aux phénomènes sociaux de nature délictuelle, le législateur répressif n'a ménagé aucun effort pour prévoir des dispositions pénales pour réprimer les infractions que l'on classe dans la catégorie des délits. C'est la raison pour laquelle les délits sont punis de peines correctionnelles. Le fondement légal de ces différentes peines se trouve au chapitre II du livre premier du Code pénal congolais, notamment aux articles 40, 41, 42, 43 et suivants du Code pénal précité. À l'examen de ces différentes dispositions, il ressort qu'à la peine d'emprisonnement, si le tribunal correctionnel ne l'a pas assortie d'un sursis, le condamné sera renfermé dans une maison de correction tout en respectant le règlement intérieur de ladite maison. La durée de cette peine sera en principe au moins de onze jours et au plus de cinq (5) années. Mais, la situation change dans la circonscription où nous nous trouvons face à un délinquant récidiviste ou qui s'est simplement évadé.

- **Devant un délinquant récidiviste**

La récidive est avant tout une cause d'aggravation de la peine résultant pour un délinquant de la commission d'une seconde infraction dans les conditions précisées par la loi, après avoir été condamné définitivement pour une première infraction. La récidive est prévue au livre premier, chapitre IV, précisément aux articles 56, 57 et 58 du Code pénal congolais et 132-8 et suivants du Code pénal français. Le récidiviste est donc a fortiori l'individu qui, après avoir été condamné définitivement à une peine, ne tire pas les leçons de sa première condamnation et s'emploie à commettre d'autres infractions ou bien les mêmes passibles de peine d'emprisonnement. Face à de tels délinquants, les législateurs répressifs français et congolais appellent les tribunaux correctionnels à plus de sévérité. C'est dans ce genre de circonstances que le juge statuant en matière correctionnelle est amené à prononcer la condamnation au maximum de la peine prévue par la loi et à porter cette peine au double. De cette façon, le tribunal correctionnel est amené à condamner le délinquant récidiviste à une peine d'emprisonnement qui peut atteindre dix (10) années. Ce qui n'est pas évident dans l'hypothèse où il se trouve face à un délinquant primaire.

- **Devant le délinquant ayant fait l'objet d'une évasion**

Le délinquant évadé est celui qui s'échappe du lieu où il était détenu. Outre les circonstances qui entourent une évasion ou sa tentative, dans un cas ou dans l'autre, cela produit des conséquences juridiques sur l'évadé, car non seulement le juge correctionnel fera preuve de fermeté envers le détenu évadé s'il se trouvait en position de détention préventive. Cette fermeté sera la même que dans l'hypothèse où le prisonnier qui, en position d'exécution d'une peine d'emprisonnement, s'évade ou tente de s'évader.
À l'observation des dispositions de l'article 245 du Code pénal, il ressort que face aux détenus qui se seront évadés ou qui auront tenté de s'évader par bris de prison ou par violence et même dans les conditions que prévoit le deuxième (2) alinéa de l'article précité, le juge correctionnel en entrant en voie de condamnation devra prononcer une peine de six mois à un (01) an d'emprisonnement à l'égard de ces détenus. Et de principe, celle-ci devra être exécutée immédiatement après l'expiration de la peine que ces détenus auront encourue pour le délit pour lequel ils étaient détenus. Cela est d'autant valable tant en matière criminelle que délictuelle. Aussi, pour ce cas d'évasion, même si le tribunal prononce la relaxe du délinquant, ce dernier subira tout de même sa peine dont il aura écopé pour s'être évadé ou juste tenté de s'évader. Enfin, il sied de rappeler que, en l'espèce, il s'agit de l'une des rares hypothèses où le cumul de peines est autorisé. Car les récidivistes et les évadés voient leurs peines se prononcer en double, pour les premiers, et, pour les seconds, celle de l'évasion ou simplement de la tentative vient s'additionner à la première peine. C'est la raison pour laquelle le principe du non-cumul des peines reconnu en droit congolais et français se trouve

atténué par application des dispositions très fermes sur la récidive et l'évasion des détenus.

Paragraphe 3 : ***La répression en matière contraventionnelle***

Les contraventions sont des infractions les moins graves après les crimes et les délits, sanctionnées de peines contraventionnelles. Constituent les contraventions, les infractions que la loi punit d'une amende et des peines privatives ou restrictives de droits prévues à l'article 131-14 du Code pénal français. Il convient tout de même de rappeler que ces peines ne sont pas exclusives d'une ou de plusieurs peines complémentaires prévues aux articles 131-16 et 131- 17 du même code.

En France, la répression des contraventions se fait conformément aux dispositions de l'article 131-16 et 131 du code pénal de la manière suivante :

1- 38 euros au plus pour les contraventions de première classe ;
2- 150 euros au plus pour les contraventions de deuxième classe ;
3- 450 euros au plus pour les contraventions de troisième classe ;
4- 750 euros au plus pour les contraventions de quatrième classe ;
5- 1500 euros au plus pour les contraventions de cinquième classe ;

Toutefois, en cas de récidive, ce montant peut être porté à 3000 euros lorsque la loi le prévoit (L. n°2003-495 du 12 juin 2003). En revanche, en République du Congo, le législateur n'a prévu que quatre classes de contraventions dont les sanctions sont dans le Code pénal, notamment aux articles :

1- 471 à 474 pour les contraventions de première classe ;
2- 475 à 478 pour les contraventions de deuxième classe ;
3- 479 à 482 pour les contraventions de troisième classe ;
4- 483 à 484 pour les contraventions de quatrième classe

Il est établi que, en République du Congo, il y a une originalité en ce qui concerne la répression des contraventions. Le législateur français n'a prévu aucune peine d'emprisonnement en la matière, alors que le législateur congolais en a prévu plusieurs pour réprimer les contraventions. C'est la raison pour laquelle le juge de police peut prononcer des peines de prison pour des contraventions allant de trois (03) jours à huit (08) jours au plus. Toutefois, en cas de récidive, cette peine peut être revue à la hausse sans pourtant dépasser dix (10) jours.

CHAPITRE II
LES ACTEURS DU PROCÈS PÉNAL

Sont appelés acteurs du procès pénal, toutes les personnes qui prennent une place déterminante dans son déroulement ou dans la mise en mouvement de l'action publique. Il est donc impératif de passer en revue les officiers de police judiciaire et les juges d'instance (section I), puis les huissiers de justice (section II).

Section I : *Les officiers de police judiciaire et les enquêtes préliminaires*

Dans cette rubrique, il importe d'examiner primo les officiers de police judiciaire (paragraphe 1) et secundo les enquêtes préliminaires (paragraphe 2).

Paragraphe 1 : *Les officiers de police judiciaire*

À la différence des agents de police judiciaire (APJ) qui se bornent à seconder les officiers de police judiciaire, ceux-ci constituent en réalité l'ensemble des fonctionnaires placés sous l'autorité du parquet et le contrôle de la chambre d'instruction conformément aux dispositions des articles 16, 20 et 21 du code de procédure pénale en France. En revanche, en République du Congo, selon les préventions des articles 12 et 13 du code de procédure pénale, les officiers de police judiciaire, bien que placés sous l'autorité du parquet, demeurent sous le contrôle de la chambre judiciaire de la Cour suprême. Les officiers de police judiciaire ont pour mission d'accomplir les opérations ressortissant à l'enquête de police (enquête préliminaire), à l'enquête de flagrance (flagrant délit ou flagrant crime) et d'effectuer les délégations des magistrats instructeurs (commission rogatoire). La qualité d'officier de police judiciaire est reconnue aux commissaires de police, aux officiers de police et aux inspecteurs principaux titulaires de l'examen technique d'officier de police judiciaire, aux officiers de gendarmerie et sous-officiers exerçant les fonctions du commandant de section de brigade et de peloton, aux préfets, sous-préfets et maires.

- **Le commissaire de police et autres titulaires de l'examen technique d'officier de police judiciaire**

Ce sont les agents de la police nationale qui, investis de la qualité d'officier de police judiciaire, sont habilités à accomplir certains actes de procédure en matière pénale. Tenant compte de l'organisation administrative territoriale, on trouve au niveau de chaque département un organisme constituant l'ossature de la police au niveau départemental. On y trouve :

- Un directeur départemental de police nationale ;
- Les commissaires centraux ;
- Les commissaires de police d'arrondissements ou de districts.

Dans la même perspective, les agents de la direction départementale de la surveillance du territoire, investis de la qualité d'officiers de police judiciaire, sont également compétents pour l'accomplissement des actes procéduraux en matière pénale. Dans les deux cas, bien qu'ayant à leurs têtes la direction générale de la police et la direction générale de la surveillance du territoire, en leur qualité d'officiers de police judiciaire, ils doivent exercer sous la direction du procureur de la République dans le ressort de sa circonscription judiciaire et les enquêtes par eux effectuées lui sont transmises pour la suite à donner.

- **Les officiers de gendarmerie et autres gendarmes exerçant les fonctions de commandant de section de brigade et de peloton**

Tout comme les commissaires de police et autres titulaires de l'examen technique d'officiers de police judiciaire, les officiers de gendarmerie et autres revêtent eux aussi la qualité d'officiers de police judiciaire. Bien que dépendant de ministère de la Défense nationale, ils accomplissent les mêmes actes procéduraux en matière pénale comme le font les commissaires de police et les titulaires de l'examen technique d'officier de police judiciaire. Ils peuvent, à ce titre, procéder aux condamnations des infractions à la loi pénale, d'en rassembler les preuves et d'en rechercher les auteurs tant qu'une information judiciaire n'est pas encore ouverte. Tous les officiers de police judiciaire examinés jusqu'ici ont, lorsqu'une information judiciaire est ouverte, compétence d'exécuter les délégations des juridictions d'instruction et défèrent à leurs réquisitions. En d'autres termes, les officiers de police judiciaire ont obligation de suivre les ordonnances du magistrat instructeur.

- **Les préfets, sous-préfets et maires**
- **Les préfets**

Ce sont des autorités administratives déconcentrées. Dépositaires uniques de l'autorité de l'État dans le département, les préfets occupent un emploi soumis à la décision discrétionnaire du gouvernement. Ils représentent le Président de la République ou le Premier ministre et l'ensemble des services déconcentrés au sein d'un département.

- **Les sous-préfets**

Ce sont également des autorités administratives déconcentrées qui sont chargées d'administrer les arrondissements ou les districts dans un département. Le sous-préfet exerce sous l'autorité du préfet dont il peut recevoir les délégations de signature.

- **Les maires communaux ou d'arrondissement**

Ils sont élus par le conseil communal ou par le conseil d'arrondissement. Dans le premier cas, en tant qu'agents de la commune, ils exécutent les délibérations du conseil municipal et, dans le second, ils jouent le rôle de consultation sur les équipements publics de leur circonscription et possèdent un pouvoir de gestion de certaines affaires.

Toutes ces autorités administratives jouent, en quelque sorte, un dédoublement fonctionnel en ce sens que tantôt elles agissent comme des autorités de l'État, pour les préfets et sous-préfets, tantôt comme des autorités de communes, pour les maires, et d'arrondissements, pour les maires d'arrondissements, mais aussi parfois comme des autorités judiciaires.

Comme autorités judiciaires, toutes ces autorités administratives revêtent la qualité d'officiers de police judiciaire et peuvent de ce fait même recevoir les instructions du procureur de la République dans le ressort de la juridiction de leur circonscription. Ce qui fait que dans une commune, par exemple, en cas de découverte d'un cadavre, le maire peut procéder aux investigations et en informer le procureur de la République. En ce net moment, le maire n'agit plus comme une autorité communale, mais plutôt comme un officier de police judiciaire, d'autant plus que dans la même lancée, le procureur de la République peut prendre des réquisitions qu'il est tenu de suivre. Outre ces autorités administratives auxquelles la loi reconnaît la qualité d'officiers de police judiciaire, il en existe d'autres auxquels les lois spéciales reconnaissent ou attribuent la qualité d'officiers de police judiciaire. C'est le cas des agents des administrations des eaux et forêts auxquels les lois spéciales donnent cette qualité, et qui souvent, après constatation des infractions relatives à la pêche ou à la chasse, peuvent se rapprocher du procureur de la République qui peut également les requérir à mener les actes nécessaires à la constitution d'une procédure pénale. Les agents peuvent tout de même effectuer des enquêtes préliminaires.

Paragraphe 2 : ***Les enquêtes préliminaires et les enquêtes de flagrance***

Les officiers de police judiciaire et autres personnes assimilées ont, dans l'exercice de leurs fonctions, une mission d'accomplir on d'effectuer les enquêtes préliminaires (A) et les enquêtes de flagrance (B).

A. Les enquêtes préliminaires

Prévues aux articles 61-63 du code pénal congolais et 75 du code pénal français, les enquêtes préliminaires sont celles diligentées d'office ou à la demande du parquet par la police ou la gendarmerie avant l'ouverture de toute information judiciaire et permettant au ministère public, qui est l'organe de poursuite par excellence, d'être éclairé sur le bien-fondé d'une poursuite. Elles peuvent encore être appelées les enquêtes de police. Constituent en effet les enquêtes préliminaires, l'ensemble d'opérations d'investigations menées préalablement à la saisine des juridictions compétentes par les officiers et agents de police judiciaire, en vue de constater les infractions à la loi pénale, d'en rassembler les preuves et d'en rechercher les auteurs. Toutefois, lorsque les officiers et agents de police judiciaire estiment que l'enquête diligentée, de leur propre initiative ou à la demande du procureur de la République, est close, ils doivent impérativement, par un procès-verbal de soit-transmis, mettre à la disposition du procureur l'entier dossier de la procédure d'enquête préliminaire et ce dernier en apprécie la suite à donner. Dans leurs investigations, les officiers ou agents de police judiciaire doivent informer le procureur de la République du déroulement de l'enquête à chaque étape et obtenir de ce dernier les instructions utiles.et nécessaires pour faire avancer la procédure. En cas d'indices graves et concordants pouvant motiver une quelconque inculpation, les officiers de police judiciaire peuvent garder à vue un individu sans pour autant dépasser le délai de 72 heures sauf si le procureur de la République par une autorisation écrite décide de prolonger ce délai de 48 heures.

B. Les enquêtes de flagrance

Les enquêtes de flagrance sont des enquêtes particulières applicables pour les crimes ou délits flagrants punis d'emprisonnement, qui donnent aux officiers et agents de police judiciaire, en raison de l'actualité de l'infraction, des pouvoirs plus étendus que pour l'enquête préliminaire, afin de rechercher tous renseignements utiles à l'aide des moyens coercitifs. Les codes de procédure pénale français et congolais respectivement aux articles 53 et suivants, et 18 nouveau, alinéa 5, donnent aux officiers et agents de police judiciaire un pouvoir plus exorbitant lorsqu'on est selon les circonstances face à un crime ou délit flagrant. C'est pourquoi, les officiers et agents de police judiciaire peuvent, en cas de crime ou délit flagrant, se transporter dans le ressort des tribunaux limitrophes et procéder à des auditions, perquisitions et saisies. Dans cette espèce, les officiers et agents de police judiciaire agissent avec une certaine dextérité telle que l'actualité du crime ou du délit nécessite la mise au point et la mise en action des moyens en leur possession pour très vite appréhender les auteurs de ce crime ou délit flagrant, de réunir toutes les pièces ou éléments devant servir de preuves, afin de permettre au ministère public de faire asseoir et soutenir l'accusation. Ainsi, il convient de souligner que l'enquête de flagrance a pour corollaire le crime ou le délit flagrant. Parce que, en tout état de cause, elle ne peut être diligentée que lorsqu'on est en présence d'un crime ou délit flagrant. Toute l'application de la flagrance est laissée à l'interprétation stricte des dispositions des articles 37 du code de procédure pénale congolais et 53 de celui de la France. Pendant les enquêtes de flagrance, on assiste à un déploiement souvent impressionnant des officiers et agents de police judiciaire y compris de leurs matériels lors des opérations d'investigations liées à la recherche des auteurs de crimes ou délits flagrants.

Section II : *Le ministère public, le juge d'instruction et les huissiers de justice*

Un procès pénal découle de la mise en mouvement de l'action publique. Il est donc nécessaire que, dans le cadre du déroulement du procès pénal, l'on s'attarde sur le ministère public (paragraphe 1), le juge d'instruction (paragraphe 2), avant de scruter les huissiers de justice (paragraphe 3).

Paragraphe 1 : *Le ministère public*

Le ministère public est composé des magistrats debout (ceux qui devant la juridiction de jugement ne doivent parler qu'en se tenant debout). Il est constitué des magistrats de carrière qui sont chargés, devant certaines juridictions, de requérir l'application de la loi, de veiller aux intérêts généraux de la société. Indépendants des magistrats du siège ou des magistrats assis, les magistrats du parquet sont hiérarchisés et ne bénéficient pas de l'inamovibilité. En matière civile, le ministère public peut être partie principale ou partie jointe. En revanche, en matière pénale, il est toujours partie principale. De ce fait, il engage des poursuites devant la juridiction de jugement et soutient l'accusation. Le ministère public comprend, dans son organisation, le parquet de la République (A) et le parquet général (B).

A. Le parquet de la République

Le parquet de la république est avant tout un service public établi près le tribunal de grande instance ou le tribunal d'instance. Il est composé essentiellement des magistrats de carrière. C'est un service qui est placé sous l'autorité du procureur de la République. Son organisation varie selon l'importance ou l'abondance du contentieux dans une circonscription judiciaire. C'est d'ailleurs pour cette raison que nous trouvons dans certaines juridictions du premier degré un procureur de la République seul, tandis que dans d'autres circonscriptions judiciaires, au parquet, on trouve un procureur de la République avec un ou des substituts

Dans leurs attributions, tous ces magistrats du parquet accomplissent leurs actes en lieu et place du procureur de la République à qui ils doivent rendre compte et le procureur de la République lui-même est tenu, conformément aux bienveillantes dispositions du code de procédure pénale, de dresser des rapports au parquet général sur l'ensemble des activités de son ressort par échéance mensuelle. Cette organisation hiérarchisée est constante aussi bien en France qu'au Congo. Ceci étant, les attributions des magistrats du parquet de la République reposent sur les articles 27 à 33 du code de procédure pénale congolais, 39 à 45 du code de procédure pénale français.

Le procureur de la République, son adjoint ou ses substituts représentent le ministre public près le Tribunal de grande instance, les sections de ce tribunal devant les tribunaux d'instance de son ressort. Ils reçoivent des plaintes et les dénonciations et apprécient la suite à leur donner. À cet effet, on parle de l'opportunité des poursuites (1) et de la légalité des poursuites (2) qui sont des attributs attachés aux magistrats du parquet.

1. L'opportunité des poursuites

Principe procédural en vertu duquel la liberté est reconnue aux magistrats du ministère public de ne pas déclencher de poursuites pour un fait présentant toutes les caractéristiques d'une instance. Dans le cadre pratique, il convient de souligner tout de même que bon nombre de raisons font que le ou les magistrats du ministère public décident de ne pas engager des poursuites lorsqu'ils sont en présence d'une infraction, car certaines poursuites peuvent être susceptibles de troubler davantage l'ordre public. Or en tant que garant de l'ordre public, le magistrat debout, dans la dextérité de son appréciation, se doit d'analyser tous les contours de la prétendue infraction avant de mettre en mouvement l'action publique. Et s'il s'avère que l'engagement des poursuites sera préjudiciable à l'ordre public, en ce moment l'inopportunité d'une poursuite est valablement fondée. L'inopportunité des poursuites ne signifie pas que l'infraction n'est pas constituée, bien au contraire elle l'est, mais souvent les évènements ou les circonstances en présence font obstacle à la mise en mouvement de l'action publique. Ainsi, il peut s'agir de la nature même des faits. S'ils sont bénins, le parquetier peut décider, au lieu de surcharger vainement le rôle, de ne pas engager les poursuites. C'est d'ailleurs pour ces raisons que les magistrats du parquet sont souvent amenés au classement sans suite (SS) de certaines plaintes ou procédures en provenance de la police ou de la gendarmerie. Ce principe dit de l'opportunité des poursuites, qui s'oppose à celui de la légalité des poursuites, peut être mis en échec lorsqu'une victime décide par le biais d'une plainte de se constituer partie civile devant le magistrat instructeur. En l'espèce, le plaignant qui évite la lenteur ou l'inertie du ministère public doit savoir que le juge d'instruction se doit toujours de transmettre ladite plainte au parquetier et ce dernier qui se trouve désormais avec les mains liées doit impérativement mettre en mouvement l'action publique par l'ouverture d'une information judiciaire par un réquisitoire introductif d'instance d'une plainte avec constitution de partie civile. Ce réquisitoire est différent du réquisitoire introductif d'instance ordinaire qui émane de la volonté du magistrat du parquet.

2. Légalité des poursuites

Ce principe est contenu dans l'adage latin « Nullum crimen, nulla poena sine lege ». Repris dans les codes pénaux français et congolais, notamment aux articles 111-2 et 111-3 et 4, selon ce principe, les crimes et les délits doivent être légalement définis avec clarté et précision, ainsi que les peines qui leur sont applicables. Au terme de ce principe, l'action publique ne peut être mise en mouvement qu'en vertu d'un texte de loi. En l'absence des dispositions légales qui répriment un comportement déviant, le magistrat du parquet ne saurait engager des poursuites contre une tierce personne. C'est même pour cette raison qu'on peut affirmer que le « droit pénal est la charte des criminels ». Car le vide juridique en matière répressive donne des excuses à l'auteur du fait décrié. Une poursuite n'est donc valable que si l'on s'en tient à la région de ce principe en raison de sa conformité à la loi. Le principe de la légalité des poursuites est un principe fondamental en matière des poursuites. Lorsqu'il juge utile d'engager les poursuites, le parquetier peut, selon les cas, décider de le faire suivant la procédure de flagrance. Dans ce cas, il place le prévenu sous mandat de dépôt pour le présenter à la toute prochaine audience. Il peut également ouvrir une information par un réquisitoire introductif d'instance. Enfin, il a aussi cette possibilité de citer directement un prévenu par le jeu d'une citation directe par voie administrative. C'est par ces mécanismes que l'action publique est mise en mouvement.

B. Le parquet général

Le parquet général est un service public installé près les cours d'appel et la Cour suprême ou la Cour de cassation. Il est composé essentiellement des magistrats de carrière placés sous l'autorité du procureur général. Au niveau des cours d'appel, le parquet général est composé ainsi qu'il suit :

- Un procureur général ;
- Un ou des avocats généraux ;
- et des substituts généraux.

En revanche, à la Cour suprême ou la Cour de cassation, cette composition change en ce sens que le procureur général près la cour suprême ou de cassation qui est le chef hiérarchique de ce service est assisté d'un premier avocat général et d'avocats généraux. Il n'y a pas de substituts généraux à ce stade. Le fondement légal des attributs du procureur général réside sur la base des dispositions des articles 22 à 26 du code de procédure pénale au Congo et 34 à 38 pour celui de la France. Le ministère public étant un corps hiérarchisé, les instructions s'exécutent en suivant une hiérarchie pyramidale. Le ministre de la Justice peut, à cet effet, instruire le procureur général et lui enjoindre d'engager ou faire engager les poursuites contre une tierce personne lorsqu'il le juge utile. Toujours dans le cadre de cette hiérarchie, le ministre de la Justice en instruisant le procureur général près la Cour suprême, ce dernier peut en exécution des instructions reçues de la hiérarchie faire des recommandations au procureur général près la cour d'appel qui, à son tour, instruit le ou les procureurs de la république de son ressort pour une éventuelle politique pénale à mener dans le ressort de la cour d'appel concernée ou sur les poursuites éventuelles à engager contre l'auteur d'un fait qualifié crime ou délit. Le procureur général près la Cour d'appel est chargé de veiller à l'application de la loi dans toute l'étendue du ressort de la cour d'appel. Il reçoit chaque mois un état des affaires dressé par chaque procureur de la République de son ressort. Les juges de section et d'instance transmettent le même état par le biais du procureur de la République au procureur général. Il surveille également tous les officiers de police judiciaire du ressort de la cour d'appel. Du procureur général près la Cour suprême au procureur de la République, en passant par le procureur général près la cour d'appel, on est dans l'ensemble des magistrats du ministère public qui exercent une magistrature debout. C'est un corps qui est essentiellement composé des magistrats de carrière dont les fonctions traditionnelles sont le maintien d'ordre public. En cas de trouble à l'ordre public, ce sont ces derniers qui engagent les poursuites contre leurs auteurs et soutiennent l'accusation devant la juridiction de jugement.

Paragraphe 2 : ***Le juge d'instruction***

Entre le magistrat du parquet et le juge d'instruction, il existe des rapports très étendus qui font en sorte que devant un fait constitutif de crime ou délit, le parquetier peut, selon les circonstances dans lesquelles l'infraction a été commise, ouvrir une information judiciaire, en saisissant par le biais d'un réquisitoire introductif d'instance, le juge d'instruction. Ce dernier est saisi « inrem » c'est-à-dire des faits et il est censé faire la lumière sur toutes les zones d'ombre desdits faits. Toutefois, dans la pratique, on distingue le juge d'instruction du premier degré (A) et le juge d'instance du second degré (B).

A. Le juge d'instruction du premier degré

Le juge d'instruction du premier degré est un magistrat du siège du Tribunal de grande instance. Il constitue à lui seul toute une juridiction. Il a son fondement légal aux articles 34, 36, 64 et suivants du code de procédure pénale congolais, et aux articles 79 et suivants en France. Le juge d'instruction a la charge de diriger la phase de l'instance pénale constituant une sorte d'avant-procès, qui permet d'établir l'existence d'une infraction et de déterminer si les charges relevées à l'encontre des personnes poursuivies sont suffisantes pour qu'une juridiction de jugement soit saisie. L'ouverture d'une information judiciaire est facultative en matière délictuelle sauf si le législateur répressif la prévoit spécialement. En revanche, en matière criminelle elle est obligatoire. Que ce soit en matière délictuelle ou criminelle, lorsqu'elle est ouverte, l'instruction est menée par le juge d'instruction du premier degré sous le contrôle de la chambre d'accusation ou de l'instruction. Ainsi, pour la manifestation de la vérité, le code de procédure pénale aussi bien congolais que français donne au juge d'instruction les pouvoirs qui lui permettent de prendre tous les actes qui lui paraissaient nécessaires. Le juge d'instruction est cependant tenu au respect d'un certain nombre de prescriptions notamment dans les mesures d'instruction qu'il ordonne sous peine de voir ses actes, pris en méconnaissance ou en violation de ces prescriptions, être frappés de nullité.

Dans l'accomplissement des actes relatifs à l'instruction, le juge d'instruction est tenu d'être en communication permanente avec le procureur de la République. Ainsi, lorsqu'il découvre de nouveaux faits, autres que ceux visés dans le réquisitoire introductif d'instance du procureur de la république, il doit susciter de ce dernier un réquisitoire pour des faits nouveaux. Il faut tout de même souligner que le juge d'instruction a le droit de prendre toutes mesures utiles pour éclairer toute sorte de lanternes dans une procédure. Le juge d'instruction, qui est un magistrat de carrière, constitue à lui seul toute une juridiction. À ce titre, il prend des ordonnances qui peuvent faire l'objet d'appel devant la chambre d'accusation qui elle aussi constitue une juridiction d'instruction bien qu'étant du second degré. Les ordonnances du juge d'instruction n'échappent donc pas au principe du double degré de juridiction. Que nous soyons en matière criminelle ou délictuelle, une information judiciaire commence toujours devant le magistrat instructeur du premier degré, ensuite elle vit et s'éteint à la clôture de l'information par une ordonnance de règlement définitif. Quelles sont donc ces différentes ordonnances ?

1. L'ordonnance de renvoi

Aussitôt l'information judiciaire close, le juge d'instance transmet l'entier dossier de la procédure au procureur de la République pour ses réquisitions. Ce dernier le lui renvoie dans un délai raisonnable. Ainsi, lorsque le magistrat instructeur est convaincu qu'il appert contre l'inculpé des charges suffisantes constitutives d'une infraction à la loi pénale, ce dernier doit selon les cas ordonner le renvoi de l'affaire devant le tribunal simplement de police, si l'infraction se révèle être une contravention. Si le juge qui a mené l'instruction de bout en bout estime, à sa clôture, que les faits constituent un délit, il ordonne le renvoi de l'affaire devant le tribunal correctionnel.

2. L'ordonnance de transmission de l'entier dossier de la procédure au procureur général près de la cour d'appel

Cette ordonnance du juge d'instruction n'intervient que lorsqu'il a été saisi pour des faits de nature criminelle. Ainsi, à la fin de l'information judiciaire et tenant compte de diverses investigations qu'il aurait réalisées, s'il estime que, contre l'inculpé, il existe des charges suffisantes constituant une infraction qualifiée crime, il ordonne que le dossier de la procédure et un état des pièces à conviction soient transmis sans délai par le procureur de la République au procureur général près la cour d'appel, pour être procédé ainsi qu'il est prévu à la saisine de la chambre d'accusation. Toutefois, le mandat d'arrêt ou de dépôt décerné contre l'inculpé conserve sa force exécutoire jusqu'à ce que la chambre d'accusation ait rendu son arrêt. Dans la même perspective, les pièces à conviction sont transmises au greffe de la cour d'appel, sauf si la loi en dispose autrement.

3. L'ordonnance de non-lieu

L'ordonnance de non-lieu est une décision par laquelle le magistrat instructeur, se fondant sur un motif de droit ou une insuffisance des charges contre l'inculpé, ne donne aucune suite à l'action publique. Si l'on s'en tient à la logique des articles 177 alinéa 1er et 163 des codes de procédure pénale français et congolais, l'on se rend tout de suite compte que dans la pratique de l'instruction si le juge estime… que les faits ne constituent ni crime, ni délit, ni contravention ou si l'auteur matériel est resté inconnu ou encore en cas d'insuffisance des charges, il déclare à travers cette ordonnance dûment motivée que l'inculpé préventivement détenu soit mis en liberté. Le juge d'instruction statue en même temps sur la restitution des objets saisis. Il liquide les dépens et condamne aux frais la partie civile, s'il en existe en la cause. Toutefois, une partie civile de bonne foi peut être déchargée de la totalité ou d'une partie des frais par décision spéciale et motivée.

4. L'ordonnance de non-lieu partiel et de renvoi devant le tribunal correctionnel

Les ordonnances comportant un non-lieu partiel peuvent intervenir au cours d'une information judiciaire. En réalité, pendant l'instruction, le magistrat qui peut être confronté devant une hypothèse telle que les faits pour lesquels il a été saisi par le réquisitoire du procureur de la République ne constituent pas pour certains d'entre eux une infraction qualifiée crime, délit ou contravention par la loi pénale. En ce moment, le magistrat instructeur prend une ordonnance de non-lieu partiel pour la partie des faits dont il estime les charges insuffisantes contre l'inculpé. En revanche, pour les faits dont il est convaincu de la qualification d'une infraction à la loi pénale, il ordonne le renvoi devant le tribunal correctionnel ou pour le cas des contraventions devant le tribunal de simple police. Le non-lieu partiel crée une sorte de mixité aux différentes ordonnances de règlement que prend le juge d'instruction. Ceci étant, le non-lieu partiel intervient dans chaque circonstance où le magistrat instructeur le juge utile et nécessaire.

5. L'ordonnance de non-lieu partiel et de transmission de l'entier dossier de la procédure au procureur général près la cour d'appel

Lorsqu'il est saisi des faits de nature criminelle, et que la clôture de l'information lui impose de prendre une ordonnance aux fins de transmission de l'entier dossier de la procédure au procureur général près la cour d'appel, il doit, dans la même ordonnance motivée, se prononcer sur la partie des faits dont les charges paraissent insuffisantes à l'égard de l'inculpé en ordonnant un non-lieu partiel. Le non-lieu partiel ne concerne pas seulement l'insuffisance des charges. Il peut également intervenir dans l'hypothèse où les faits, après information judiciaire, ne constituent ni crime, ni délit, ni contravention. Il en est de même lorsque, ouverte contre X, l'auteur de l'infraction est resté inconnu.

6. L'ordonnance de requalification et de renvoi devant le tribunal correctionnel ou de simple police

Le juge d'instruction est saisi des faits. Il doit tout le long de l'information judiciaire restituer l'exacte qualification aux faits sans s'arrêter à la dénomination faite par le magistrat du parquet dans son réquisitoire introductif d'instance. Ainsi, lorsqu'il estime que les faits pour lesquels il est saisi constituent une infraction à la loi pénale, autre que celle visée dans le réquisitoire, il doit par une ordonnance motivée prononcer la requalification avant d'en ordonner le renvoi devant le tribunal correctionnel ou de simple police, car il n'est pas forcement tenu de suivre le réquisitoire du ministère public. Il procède simplement à la substitution des faits qui lui sont donnés au droit dont il fait usage.

7. L'ordonnance de requalification et transmission de l'entier dossier de la procédure au procureur général près la cour d'appel

Lorsque le magistrat instructeur constate que les faits que le ministère public semblait considérer comme délit, dans son réquisitoire, sont en réalité constitutifs de crime, il prend une ordonnance motivée dans laquelle il démontre que les faits pour lesquels il est saisi ne sont pas constitutifs d'un délit, mais plutôt d'un crime, avant de prononcer la transmission du dossier au procureur général près la cour d'appel. Le juge d'instruction, dans la pratique, peut selon les circonstances de l'espèce, tout en requalifiant, assortir d'un non-lieu partiel son ordonnance.

8. L'ordonnance de non-lieu partiel, de requalification et de renvoi devant le tribunal correctionnel ou de simple police

Comme il est indiqué dans sa dénomination, c'est une ordonnance qui regorge en son sein trois volets. Si l'on n'abuse pas du langage, il s'agit d'une décision composée de trois ordonnances simultanées. En ce sens que le non-lieu partiel est prononcé pour une partie des faits dont les charges se sont révélées insuffisantes à l'endroit de l'inculpé ou simplement les faits ne constituent ni délit ni contravention.

La requalification, quant à elle, est déclarée lorsque la qualification d'une partie des faits qui, précédemment, étaient poursuivis sur une qualification juridique pénale, est autre que celle découverte par le magistrat instructeur à travers ses investigations. La conséquence juridique de ces deux ordonnances serait toujours le renvoi devant le tribunal correctionnel ou le tribunal de simple police.

9. L'ordonnance de non-lieu partiel, de requalification et de transmission de l'entier dossier de la procédure au procureur général près la cour d'appel

Cette ordonnance du magistrat instructeur ne concerne que les informations judiciaires menées suite à une infraction qualifiée crime. Dans la même logique que l'ordonnance précédente, lorsqu'il estime que l'infraction n'est pas constituée pour une partie des faits qui lui sont présentés, il ordonne un non-lieu partiel. Pour les faits qui présentent une qualification juridique pénale autre que celle visée dans le réquisitoire, il ordonne la requalification de ces faits. Ainsi, étant donné que l'information est menée pour des faits de nature criminelle, pour ceux qui constituent une infraction à la loi pénale qualifiée crime, il ordonne en conséquence la transmission de l'entier dossier de la procédure au procureur général près la cour d'appel par l'intermédiaire du procureur de la République. Toutes ces ordonnances de règlement du juge d'instruction sont susceptibles d'être frappées d'appel devant la chambre d'accusation au Congo et la chambre de l'instruction en France. Le juge d'instruction et le procureur de la République doivent se communiquer tout le long de l'information judiciaire pour que celle-ci soit menée à bon escient. C'est pourquoi entre les deux, même si l'un est magistrat du siège (magistrat assis) et l'autre magistrat du parquet (magistrat debout), on remarque un enchevêtrement de rapports professionnels. Toutefois, si le juge d'instruction s'exprime par voie d'ordonnance, ses ordonnances peuvent faite l'objet d'un appel.

B. La chambre d'accusation ou le juge d'instruction du second degré

L'instruction d'une affaire pénale par une juridiction du premier degré est conduite par le juge d'instruction. Ce magistrat, après la clôture de son information, rend des ordonnances qui selon les cas peuvent faire l'objet d'appel. Les appels peuvent être exercés contre les ordonnances du juge d'instruction en matière de détention préventive. Pour mieux cerner les contours de cette juridiction du second degré, il est nécessaire de faire son examen suivant les différents cas.

1- La chambre d'accusation réunie sur appel concernant une ordonnance du juge d'instruction

L'appel devant la chambre d'accusation peut porter sur les ordonnances ordinaires (a) ou extraordinaires du juge d'instruction (b).

a) L'appel concernant les ordonnances ordinaires

Les ordonnances ordinaires sont entendues ici comme l'ensemble d'ordonnances prises par le juge d'instruction en ce qui concerne le règlement définitif. Si le ministère public, l'inculpé, les parties ou les conseils ne sont pas de l'avis du juge d'instruction, s'ils estiment qu'il doit prononcer un non-lieu, un renvoi devant le tribunal correctionnel ou une requalification, ils peuvent interjeter appel devant la chambre d'accusation qui doit statuer. À la différence du juge d'instruction qui instrumente seul, la chambre d'accusation, elle, est une formation de la cour d'appel qui est composée de trois magistrats de carrière : un président et deux conseillers. Lorsque le procureur général reçoit un rapport d'appel concernant une ordonnance ordinaire du juge d'instruction, il doit dans un délai de dix (10) jours soumettre l'affaire devant la chambre d'accusation avec son réquisitoire. La chambre ainsi saisie se réunit sur convocation de son président ou comme le demande le procureur général.

b)- L'appel concernant les ordonnances extraordinaires du juge d'instruction

Sont considérées comme ordonnances extraordinaires, toutes les ordonnances qui ne concernent pas le règlement définitif d'une information judiciaire. Ainsi, lorsque le ministère public estime selon les circonstances que l'enquête ne requiert pas une mesure de transport sur les lieux, et que le juge d'instruction l'ordonne, il peut interjeter appel devant la chambre d'accusation. Cela est également possible lorsque le magistrat instructeur refuse de faire les diligences nécessaires pour éclairer une lanterne quelconque dans une procédure en cours d'information lorsque le ministère public le lui a demandé, son ordonnance de refus dans ce sens peut également faire l'objet d'un appel devant ladite chambre. Les cas sont nombreux et la liste n'est pas exhaustive. Toutefois, en matière de détention préventive, lorsque l'appel est exercé soit par le procureur de la République ou l'inculpé lui-même, le procureur général met l'affaire en état dans un délai de quarante-huit heures dès réception des pièces et la soumet, avec réquisitoire, devant la chambre d'accusation. La chambre d'accusation statuant suite à l'appel d'une ordonnance du juge d'instruction peut soit infirmer ou confirmer cette ordonnance.

- **En cas d'arrêt infirmatif**

Lorsque la chambre d'accusation, après examen de la procédure qui lui est soumise, constate que le magistrat instructeur n'a pas instruit selon les règles requises, elle doit rendre un arrêt infirmatif. Dans ce cas, en application des dispositions des articles 187, 188, 190 et 191 du code de procédure pénale congolais, elle peut, selon le cas en l'espèce, ordonner la mise en liberté de l'inculpé, soit décider que soit effectuée une mesure supplémentaire d'information, ou inculper certaines personnes, qui n'étaient pas renvoyées devant elle, ayant un lien avec l'affaire.

- **En cas d'arrêt confirmatif**

Relever un appel ne signifie pas forcément que l'information judiciaire n'a pas été menée selon les règles requises par le magistrat instructeur. Lorsque la chambre d'accusation estime que l'information judiciaire a été menée conformément aux règles en vigueur et l'ordonnance du juge d'instruction est irréprochable, elle rend un arrêt confirmatif. À cet effet, l'ordonnance du juge d'instruction frappée d'appel sort son plein et entier effet. Dans ce cas, comme dans le précèdent, la chambre d'accusation peut, en infirmant ou en conformant une ordonnance, si elle relève que les faits constituent une contravention, ordonner par un arrêt le renvoi de l'affaire devant le tribunal de police. Dans ce cas, le prévenu est mis en liberté. Si les faits constituent un délit, elle ordonne le renvoi de l'affaire devant le tribunal correctionnel. Si elle estime que les faits en l'espèce constituent une infraction qualifiée crime, la chambre d'accusation prend un arrêt de mise en accusation devant la cour criminelle. Si elle estime également que les faits ne constituent pas une infraction à la loi pénale, elle prend un arrêt de non-lieu.

2. La chambre d'accusation réunie dans un cas autre que l'appel relevé contre une ordonnance du juge d'instruction

L'appel relevé contre une ordonnance du juge d'instruction ne constitue pas la seule hypothèse où la chambre d'accusation peut se réunir. En pratique, lorsqu'une information judiciaire est menée pour les faits de nature criminelle (a) et lorsqu'un officier de police judiciaire est mis en cause dans une affaire (b), la chambre d'accusation peut se réunir.

a) Le cas d'une information judiciaire menée pour les faits de nature criminelle

Lorsqu'une information judiciaire a été menée par le juge d'instruction du premier (1er) degré, à la clôture de celle-ci, l'ordonnance de transmission de la procédure est envoyée au procureur général près la cour d'appel. Celui-ci met l'affaire en état et la soumet devant la chambre d'accusation avec son réquisitoire, car la cour criminelle qui est compétente pour juger les crimes ne peut être saisie que suivant un arrêt de mise en accusation devant la cour criminelle. Aucune autre procédure en dehors de celle-ci n'est prévue pour sa saisine, aussi bien dans le code de procédure pénale français que dans celui de la République du Congo. C'est le cas par excellence et le plus usité pour la saisine de la cour criminelle avec le redoutable et célèbre arrêt de mise en accusation.

b) Le cas où un officier de police judiciaire est mis en cause dans une affaire

Dans cette rubrique, il est question d'aborder des attributs propres reconnus par la loi au président de la chambre d'accusation. Dans la nomenclature des pouvoirs qui lui sont dévolus aux articles 203 à 207 du code de procédure pénale, il lui est reconnu le droit de visiter les maisons d'arrêt de son ressort. À cette fin, il peut saisir la chambre d'accusation afin qu'il soit par elle statué sur le maintien en détention préventive. Toutefois, elle exerce un contrôle sur les activités des officiers de police judiciaire et autres fonctionnaires civils ou militaires pris en cette qualité. Ainsi, lorsqu'un officier de police judiciaire est mis en cause, le procureur général ou le président de la chambre d'accusation peut saisir celui-ci pour faire procéder à l'enquête. Ainsi, la chambre d'accusation entend le procureur général et l'officier de police judiciaire en cause. Lorsque l'officier de police judiciaire est entendu sur procès-verbal, le procès-verbal d'enquête est adressé par le président de la chambre d'accusation au président de la chambre judiciaire à la Cour de cassation pour la France et suprême pour le Congo.

Paragraphe 3 : Les huissiers de justice

Les huissiers de justice sont des officiers ministériels et officiers publics, chargés traditionnellement des significations des décisions ou actes judiciaires et extrajudiciaires, de l'exécution forcée des actes publics (jugements, actes des notaires ainsi que le service d'audience des tribunaux, huissiers audienciers). La profession d'huissier de justice est instituée au Congo par la loi n°027-92 du 20 août 1992. L'huissier de justice est un acteur qui occupe une place non négligeable dans l'exercice ou la mise en mouvement de l'action publique. C'est pourquoi, pour éviter l'inertie du ministère public et la pérennité d'une information judiciaire, la victime d'une infraction à la loi pénale peut saisir directement la juridiction de jugement par citation directe par exploit d'huissier (A). Dans tous les cas, lorsqu'il est établi qu'une citation directe par exploit d'huissier de justice n'est pas conforme aux dispositions légales, elle ne saurait échapper à la nullité (B).

A. La citation directe par exploit d'huissier

Le contenu d'une citation directe (1) de l'huissier et les exigences relatives aux délais de comparution (2) doivent être scrupuleusement précisés par l'huissier.

1. Le contenu d'une citation directe

L'huissier qui veut saisir le tribunal correctionnel ou le tribunal de police doit, dans sa citation, énoncer la nature ou la qualification pénale du fait poursuivi et viser le texte de loi qui le réprime. Elle indique le tribunal saisi, le lieu, l'heure et la date de l'audience, elle précise la qualité du prévenu, de civilement responsable ou de témoin de la personne citée. Pour la partie civile, elle doit mentionner les noms, prénoms, profession et domicile réel ou élu de celle-ci. Lorsqu'elle est délivrée à un témoin qui doit comparaître, elle précise en outre que la non-comparution, le refus de témoigner et le faux témoignage sont sanctionnés par la loi.

2. Les exigences relatives aux délais de comparution

L'huissier de justice qui entend faire citer directement un tiers devant une juridiction répressive doit aussi tenir compte de la situation géographique du destinataire de la citation. Ainsi, dans la sous-préfecture où siège le tribunal appelé à connaître l'affaire, entre le jour où la citation est délivrée et le jour fixé pour l'audience, un délai d'au moins cinq (5) jours doit être observé. Si la partie citée demeure soit dans une sous-préfecture limitrophe, soit dans une agglomération reliée régulièrement par voie ferrée ou aérienne au

tribunal correctionnel ou de police saisi, un délai de quinze (15) jours mérite d'être observé.
Si la personne citée demeure dans une sous-préfecture non limitrophe, il faut observer un délai d'un mois. Toutefois, en République du Congo et précisément dans les préfectures de la Likouala et de la Sangha, les délais, par rapport à la distance, seront, à l'égard des justiciables résidant hors du chef-lieu de la sous-préfecture, d'un jour par dix kilomètres. Deux (2) mois si elle demeure dans un état limitrophe de la République du Congo. Enfin quatre (04) mois, si elle demeure en tout autre lieu.
À l'observation de ce qui précède, il convient de souligner que l'huissier de justice n'a pas le monopole de mettre en mouvement l'action publique en matière criminelle. Cette opportunité est dévolue aux seuls magistrats du ministère public. Même le magistrat instructeur ne fait que susciter la plainte avec constitution de partie civile.

B. La nullité d'une citation

Une citation directe par exploit d'huissier peut-être déclarée nulle lorsqu'elle a eu pour effet de porter atteinte aux intérêts de la personne qu'elle concerne, sous réserve, pour les délais de citation, des dispositions de l'article 492 du code de procédure pénale en République du Congo.
Même en cas d'omission d'une condition prévue à l'article 491 du même texte, la nullité doit être encourue parce que c'est une question de régularité de forme. Toutefois, lorsqu'il y a eu nullité, la juridiction qui la prononce est à même de prononcer la condamnation de l'huissier au paiement des frais de l'exploit et de la procédure annulée et éventuellement des dommages et intérêts envers la partie à laquelle il est porté préjudice.

Paragraphe 4 : Rôle de l'avocat dans le déroulement du procès pénal

L'avocat est un auxiliaire de justice dont le statut en République du Congo est régi par la loi n° 026-92 du 20 août 1992 portant organisation de la profession d'avocat. En revanche, en France, ce sont les lois du 31 décembre 1971 et du 31 décembre 1972 qui en font une profession libérale, indépendante, mais fortement règlementée. Dans un procès pénal, l'avocat assiste son client, il ne le représente pas comme il en serait le cas dans un procès civil. L'avocat peut plaider devant toutes les juridictions répressives en faveur de son client. Ainsi, de l'enquête préliminaire en passant par le juge d'instruction jusqu'à la juridiction du jugement, l'avocat joue un rôle essentiellement défensif. Lorsqu'il s'agit de l'avocat de l'auteur d'une infraction à la loi pénale, le fait infracteur une fois caractérisé, l'avocat devrait bâtir, et mettre en exergue toutes les stratégies utiles qui peuvent contribuer ainsi à prouver l'innocence de son client lorsque la culpabilité de celui-ci est jusque-là sujette à interrogation. Toutefois, lorsqu'il ne se pose plus de question autour de la culpabilité de son client, de toute évidence le client va être déclaré coupable et l'avocat de la défense se doit de mettre les moyens en œuvre pour présenter devant la juridiction répressive les éventuelles circonstances atténuantes pour prétendre à un allègement de la peine qui va être prononcée contre son client. L'avocat de la défense peut faire susciter une mesure d'instruction ou une enquête pendant même que l'affaire est pendante c'est-à-dire avant qu'une décision au fond ne puisse intervenir, surtout lorsqu'il est certain qu'une telle mesure aura pour effet l'acquittement ou la relaxe de son client. Il peut également faire usage de cette faculté devant une juridiction d'instruction pour prétendre à une décision de non-lieu.

En ce qui concerne l'avocat de la victime ou naturellement de la partie civile, l'avocat public étant le monopôle du ministère public, il ne peut pas seulement se contenter à vouloir défendre les intérêts civils de son client. Il peut toutefois accomplir la tâche qui consiste à caractériser l'infraction qui a été commise sur la personne de son client.

Pour cela, il doit interroger le présumé coupable sur les aspects qui sont relatifs aux éléments constitutifs de l'infraction poursuivie et bien évidemment les circonstances aggravantes. Bref, le rôle de l'avocat dans le déroulement du procès pénal varie en fonction des différentes parties au procès

DEUXIÈME PARTIE

CHAPITRE III :
L'INSTANCE PÉNALE

L'instance pénale sous-entend un ensemble d'actes de procédure allant de la demande en justice jusqu'au jugement. Dans ce chapitre, il sera question de s'attarder sur les différentes juridictions pénales compétentes (section I), les différentes voies de recours juridictionnels (section II) et les recours non juridictionnels (section III).

Section I : les juridictions pénales compétentes :

Il s'agit ici des juridictions pénales de droit commun, différentes des juridictions pénales d'exception telles que les hautes cours de justice constitutionnellement instituées par les constitutions de la cinquième (5e) République (article 68) en France et celle du 25 octobre 2015 en République du Congo.
La haute cour de justice est une juridiction politique répressive, composée de parlementaires de deux chambres et de trois (03) magistrats de la Cour de cassation dont l'un préside la cour. En France, depuis l'entrée en vigueur de la constitution du 28 juillet 1993, la cour de justice de la République s'est substituée à la haute cour de justice. En République du Congo, la situation n'a pas changé. Leur compétence est de connaître la responsabilité pénale des membres du gouvernement. En s'attelant uniquement sur les juridictions pénales de droit commun, le tribunal de police (paragraphe 1), le tribunal correctionnel (paragraphe 2) et les cours criminelles (paragraphe 3) constituent l'ossature de cette rubrique.

Paragraphe 1 : *Le tribunal de police*

Formation du tribunal d'instance, le tribunal de police est compétent pour juger les contraventions. Toutefois, lorsqu'il n'est pas institué un tribunal d'instance au siège du Tribunal de grande instance, le Tribunal de grande instance a normalement face à cette carence compétence pour connaître des contraventions qui sont commises dans la circonscription de son ressort. Le jugement des contraventions est attribué exclusivement au tribunal de police du ressort dans l'étendue duquel elles ont été commises. Le tribunal de police est composé du président du Tribunal d'instance et d'un greffier. C'est donc une juridiction à juge unique. Chaque fois qu'il le juge utile, le siège du ministère public peut être occupé par le procureur de la République ou par l'un de ses substituts. En France, les articles 521 et suivants du code de procédure pénale constituent le socle de cette juridiction, tandis qu'en République du Congo, les articles 458 et suivants en font leur crédo. Les jugements rendus en première instance par le tribunal de police sont susceptibles d'appel devant la chambre des appels correctionnels.

Paragraphe 2 : ***le tribunal correctionnel***

Avec pour fondement légal les articles 381 et suivants du code de procédure pénale français, 381 et suivants du code de procédure pénale congolais, le tribunal correctionnel est une formation du Tribunal de grande instance compétent en matière de droit pénal. Toutefois, il convient préciser que le tribunal correctionnel ne connaît pas seulement des délits correctionnels (A), il connaît également ce que l'on peut se convenir d'appeler délits criminels (B).

A- Délit correctionnel

Le délit correctionnel est une infraction à la loi pénale punie de peine d'emprisonnement ou de peine d'amende.

L'échelle des peines d'emprisonnement varie selon que nous sommes en France ou au Congo. Si au Congo le maximum d'une peine d'emprisonnement est d'un quinquennat (5 ans) conformément aux dispositions de l'article 40, chapitre II du Code pénal. En France, en revanche, si l'on s'en tient à l'échelle des peines d'emprisonnement prévues à l'article 131- du Code pénal version 2006 -, l'on peut se convenir que si le tribunal correctionnel décide d'infliger le maximum de la peine à un prévenu en tenant compte de la gravité du délit, celle-ci peut atteindre un plafond de dix ans au plus. Le délit correctionnel est donc une infraction qui depuis sa commission produit un résultat dont la répression tombe dans le champ d'application d'un texte correctionnel bien déterminé dès le départ ; ce qui n'est pas le cas du délit criminel.

B. Le délit criminel

La qualification délit criminel peut prêter à confusion à première vue. Mais après examen, l'on se convient aisément que le délit-criminel est une infraction qui en raison du « modus operandi » (mode opératoire) de son auteur, engendre des circonstances aggravantes qui font passer l'infraction de simple délit au crime. Ainsi, par exemple, les vols commis de nuit, en réunion ou avec effraction sont en temps normal de la connaissance et de la compétence de la cour criminelle. Mais, pour des raisons d'économie du temps, de la célérité des poursuites, les autorités judiciaires de poursuite et d'instruction procèdent très souvent à la correctionnalisation des crimes. Ainsi, les crimes, qui en réalité devraient être jugés par la cour criminelle, ne le seront plus grâce au mécanisme de la correctionnalisation.

- **La correctionnalisation des crimes**

La correctionnalisation des crimes est une pratique judiciaire qui consiste, pour les autorités de poursuite ou d'instruction, à déférer à la juridiction

correctionnelle ce qui est constitutif d'un crime, notamment en négligeant l'existence de circonstances aggravantes. Le mécanisme de correctionnalisation se pratique aussi bien avant d'engager les poursuites par le ministère public que pendant une information judiciaire.
Dans le premier cas, fort de son opportunité de poursuite, le ministère public peut, avant l'ouverture d'une information judiciaire, décider de poursuivre l'auteur d'un fait à connotation criminelle après avoir écarté les éventuelles circonstances aggravantes qui le caractérisaient devant le tribunal correctionnel par la procédure de flagrance ou par la citation directe par voie administrative. Il faut tout de même reconnaître que ce mécanisme relève purement de la pratique et appelle à la haute dextérité des magistrats.
Dans le second cas, après l'ouverture d'une information judiciaire, le procureur de la République peut requérir, pour les raisons de gain du temps, au cours d'une information judiciaire, que le magistrat instructeur, saisi pour des faits de nature criminelle, s'oriente vers une correctionnalisation, en négligeant conséquemment les circonstances aggravantes liées à l'infraction.

Paragraphe 3 : ***La cour criminelle ou la cour d'assises***
Cour criminelle au Congo et cour d'assises en France, en dépit de leur différence d'appellation, leurs missions ou mieux leurs rôles sont identiques : Juridictions répressives de droit commun, compétence, en premier ressort ou en appel (cas de la France article 231S du code de procédure pénale), pour juger les crimes. En France, le législateur répressif a prévu une cour d'assises par département, elle est composée de deux catégories de membres délibérant ensemble : d'une part, trois magistrats professionnels qui forment la cour, d'autre part, des jurés de jugement non professionnels qui forment le jury, au nombre de neuf, lorsque la cour d'assises statue en premier ressort, et de douze, lorsqu'elle statue en appel, tous étant désignés par tirages au sort à partir des listes électorales. En revanche, en République du Congo, le texte instituant la cour criminelle, notamment les dispositions des articles 215 et suivants du code de procédure pénale en date du 13 janvier 1963, soit trois (3) ans à peine après l'indépendance ; ce qui laisse entrevoir d'énormes manquements à l'intérieur de ce texte. Si l'on s'en tient par exemple à l'article 216 qui dispose : « 1° La cour criminelle siège à Brazzaville. 2° Toutefois, en cas de nécessité, le président de la cour d'appel peut, sur réquisition du procureur général, ordonner qu'elle se tienne au siège d'un tribunal de grande instance ou d'une section de tribunal. » De nos jours, il est constant que les sessions criminelles soient souvent organisées aux sièges des cinq cours d'appel que compte la République du Congo à savoir :

- La cour d'appel de Brazzaville ;
- La cour d'appel de Pointe-Noire ;
- La cour d'appel de Dolisie ;

- La cour d'appel de Ouesso ;
- La cour d'appel d'Owando.

À la différence de la France où la cour d'assises est compétente en premier ressort ou en appel, au Congo, aux termes des dispositions de l'article 311 du code de procédure pénale, il ressort clairement que la seule voie de recours contre l'arrêt rendu par une cour criminelle est le pourvoi en cassation. Alors qu'en France, l'accusé condamné en premier ressort par la cour d'assises de Paris, par exemple, peut selon les cas faire appel de cet arrêt devant la cour d'assises de Lyon qui statue en appel de la décision rendue en premier ressort par la cour d'assises de Paris. Ainsi donc un accusé en France dispose d'une voie de recours en plus par rapport à l'accusé en République du Congo. Toutefois, la cour d'assises ou la cour criminelle ne connaissent pas des crimes imputés aux mineurs de dix-huit ans, qui ne sont justiciables que des tribunaux pour enfants ou des cours d'assises ou cour d'appel pour mineurs.

Ces juridictions criminelles ont plénitude de juridiction et elles sont, dès qu'elles sont saisies par l'arrêt de mise en accusation, compétentes pour connaître toutes les infractions dont elles sont saisies, même si celles-ci, par effet d'une loi nouvelle entrée en vigueur postérieurement à l'arrêt de renvoi, ne sont plus constitutives de crime, mais de délit au moment où elles sont appelées à statuer : c'est le principe de la non-rétroactivité de la loi.

Section II : *Les différentes voies de recours juridictionnelles*

L'accusé, le délinquant ou le contrevenant qui, se sentant lésé par une décision rendue soit par la cour criminelle (cours d'assises en France), soit par le tribunal correctionnel ou par le tribunal de police, peut exercer un recours en vue d'un second examen de l'affaire ou pour dénoncer la mauvaise interprétation, comme il le pense, de la loi pénale. En matière pénale, les recours contre les décisions rendues en premier ressort s'effectuent devant la chambre pénale de la Cour suprême pour le cas du Congo ou de la chambre criminelle en ce qui concerne la France (paragraphe 2).

Paragraphe 1 : *La chambre des appels correctionnels*

Cette formation de la cour d'appel trouve son fondement légal dans le code de procédure pénale, précisément à l'article 510 en France. En revanche, en République du Congo, c'est la loi n° 19-99 du 15 août 1999, modifiant et complétant certaines dispositions de la loi n° 022 -92 du 20 août 1992, portant organisation du pouvoir judiciaire qui, de façon expresse, prévoit une chambre des appels correctionnels en son article 56 alinéa 4. Cette chambre est compétente pour statuer en appel sur les affaires jugées en premier ressort par les tribunaux correctionnels et par les tribunaux de police. La double compétence de cette formation peut faire naître la confusion en ce sens que le fait pour elle de connaître les appels qui sont exercés aussi bien en matière délictuelle qu'en matière contraventionnelle constitue une véritable violation des fondamentaux même de la procédure pénale, notamment le respect dû au principe de la compétence matérielle ou « ratione materiae » qui est l'aptitude reconnue à une juridiction pénale à connaître des infractions en fonction de leur nature (exemple : contraventions, délit, crime). Ce manquement des législateurs répressifs congolais et français mérite normalement d'être comblé en instituant simplement « les chambres des appels contraventionnels » pour être à l'abri de tous soupçons.

La mixité de la chambre des appels correctionnels entraîne l'examen au fond des affaires portées devant elle, aussi bien pour des délits que pour des contraventions. Toutefois, pour le jugement de l'affaire, lorsqu'elle estime que les motifs évoqués par l'appelant ne sont pas fondés, la chambre des appels correctionnels rend un arrêt confirmatif en épousant la décision rendue en premier ressort. Par contre, si elle estime que les motifs soulevés par l'appelant paraissent fondés, elle rend un arrêt infirmatif. Ainsi, il est judicieux que tous délinquants ou contrevenants, qui prétendent être insatisfaits de la décision rendue en premier ressort, fassent appel de cette dernière pour que la chambre des appels correctionnels qui constitue le second degré se prononce à son tour sur l'affaire. Ce serait d'ailleurs le respect du principe sacro-saint du « double degré de juridiction ». Sauf les cas où le jugement en premier ressort est rendu par défaut, les présidents des tribunaux correctionnels ou de police doivent au prononcé de la sentence de condamnation signifier au condamné qu'il a le droit de faire appel de la décision rendue s'il n'en est pas satisfait. Le siège du ministère public ou mieux de la chambre des appels correctionnels est occupé par le procureur général ou par l'un de ses avocats généraux ou par l'un de ses substituts. Le ministère public qui doit soutenir l'accusation requiert soit à charge, soit à décharge.

Dans le premier cas, lorsqu'il estime que les charges sont suffisantes sur la culpabilité du prévenu, il requiert une application stricte de la loi pénale après avoir démontré que le prévenu est réellement coupable. Toutefois, il reviendra à la chambre d'apprécier souverainement, car les réquisitions du ministère public ne lient pas les magistrats du siège.

Dans le second cas, après instruction à la barre, s'il est avéré que les charges retenues contre le prévenu ne sont pas suffisamment fondées ou s'il appert que l'infraction pour laquelle le prévenu est poursuivi n'est pas constituée, le représentant du ministère public doit tout de suite se raviser en requérant à décharge. Il peut dans ce cas requérir que le prévenu soit relaxé. Il peut requérir la relaxe face à un doute ou simplement lorsque les éléments constitutifs de l'infraction ne sont pas du tout réunis conformément à la loi. Dans ce cas aussi, la chambre composée du président et de ses deux conseillers apprécie de façon souveraine. Car en aucun cas les juges du siège ne se trouvent liés par les réquisitions des magistrats qui ne sont en réalité que des informations susceptibles d'éclairer la lanterne des juges.

Paragraphe 2 : ***La chambre pénale de la Cour suprême et la chambre criminelle de la Cour de cassation***

Ces deux chambres constituent le dernier recours de droit commun que l'on peut exercer en matière criminelle. Au Congo, elle est instituée par la loi n°17-99 du 15 avril 1999 modifiant et complétant certaines dispositions de la loi n°025-92 du 20 août 1992 et de la loi n°30-94 du 18 octobre 1994 portant organisation et fonctionnement de la Cour suprême, tandis qu'en France la chambre criminelle de la Cour de cassation est la résultante de l'article 567 du code de procédure pénale. Au terme de ce texte, « les arrêts de la chambre de l'instruction et les arrêts et jugements rendus en dernier ressort en matière criminelle, correctionnelle et de police peuvent être annulés en cas de violation de la loi sur le pourvoi en cassation formé par le ministère public ou par la partie à laquelle il est fait grief, suivant les distinctions qui vont être établies. Le recours est porté devant la chambre criminelle de la Cour de cassation ». En tenant compte de ces dispositions, il ressort que la chambre pénale de la Cour suprême au Congo et la chambre criminelle de la Cour de cassation en France ne sont pas des degrés de juridiction comme il en est le cas de toutes les juridictions répressives du premier et du second degré. Elles sont au contraire des juridictions de droit. En ce sens, elles veillent à la bonne application de la loi pénale. La saisine de ces juridictions n'est pas exempte de certaines conditions. Ainsi sa recevabilité (a), sa formulation par le condamné (b), par la partie civile (c) et par le ministère public par le biais de ses représentants (d) méritent une attention particulière.

a) La recevabilité et l'irrecevabilité du pourvoi

Il ressort des dispositions de l'article 567 du code de procédure pénale français, 512,513 et suivants du code de procédure pénale congolais qu'un pourvoi n'est recevable que contre une décision pénale de nature à constituer une violation de la loi. Cette règle d'ordre général est applicable aussi bien au pourvoi formé par le représentant du ministère public qu'à celui formé par la partie à laquelle il est fait grief (condamné, partie civile, administration). Ainsi, nul ne peut se pourvoir en cassation contre un jugement ou un arrêt rendu en dernier ressort, s'il n'a été partie dans la cause. L'ordonnance de renvoi devant le tribunal correctionnel rendue par une juridiction d'instruction du premier degré n'entre pas dès les préventions des dispositions précitées.

b) Le pourvoi du condamné

L'exercice d'un pourvoi en cassation est un droit qui est tout de même reconnu au condamné. S'il estime que le jugement et l'arrêt le condamnant en dernier ressort ont été rendus en violation de la loi pénale en vigueur, il est plausible pour lui de faire valoir ses arguments devant la chambre pénale ou criminelle.

c) Le pourvoi de la partie civile

La partie civile peut se pouvoir seulement contre les dispositions de la décision qui font grief à son intérêt civil. Ainsi, elle est en droit de se pourvoir contre l'arrêt de la cour criminelle ou de la chambre rendu, selon la procédure de contumace, lorsque celui-ci a déclaré irrecevable son action. La partie civile est cependant irrecevable pour le pourvoi qu'elle forme contre la durée d'une condamnation au pénal. Ne pouvant se prévaloir d'aucun dommage découlant de cette durée, elle n'a donc pas intérêt à se pourvoir.

d) Le pourvoi du ministère public

Le ministère public est le garant de l'ordre public. Il demeure à ce titre le dépositaire de l'action publique, dans la mesure où, lorsqu'il estime que la loi a fait l'objet d'une mauvaise application, il peut normalement se pourvoir en cassation. Il puise ce droit dans les articles 567 et 591 du code de procédure pénale français, 512 et 513 du code de procédure pénale congolais, il peut ainsi poursuivre l'annulation d'une décision qui lui paraît entachée d'illégalité. Le ministère public n'est recevable à se pourvoir que lorsque l'intérêt général est affecté. En principe, le ministère public est sans qualité pour se pourvoir contre la décision qui a, sur sa poursuite, prononcé la peine édictée par la loi. Il en est autrement lorsqu'il soutient que le fait retenu par le juge de fond n'est pas sanctionné par la loi pénale.

Les administrations des douanes peuvent également exercer ce pourvoi contre les arrêts de la chambre d'accusation qui constituent une décision de non-lieu à suivre dans les poursuites qu'elle exerce à titre principal pour l'application des sanctions fiscales.

En République du Congo, l'article 25 alinéa de la loi précitée, relative à l'organisation et au fonctionnement de la Cour suprême, attribue un droit d'évocation à la chambre pénale. Ce qui signifie que la chambre pénale dispose d'un pouvoir d'attraire à elle le fond du litige, c'est-à-dire de trancher les points non jugés des crimes en premier et dernier ressorts. En toute circonstance, la chambre pénale doit donner à l'affaire une solution définitive.

Section III : *Les recours non juridictionnels*

Lorsqu'un contrevenant, un prévenu ou un accusé est condamné par une juridiction répressive et que toutes les voies de recours juridictionnelles sont épuisées, celui-ci dispose néanmoins de la possibilité d'exercer ce que l'on appelle des recours extra-juridictionnels tels que : la grâce (A), l'amnistie (B).

Paragraphe 1 : *La grâce*

En République du Congo, la constitution du 25 octobre 2015 dispose : « le président de la République exerce le droit de grâce ». La grâce est une mesure de clémence décidée par le chef de l'État usant d'un droit qu'il tient de la constitution, en vertu de laquelle un condamné est dispensé à sa requête (le recours en grâce) de subir tout ou partie de sa peine ou doit exécuter une sanction plus douce que celle initialement prononcée. Ce qui fait que le président de la République, en prenant une telle mesure, peut décider qu'un condamné à mort par exemple ne soit plus exécuté, mais que sa peine soit commuée en détention à perpétuité. Il convient d'examiner le domaine de la grâce (1°) et ses effets (2°).

1. Le domaine de la grâce

Le recours en grâce en principe ne concerne que les condamnations devenues définitives et celles qui ne peuvent plus faire l'objet d'un recours ordinaire, lorsque la seule possibilité qui reste au prévenu ou à l'accusé, si l'on est en matière criminelle, est donc l'ultime recours en grâce. Ainsi, ne peuvent exercer ce recours que des condamnés à une peine d'emprisonnement ferme. En revanche, un condamné à la peine d'emprisonnement avec sursis ne saurait prétendre à l'exercice d'un recours en grâce.

2. Les effets de la grâce

L'article 13367 du Code pénal français dispose : « la grâce emporte seulement la dispense d'exécuter la peine ». Au terme de cet article, il ressort aisément que le décret accordant la grâce à un condamné n'efface pas la condamnation. La seule influence est portée sur la peine d'emprisonnement ferme qui peut être réduite en totalité ou en partie. Par contre dans le casier judiciaire du condamné, la condamnation doit apparaître. Le droit pour la victime d'obtenir réparation du préjudice causé par l'infraction subsiste malgré le bénéfice de la grâce, c'est pour dire que le prévenu ou l'accusé est tenu au dédommagement de la victime et il ne saurait se prévaloir de la grâce qui lui est accordée pour se dédouaner de sa responsabilité civile.

Paragraphe 2 : *L'amnistie*

D'un point de vue matériel, l'amnistie se différencie de la grâce en ce que celle-ci est un décret émanant du président de la République qui exerce l'un de ses droits consacrés par la constitution. L'amnistie est une loi d'origine parlementaire, synonyme de pardon légal. Elle n'efface pas les faits matériels et leurs conséquences civiles. Lorsque l'amnistie a déjà eu lieu, elle efface la condamnation et la fait disparaître. Ce qui supprime même ladite condamnation dans le casier judiciaire du condamné. Normalement, il est interdit de rappeler une condamnation amnistiée dans un quelconque document. La grâce amnistiante en vertu de laquelle l'amnistie accordée à une catégorie de condamnés est réservée par le législateur aux seuls individus qui auraient obtenu un décret de grâce pris par le pourvoir exécutif (président de la République).

Il ressort de l'examen de ce qui précède que dans la pratique la grâce et l'amnistie constituent une véritable incursion du pouvoir exécutif et du pouvoir législatif dans le pouvoir judiciaire, alors que l'indépendance de ce pouvoir devrait empêcher toute sorte d'immixtion de l'exécutif et du législateur surtout lorsque les magistrats ont déjà rendu leur décision. De ces pratiques découle une sorte d'inefficacité du système pénal. Que nous soyons en République du Congo ou sur le territoire de l'ancienne métropole (France), la pratique incessante des grâces conduit de nos jours à nous interroger aussi bien sur l'indépendance du pouvoir judiciaire en général que sur le rendement des juridictions répressives en particulier. Les exploits scientifiques d'aujourd'hui, les différentes formes de criminalité qui naissent de façon ininterrompue et le terrorisme nous font assister à une mondialisation de la criminalité qui, en réalité, devrait faire en sorte qu'au lieu de gracier les condamnés, ces derniers devraient épuiser leurs peines et nous devrions nous rassurer que, leur amendement ayant été acquis à leur sortie prison, ils ne constitueraient plus un danger ou une menace pour la société. Ainsi, la majorité pénale, quant à elle, mérite aussi d'être revue à la baisse. Car la montée en puissance de la criminalité observée dans le monde d'aujourd'hui fait appel à la prise de mesures nécessaires et efficaces pour essayer de porter un coup d'arrêt à cette expansion du phénomène criminel. Il n'en demeure pas moins vrai que la criminalité se développe actuellement. Plus le monde s'ouvre, plus le crime également prend son essor et tend à se perfectionner. Surtout sur les modes opératoires (modus operandi). Ainsi, la majorité pénale de nos jours doit être ramenée à 15 ans dans la mesure où bon nombre d'enfants de cet âge sont encrés dans le terrorisme pour ne pas dire dans la criminalité. La délinquance juvénile aujourd'hui prend des allures inquiétantes et nécessite une réaction exemplaire de la part du législateur répressif. Ainsi l'on devrait plus s'arrimer sur les réalités sociales actuelles pour donner une réponse adéquate à la criminalité actuelle.

Paragraphe 3 : *Les faits justificatifs des infractions à la loi pénale ou les causes d'irresponsabilité pénale*

Dans la pratique de l'exercice de leur métier, les autorités chargées de poursuites et les juridictions répressives se trouvent très souvent confrontées à certains obstacles. Par exemple, les infractions sont commises, mais l'action publique ne peut pas être mise en mouvement. En France, tout comme en République du Congo, la légitime défense (A), l'état de nécessité (B), le commandement de l'autorité légitime (C), la contrainte et la démence (actuellement en France la démence a été remplacée par le trouble psychique ou neuropsychique) (D) constituent des faits justifiant que l'action publique ne soit pas mise en mouvement en raison des circonstances qui l'obstruent malheureusement, ou produisent des effets immédiats sur la vie de l'action publique.

A- La légitime défense

La légitime défense est une cause d'irresponsabilité pénale par justification, profitant à la personne qui, devant une atteinte injustifiée envers elle-même, autrui ou un bien, accomplit, dans le même temps, un acte de défense. Cette notion fait donc appel à une attaque (1) et à une riposte (2).

1- L'attaque

Dans l'esprit de l'article 328 du Code pénal (ancien en France, remplacé par l'actuel article 122-5), il faut nécessairement une agression préalable et injuste. Ce qui exclut normalement les oppositions faites à une décision d'expulsion sur les lieux occupés illégalement, à une ordonnance de démolition. L'attaque doit être actuelle ou imminente pour que puisse s'exercer le droit de recourir à la légitime défense. À ce propos, le philosophe dialecticien allemand, Friedrich Hegel, ne disait-il pas que : « l'attaque est une négation du droit et la défense est la négation de cette négation ». C'est donc un droit naturel reconnu à tout citoyen de se défendre lorsque ses jours ou ceux d'autrui se trouvent en danger.

La légitime défense peut encore être exercée pour protéger des biens, c'est ce qui apparaît sans nul doute dans l'esprit de l'article 329 du Code pénal congolais. Sur ce point, la légitime défense ne peut être valablement admise que lorsque les violences exercées sur une personne, en riposte à une atteinte aux biens par elle, ont pour objet d'interrompre l'exécution d'un crime ou d'un délit.

L'actualité et l'imminence de l'attaque sont exigées pour empêcher les vengeurs de se prévaloir à tort de la légitime défense ou de l'évoquer, alors que l'attaque n'allait vraisemblablement pas avoir lieu. Ainsi, on peut dire que :

- L'attaque actuelle signifie celle qui est en train de se commettre à la différence de celle qui devrait se commettre ;
- L'attaque imminente sous-entend celle qui va être lancée incessamment, loin d'être une attaque future.

2- La riposte

Entre les moyens utilisés pour l'attaque et ceux dont on use pour la riposte, la proportionnalité est de rigueur. L'acte de défense doit être mesuré, c'est-à-dire proportionné à la gravité du danger. Ce qui n'est pas le cas, par exemple, pour celui qui emploie les armes pour repousser un agresseur non armé. Ce qui n'est pas non plus le cas pour un prévenu qui prend le soin de tuer ses poursuivants qui étaient sans arme et s'étaient abstenus de toute manifestation physique hostile. Peuvent être considérés comme agissant en légitime défense les propriétaires des voitures, qui blessent à l'aide de coups de fusil les individus qui tentaient de s'introduire dans leurs véhicules. De même, agit en état de légitime défense, au sens des articles 328 et 329, 122-5 et 122-6-1 nouveaux des codes pénaux congolais et français la personne qui repousse, de nuit, l'entrée par effraction d'un individu dans un lieu habité, dans la mesure où la chambre d'accusation constate qu'il n'y a pas disproportion entre les moyens de défense employés et la gravité de l'atteinte dont cette personne est l'objet.

À vrai dire, cette question de disproportion entre l'attaque et la défense est laissée généralement à l'appréciation souveraine des juges de fond qui ont l'ardent devoir d'examiner avec minutie la situation telle qu'elle leur est présentée, pour ensuite dégager la solution qui convient par rapport à l'espèce à eux soumise. Toutefois, la présomption d'avoir agi en légitime défense édictée par l'article 329 du Code pénal n'est pas irréfragable et peut céder devant la preuve contraire. Ce texte ne saurait également justifier des actes de violence lorsqu'il est démontré qu'ils ont été commis en dehors d'un cas de nécessité actuelle et en l'absence d'un danger grave et imminent. Cette présomption en revanche joue non seulement à l'instant où l'on repousse l'escalade, mais encore pendant tout le temps où l'on se trouve en présence de l'intrus, tant que celui-ci n'est pas mis hors d'état de nuire. En réalité, lorsqu'on parle d'appartement habité ou de leurs dépendances, le texte de l'article 329 ne vise que les dépendances d'une maison habitée, celles-ci figurent exhaustivement à l'article 390 du Code pénal en question. Est donc exclue de ce fait même la cabane à usage de bergerie dont la clôture se trouve séparée par une route de l'enceinte d'une maison habitée par son propriétaire. Or, les dépendances d'une maison habitée exigent que lesdites dépendances, même lorsqu'elles auraient une clôture propre, soient au moins enfermées dans l'enceinte générale. En toute circonstance, lorsque la légitime défense est retenue par le juge de fond, qu'elle soit pour soi-même, pour autrui ou pour un bien, l'action publique, qui de coutume vise le prononcé des sanctions pénales contre les auteurs des infractions à la loi pénale et leurs complices, tombe.

B- L'état de nécessité

Cette notion est une véritable création jurisprudentielle.

À l'origine non prévu à titre général, véritable fait justificatif, l'état de nécessité a longtemps été assimilé à la contrainte morale. D'ailleurs, en République du Congo, la situation est restée stable et l'article 64 du Code pénal s'applique toujours. Ainsi, au lieu de l'état de nécessité dans des situations identiques, on assimile toujours l'état de nécessité à la contrainte morale. Alors qu'en France, après avoir tergiversé, la jurisprudence lui a trouvé un fondement, l'absence d'intention délictuelle, tout aussi critiquable, avant de l'instituer finalement à l'article 12-7 du Code pénal. La notion de nécessité implique un péril actuel ou imminent menaçant la vie ou la santé ou l'équilibre moral ou encore compromettant la satisfaction des besoins fondamentaux de la famille. Tel est le cas d'une personne qui construit elle-même sa propre maison sans permis de construire, parce qu'elle vit avec sa famille dans un taudis. Si l'on s'accorde en disant que l'état de nécessité est d'origine jurisprudentielle, il est tout aussi utile de rappeler que c'est le juge Menard qui fut le premier à parler de cette notion (une femme allaitant un enfant nouveau-né, dépourvue de moyens de subsistance avait fini par dérober un pain à la devanture d'une boulangerie afin de pouvoir allaiter son enfant). Toutefois, la personne qui invoque l'état de nécessité ne peut voir son action justifiée si elle a elle-même créé, par sa faute, le péril dont elle est menacée : ainsi le chauffeur qui, ayant embouti une barrière fermée à un passage à niveau, a pris la décision d'emboutir également la seconde afin de pouvoir échapper au péril imminent, représenté par l'arrivée d'un train, ne saurait évoquer l'état de nécessité. Dans l'état de nécessité, il faut tout de même rechercher la supériorité de l'intérêt. Car l'intérêt sauvegardé doit avoir une valeur supérieure à celle de l'intérêt sacrifié. C'est ainsi que l'on peut affirmer que la vie de la maman l'emporte sur celle de l'enfant. Car un médecin qui, en plein accouchement, trouve que la position de l'enfant menace la vie de la mère ou des deux peut décider, sans encourir une condamnation pour infanticide, de tuer l'enfant et laisser la vie sauve à sa mère. L'état de nécessité apparaît donc comme un obstacle à la mise en mouvement de l'action publique d'autant plus qu'elle constitue après examen au fond une cause d'irresponsabilité pénale par justification, profitant à la personne qui, face à un danger actuel et imminent qui menace elle-même, autrui ou un bien, accomplit un acte nécessaire à la sauvegarde de la personne ou du bien, sauf s'il y a disproportion entre les moyens employés et la gravité de la menace.

C- Le commandement de l'autorité légitime ou l'ordre de la loi

Nous devons ces faits justificatifs aux articles 327 du Code pénal congolais et 122-5 du Code pénal français.

- **Le commandement de l'autorité légitime**

C'est un fait justificatif qui supprime le caractère délictueux d'actes accomplis en exécution d'un ordre donné par une autorité publique, compétente et légitime, à moins que cet ordre ne soit manifestement illégal. L'autorité légitime doit cependant être une autorité publique. Ainsi, l'infraction ne peut être justifiée si elle est commandée par une autorité privée, tel un patron ordonnant à son préposé de commettre une infraction fiscale. En réalité, l'ordre reçu d'un supérieur hiérarchique ne constitue pas, pour l'auteur d'une infraction, une cause d'irresponsabilité pénale. L'autorité publique se méfie également de donner les ordres illégaux à ses subordonnés, car l'infraction commise en exécution d'un ordre illégal est normalement punissable. L'autorité publique ne doit pas sortir du carcan de la légalité. Ainsi, tous les ordres exécutés dans les circonstances dans lesquelles la loi est observée sont justifiés. En conséquence, lorsque le domaine public est occupé sans autorisation, l'autorité publique qui donne l'ordre d'évacuer ou de faire évacuer les occupants par des agents de l'ordre par exemple agit en toute légalité.

- **L'ordre de la loi**

« L'ordre de la loi » est un fait justificatif qui exclut la responsabilité pénale de celui qui devient l'agent d'exécution de la loi. Les châtiments corporels et le droit de correction des parents et des enseignants ont toujours, pour un but éducatif, un pouvoir disciplinaire qui peut éventuellement s'exercer par des gifles ou des tapes inoffensives sur de jeunes enfants. Cela y va normalement de la formation qu'ils reçoivent ou à laquelle ils sont soumis en vue de leur permettre d'avoir des capacités intellectuelles et des têtes bien faites. L'ordre ou la permission de la loi ou de la coutume justifie, dans de nombreux cas, des infractions commises sur des victimes consentantes. L'impunité des auteurs tient au jeu de l'article 327 du Code pénal et non au consentement de la victime. De même, dans l'exécution des condamnations à la peine de mort par fusillade, par tranchement de la tête ou, comme cela se passe dans certains états fédérés des États-Unis, par injection létale ou par chaise électrique, les exécutants n'encourent aucune condamnation pour meurtre ou assassinat. Car ceux-ci ne font en réalité qu'exécuter ce que la loi a préalablement prescrit. Dans la cause d'irresponsabilité prévue par les articles 122-4, du Code pénal et 174 du décret du 20 mai 1903, qui n'est pas contraire à l'article 2.2 de la convention européenne des droits de l'homme, les juges doivent rechercher si cet usage était absolument nécessaire en l'état des circonstances de l'espèce. Ainsi, un gendarme, qui adapte sa conduite automobile à celle particulièrement dangereuse de la conductrice poursuivie, prend un risque disproportionné à l'obligation de mettre fin aux infractions constatées. En cas d'homicide involontaire, il peut être déclaré coupable. Toutefois, « l'ordre de la loi » requiert que l'auteur du fait justificatif n'agisse que dans le contexte bien circonscrit de la loi, de la coutume ou purement règlementaire. Cependant, il faut donc que l'auteur du fait justificatif par ordre de la loi agisse en connaissance parfaite de la loi.

D- La contrainte et la démence

La contrainte et la démence constituent, elles aussi, des obstacles, comme tous les autres à l'action publique. Car les mesures relatives à la protection de la société, c'est-à-dire la réaction sociale vis-à-vis du phénomène criminel, à savoir la prévention des infractions et leurs sanctions, sont parfois anéanties devant la contrainte (1) et la démence (2).

1- La contrainte

La contrainte est une force à laquelle l'auteur d'une infraction n'a pu résister au moment de faits, ce qui exclut sa responsabilité pénale. Elle se manifeste tantôt sur le plan physique (a) ou sur le plan moral (b).

a- La contrainte physique

Dans l'ensemble, la contrainte est prévue par les textes des articles 122-2 du Code pénal français et 64 du Code pénal congolais. La terminologie de ces

deux textes est la même pour ne pas dire que le second est l'ancêtre du précédent. La contrainte physique n'est prise en compte que lorsqu'elle se manifeste au moment de l'action et uniquement en tant qu'elle crée l'irresponsabilité pénale. C'est le cas d'une force majeure qui peut résulter des forces de la nature ; par exemple, un vent violent qui fait tomber les enclos où sont parquées les bêtes qui, ensuite, se mettent à divaguer. Normalement, le propriétaire des bêtes ne peut pas faire l'objet des poursuites pénales pour divagation des bêtes, car l'emboutissage en l'espèce serait du fait du vent violent et non de son fait personnel.
La contrainte physique peut aussi résulter d'une cause interne, essentiellement la maladie. Un automobiliste qui, suite un malaise inopiné au volant, se rend auteur des blessures involontaires, le malaise étant justificatif du délit en l'espèce, ne peut être condamné. Pour être une cause d'irresponsabilité pénale, la contrainte doit être irrésistible et imprévisible.

- **L'irrésistibilité à la contrainte**

La contrainte doit être irrésistible. L'agent qui évoque la contrainte doit se trouver dans l'impossibilité absolue de se conformer à la loi. Il en est de même dans l'hypothèse du fait du prince, lorsque l'obstruction, par des travaux publics, d'une rue, à sens obligatoire, nécessite le passage d'un véhicule par une voie à sens interdit, l'infraction est justifiée par ce fait même.

- **L'imprévisibilité de la contrainte**

Pour qu'elle soit retenue, la contrainte doit encore être imprévisible, faute de n'avoir pas prévu ce qui était prévisible : c'est le cas d'un marin qui n'a pu regagner son bord à l'heure prévue, parce qu'il s'était enivré au port. Un automobiliste, qui n'aperçoit pas un obstacle inopiné sur la route ou les signaux lumineux d'arrêt, parce que conduisant à une vitesse excessive, ne peut bénéficier de l'imprévisibilité de la contrainte.

b- La contrainte morale

La contrainte morale provient des pressions d'origine externe (menaces, suggestions, provocations), assez pressantes ou assez directes pour enlever au prévenu sa liberté d'esprit. Ne peut trouver des justifications légales, sur les fondements des articles 122-2 du Code pénal français et 64 du code congolais, que celui qui atteste, sans l'ombre d'un doute, d'une contrainte qui a dominé sa volonté et ne lui a laissé aucune faculté d'agir autrement qu'il a agi. Autrement dit, la commission de l'infraction ne doit émaner que d'une volonté étrangère à celle de son auteur. Par conséquent, la contrainte morale, d'origine interne, ne peut entraîner l'irresponsabilité pénale de l'auteur d'une infraction. Ainsi, doit, par exemple, être condamnée la femme d'un salarié d'une entreprise qui, redoutant un éventuel licenciement de son mari, écrit, sous la pression d'une pulsion irrésistible, une lettre d'injures et de menaces à son employeur. Comme dans le contexte de la contrainte physique, les caractères irrésistibles et imprévisibles s'appliquent automatiquement à la contrainte morale. Les juges de fond doivent toutes les fois qu'ils seront face à une affaire dans laquelle elle est évoquée (la contrainte), soit-elle physique ou morale, rechercher si les deux (02) principes existent bel et bien. Ces deux caractères sont tout de même cumulatifs.

2- La démence

Instituée par les articles 64 du Code pénal congolais et 122-1 du Code pénal français, la démence est substituée de nos jours en France par le trouble psychique ou neuropsychique ayant aboli ou altéré le discernement de celui qui en est atteint. La démence doit être largement comprise et doit être reconnue dans les diverses formes d'aliénation mentale. Elle est toutefois limitée, selon la doctrine[1], aux troubles ou maladies de l'intelligence. Il convient donc d'examiner les différents états de la démence (a) et la responsabilité pénale des complices du dément (b).

a- Les différents états de la démence

Un simple état d'égarement ne peut pas être assimilé à la démence ou aux troubles psychiques ou neuropsychiques. En principe, seul le défaut de développement des facultés mentales peut être considéré comme un état de démence. On peut noter, par exemple :

- ***Le crétinisme*** : forme de débilité mentale et de dégénérescence physique, en rapport avec l'insuffisance thyroïdienne, souvent accompagnée de goitre ;
- ***Idiotie*** : le manque d'intelligence et de bon sens, caractérisé par les erreurs de jugement et la fréquence de bêtises ;
- ***L'imbécilité*** : c'est une arriération mentale caractérisée par la faiblesse d'esprit ;
- ***La débilité*** : c'est la déficience de l'intelligence correspondant, pour un adulte, à un âge mental de 7 à 10 ans ;
- ***L'ineptie*** : c'est une sorte de démence qui se manifeste par l'expression d'un comportement stupide avec une accumulation de bêtises ;
- ***La faiblesse d'esprit*** : c'est la folie, au sens commun (affaiblissement des facultés mentales, surexcitation des facultés intellectuelles et affectives).

Les maladies de la volonté telles que la kleptomanie et la pyromanie ne peuvent pas entrer dans le champ d'application de l'article 64 du Code pénal. En revanche, l'épilepsie devrait être assimilée à la démence pendant l'accès qui étreint le patient ou au moment d'une attaque imminente. Mais,

---

[1] V. Rassat, op. cit., n° 113.

l'épileptique est considéré comme responsable d'un homicide involontaire, s'il a commis l'imprudence de conduire une automobile, alors qu'il connaît son état et est conscient de la survenance d'une crise au volant. Il est tout aussi nécessaire de souligner que l'état d'ivresse laisse subsister la responsabilité pénale, malgré l'altération de la volonté qu'elle entraîne. La démence doit être recherchée par les juges de fond au moment où le scélérat prend la résolution de passer à l'action afin de commettre l'infraction. Ils ne peuvent pas seulement s'attarder sur des éléments postérieurs au délit. Ainsi, il est judicieux de connaître si, au moment de l'action, le dément n'était pas dans la période de lucidité. Cette question a toute son importance d'autant plus que la maladie mentale n'évolue pas de façon linéaire. Si au cours de l'instance, il est établi, par une expertise psychiatrique que, au moment de la commission des faits incriminés, le dément était dans une période de lucidité, cette dernière (lucidité) conduira sans doute les juges à entrer en voie de condamnation tout en ordonnant utilement une mesure thérapeutique à l'endroit du dément.

b- La responsabilité pénale des complices du dément

Il n'est pas souvent fait obligation aux juges de chercher à déterminer de manière précise de quel type de démence il s'agit, car les articles 64 du Code pénal congolais et 122-1, alinéa 2, ne prévoient pas une cause légale de diminution de la peine. Les juges demeurent entièrement libres de déterminer la peine lorsque la démence n'a pas été retenue. La démence entraîne l'irresponsabilité pénale de l'auteur d'une infraction, mais laisse subsister l'infraction, en dépit des termes de l'article 64 du Code pénal, et le complice du dément est punissable. Si, au regard des dispositions des articles 121-7 du Code pénal français et 60 du Code pénal congolais, il est avéré que, pour commettre l'infraction, le dément a bénéficié, selon les termes des prévisions précitées, d'une complicité, l'individu identifié doit être poursuivi comme complice de l'infraction commise par le dément. Il ne peut se prévaloir lui aussi, alors qu'il jouit d'un parfait état de santé mentale, des dispositions atténuantes de l'article 64 du Code pénal congolais et 122-1 pour le cas de la France.

c- Effets civils des faits justificatifs des infractions à la loi pénale

La légitime défense de soi-même exclut toute faute et ne peut ipso facto donner lieu à une action en dommages intérêts en faveur de celui qui l'a rendue nécessaire par son agression ou en faveur de ses ayants droit. Toutefois, il appartient au juge répressif, lorsqu'il en est requis, de rechercher si, même en l'absence de légitime défense caractérisée au sens des articles 328, 329, 122-5 et 122-6 des codes pénaux congolais et français, les agissements fautifs des victimes, définitivement condamnés pour les dégradations et le vol aggravé qu'elles ont commis, au préjudice de l'auteur

de leurs blessures, n'ont pas concouru à la réalisation du délit et ne justifient pas un partage de responsabilité.
L'état de nécessité, bien que faisant obstacle à l'action publique, ne préjudicie pas sur l'action civile que la victime d'une infraction justifiée peut engager contre l'auteur de ladite infraction en vue d'obtenir sa condamnation au paiement des dommages-intérêts.
Pour ce qui est de la démence, le dément majeur étant souvent placé sous le régime de la curatelle, son curateur doit normalement faire face aux éventuelles conséquences civiles qui découlent de l'infraction commise par le dément. La réparation du préjudice causé par le dément du fait de l'infraction est donc normale lorsqu'elle est demandée devant la juridiction compétente. Le curateur assume donc cette réparation. Quant au complice du dément, l'inquiétude ne se pose plus dans la mesure où la démence laisse subsister l'infraction, le complice lucide devra non seulement être condamné au plan pénal, mais aussi sur le volet civil.
S'agissant de la contrainte, l'infraction commise sous l'emprise de la contrainte émane d'une volonté indépendante de son auteur. Le cas de force majeure, tenant à la situation sanitaire de celui qui a été contraint de commettre une infraction, ou le fait d'un tiers qui le rend coupable sont des événements que le juge doit examiner pour bien asseoir son intime conviction. De cette façon, la contrainte, une fois retenue, ne pourra alors donner lieu à une quelconque condamnation de celui qui a été contraint au paiement des dommages-intérêts. Car si l'on s'accorde à admettre qu'en droit les cas de force majeure et les cas fortuits sont exonératoires, l'on peut tout aussi se convenir qu'une infraction, commise dans les circonstances avérées de la contrainte, est non seulement justifiée, entraînant ainsi l'irresponsabilité pénale de son auteur, mais elle exonère aussi son auteur de toute responsabilité civile. Cela veut dire que suivant le principe selon lequel « le pénal tient le civil en l'état », lorsqu'il est admis que c'est dans la contrainte que l'infraction a été commise et que par conséquent son auteur est irresponsable pénalement, il va de soi que cette contrainte, prise sous le label de cas de force majeure, empêche la condamnation de l'auteur de l'infraction au plan civil. Ainsi, pour qu'il y ait normalement réparation, il est nécessaire que la faute soit retenue. Or dans l'hypothèse de la contrainte la faute ayant été ou étant justifiée, une condamnation au paiement des dommages-intérêts paraîtra sans nul doute absurde.
Enfin, concernant l'ordre de la loi ou le commandement de l'autorité légitime. C'est en réalité la loi, qui, elle-même, fixe les contours de l'organisation et du fonctionnement de cette institution. L'agent d'exécution de la loi ou l'ordonnateur ne peuvent pas faire l'objet des poursuites au plan civil lorsqu'ils ont agi dans le cadre des contours que la loi a fixés. Cependant, lorsqu'il est établi que le commandement de l'autorité légitime ou l'ordre de la loi dont se prévaut l'agent d'exécution ont été manifestement illégaux, les infractions commises dans de telles circonstances et leurs

auteurs sont punissables aussi bien sur le volet pénal que civil. Cela se justifie par le fait que l'ordre étant donné en toute illégalité, l'agent d'exécution qui agit en méconnaissance des dispositions légales s'expose aux poursuites et ne saurait évoquer les dispositions des articles 122-4 pour le cas de la France et 327 pour ce qui est du Congo. Dans l'ensemble, lorsque l'ordre de la loi et le commandement de l'autorité légitime ont été exécutés en toute légalité, cela exclut non seulement toute responsabilité pénale, mais supprime également le caractère délictueux d'actes accomplis dans leur exécution. Ce qui rend toute condamnation de leurs auteurs au paiement des dommages-intérêts impossible. Comme les immunités, les faits justificatifs aux infractions à la loi pénale et les autres causes d'irresponsabilité influent de façon conséquente sur l'action publique. Ainsi donc, avant de mettre l'action publique en mouvement, les magistrats du Parquet doivent faire preuve d'attention particulière afin de se rassurer qu'en l'espèce il n'y a pas de faits ou de causes qui peuvent obstruer ladite action. Ensuite, si les poursuites ont déjà été engagées, ceux-ci doivent normalement se raviser en mettant simplement fin auxdites poursuites. Cela éviterait l'issue d'un procès qui serait connue d'avance ou de surcharger vainement le rôle.

TROISIÈME PARTIE

CHAPITRE IV
LES OBSTACLES AU DÉROULEMENT DU PROCÈS PÉNAL

L'existence constatée d'une infraction à la loi pénale ne suffit pas en elle-même pour justifier l'engagement des poursuites. Le Parquetier a l'obligation professionnelle d'observer certaines règles indispensables relatives au bien-fondé d'une poursuite. Car il y a un nombre considérable d'obstacles qui empêchent la mise en mouvement de l'action publique. Parmi ces obstacles, les immunités (section I) occupent une bonne place. Il y a aussi d'autres formes d'obstacles au déroulement du procès pénal (section II).

Section I : *Les immunités*

L'immunité vient du latin immunitas, de immunis qui signifie immuniser. L'immunité est une prérogative accordée par la loi à une catégorie de personnes et les met à l'abri des poursuites pénales. Le tableau y relatif se présente de la manière suivante : L'immunité familiale (paragraphe 1), l'immunité parlementaire (paragraphe 2), l'immunité diplomatique (paragraphe 3) et l'immunité judiciaire (paragraphe 4).

Paragraphe 1 : *L'immunité familiale*

L'immunité familiale trouve son fondement légal aux articles 380 du Code pénal congolais et 311-12 pour le cas de l'ancienne métropole (France). C'est une exception à la recevabilité de l'action publique, pour des raisons de décence, tenant aux rapports de parenté ou d'alliance entre l'auteur de l'infraction et la victime. Dans le premier cas, il s'agit des rapports concernant un ascendant et un descendant, tandis que dans le second il est question des rapports découlant du mariage. Ce qui fait qu'entre les époux et pendant la durée du mariage, les poursuites pour vol ne sauraient être engagées normalement contre l'un ou l'autre des époux. Les articles 380 et 311-12 édictent un principe d'irrecevabilité qui s'impose aussi bien à la juridiction d'instruction tout comme à la juridiction de jugement.
Si une juridiction d'instruction devant laquelle a été soulevée l'immunité familiale rend une ordonnance de non-lieu fondée sur l'insuffisance des charges, l'inculpé a un intérêt suffisant pour attaquer l'ordonnance afin de faire prévaloir l'application des dispositions des articles 380 et 311-12 des codes pénaux congolais et français. Dans ce sens, l'immunité, n'ayant qu'une portée familiale, ne saurait en temps normal léser des tiers et dès lors le coupable ne pourrait échapper aux poursuites pénales si le délit porte atteinte aux biens d'un tiers en même temps qu'à ceux du parent ; ainsi en

va-t-il pour le vol commis sur des choses dont la victime n'était que dépositaire ou copropriétaire ou détenteur à titre de mandataire.
Le complice d'un vol couvert par l'immunité familiale dont bénéficie l'auteur principal n'est pas punissable, mais le coauteur quant à lui est punissable. Aussi, un vol connexe à un autre vol couvert par l'immunité peut être poursuivi.
En ce qui concerne la situation des époux, il y a lieu de souligner que l'immunité prévue par les articles 380 et 311-12 des codes pénaux s'applique aux époux séparés de corps ou qui sont autorisés à résider séparément.

a) La question relative à la preuve de l'immunité familiale

Cette question est laissée à la charge du prévenu. C'est à celui qui soulève l'immunité dite familiale d'en apporter la preuve. Toutefois, l'immunité consacrée au sein d'une famille ne couvre que les atteintes contre les biens en général et particulièrement le vol. En revanche, les atteintes contre l'intégrité physique ou morale d'un ascendant ou d'un descendant, d'un époux envers son conjoint ne sont nullement couvertes par l'immunité familiale. Ainsi, les auteurs du parricide, d'infanticide, des coups et blessures volontaires sur l'un ou l'autre conjoint et de diffamation dont l'un des membres de la famille ou l'un des conjoints ont été victimes, ne pourront se prévaloir de l'immunité familiale pour échapper aux poursuites. Le champ d'action de l'immunité dite familiale ne se limite qu'aux infractions qui normalement portent atteinte aux biens tels que le vol.

b) Les effets de l'immunité familiale

Si l'immunité constitue un frein ou un obstacle à la mise en mouvement de l'action publique, elle laisse cependant le champ libre à l'exercice de l'action civile tendant à la réparation du préjudice subi par la victime. Le texte de l'article 380 du Code pénal congolais précise d'entrée de jeu que : « Ne pourront donner lieu qu'à des réparations civiles ». À en croire cette disposition, l'action publique pour l'application de la loi pénale s'écarte pour laisser l'entièreté de la place à l'action civile. Cela ne peut être considéré comme une substitution de l'action civile à l'action publique, mais simplement une mise en pratique d'une prérogative bénéficiant à une certaine catégorie de personnes et légalement reconnue. Dans la pratique, le vol couvert par l'immunité peut servir de circonstance aggravante à une autre infraction telle que le meurtre dont il serait concomitant ou avec lequel il serait en corrélation. Cela s'illustre dans le cas d'un individu qui, membre d'une famille, voulant commettre un vol, tue au préalable son père pour se procurer la clé du coffre-fort ou après avoir dévalisé le coffre-fort, surpris par son père, décide de lui donner la mort pour ne pas qu'il le dénonce.

Paragraphe 2 : ***L'immunité parlementaire***

L'immunité parlementaire est une prérogative reconnue aux membres du Parlement investis d'un mandat populaire les mettant à l'abri des poursuites judiciaires, en vue d'assurer le libre exercice de leur mandat. Ainsi, pour les actes qu'ils posent et les propos qu'ils tiennent au sein de l'hémicycle parlementaire, les députés et les sénateurs bénéficient et jouissent de l'immunité. Pendant les sessions et au cours des débats concernant les différentes activités du parlement, ils disposent d'un droit d'expression et d'opinion illimité. Ils peuvent tenir des propos susceptibles de transgresser certaines sensibilités politiques ou individuelles tout en restant protégés par leur immunité contre les éventuelles poursuites pour diffamation. La définition de l'hémicycle parlementaire est donc un facteur déterminant pour le bénéfice de cette prérogative qui tout au plus produit un effet immédiat.

a) La définition de l'hémicycle parlementaire

L'hémicycle parlementaire est l'espace ou le lieu dans lequel s'exerce le pouvoir législatif. Cependant, lors des activités relatives aux mandats qu'ils reçoivent du peuple (vote des lois, présentation des problèmes liés à sa circonscription ...), les parlementaires doivent jouir d'une certaine liberté d'expression. Cette liberté n'a pour champ d'application que l'hémicycle parlementaire. Toutefois, en dehors de l'hémicycle parlementaire, le député ou le sénateur ne peuvent néanmoins évoquer leur inviolabilité parlementaire.

b) Les effets de l'immunité parlementaire

L'immunité parlementaire produit un effet immédiat sur son bénéficiaire, à savoir : l'irresponsabilité parlementaire. Celle-ci se présente comme un privilège qu'ont les parlementaires d'échapper aux poursuites judiciaires pour les votes et les opinions émises dans l'exercice de leur mandat. L'immunité est absolue et ne peut être levée par une chambre parlementaire en vue de laisser le champ libre à l'exercice d'une action publique. Ce caractère absolu de l'immunité parlementaire ne tient compte que des actes qui sont posés dans le cadre du périmètre de l'hémicycle parlementaire et en corrélation avec l'exercice de son mandat. Les députés et sénateurs ne sont pas punissables pour leurs opinions ou leurs votes au sein du parlement.

Paragraphe 3 : ***L'immunité diplomatique ou consulaire***

Dévolu aux diplomates et aux consuls, ce type d'immunité dite diplomatique ou consulaire est une prérogative reconnue à cette catégorie de personnes destinée à favoriser le libre exercice de leurs fonctions en tant que représentants d'un État auprès d'un autre État pour l'entretien des relations officielles entre les deux États d'une façon permanente (représentation et information de l'État accréditant, protection de ses intérêts et de ceux de ses ressortissants, négociations avec le gouvernement de l'État de résidence).

Dans l'État dans lequel ils exercent leurs missions, les agents diplomatiques ne peuvent répondre devant les juridictions du pays hôte. Car, ils bénéficient également de l'immunité de juridiction qui constitue une conséquence de l'immunité diplomatique. Ainsi, ces personnes ne sauront être déférées aux juridictions de l'État où elles résident ni en matière pénale ni en matière civile. Les États étrangers eux-mêmes, en tant que personnes morales, bénéficient du même privilège, de même que les organismes qui en sont l'émanation directe.

L'immunité diplomatique constitue donc un obstacle pour la mise en mouvement effective de l'action publique. La conséquence logique d'une telle immunité fait en sorte que l'infraction commise par un représentant diplomatique accrédité au Congo par exemple ne peut être jugée par une juridiction répressive congolaise. La juridiction congolaise pourra beau se prévaloir de sa compétence matérielle et territoriale, mais la compétence *ratione personae* (en raison de la personne) faisant défaut même le parquetier ne saurait engager les poursuites dans des circonstances pareilles. Ainsi donc, avant de se lancer dans la spirale de l'action publique, le parquetier doit de manière judicieuse analyser tous les contours de l'affaire afin de s'assurer qu'aucune immunité ne va obstruer l'action à engager. Cependant, il peut arriver qu'il ne se soit pas rendu compte au moment de mettre l'action publique en mouvement d'une quelconque immunité, mais dès lors qu'il s'en aperçoit, il doit immédiatement se raviser en interrompant les poursuites :

- S'il n'a pas encore ouvert une information judiciaire ou s'il n'a pas encore saisi la juridiction de jugement :

Dans ce cas d'espèce, lorsqu'il a reçu une plainte simple émanant de la victime, il doit en présence de l'immunité qu'il constate procéder au classement sans suite de ladite plainte pour ce motif.

- S'il a déjà ouvert une information judiciaire :

Lorsqu'il s'aperçoit au cours d'une information judiciaire ouverte, par lui, qu'il y a effectivement un obstacle qui normalement obstrue l'action publique, la conséquence est que le parquetier en avise le magistrat instructeur tout en requérant un non-lieu en s'appuyant sur ladite immunité.

- Si le parquetier a déjà saisi une juridiction de jugement

Se rendant compte de l'effectivité de l'immunité devant la juridiction de jugement devant laquelle il a traduit ou cité le prévenu à comparaître, il doit s'orienter vers des réquisitions tendant à amener le tribunal à constater l'immunité en question afin qu'il tire les conséquences nécessaires qui en découlent pour ne pas préjudicier au droit d'un prévenu jouissant pleinement de son immunité. Cela est valable pour toutes les immunités.

Paragraphe 4 : ***L'immunité judiciaire***

Prévue en France par la loi du 29 juillet 1881 en son article 41, l'immunité judiciaire est celle reconnue aux intervenants devant un tribunal, interdisant

ainsi toutes poursuites en diffamation, injure ou outrage. Les principaux bénéficiaires de cette prérogative sont les avocats.
Au cours de l'exercice normal de leurs fonctions et pendant les plaidoiries, les avocats, jouissant d'une certaine liberté, peuvent développer librement leurs opinions. Ceci étant, pour leurs argumentations effectuées dans le prétoire d'une juridiction, ils bénéficient de l'immunité qui entrave toutes sortes de poursuites pénales. Celle-ci ne couvre que des faits qui ont eu lieu dans le prétoire (la salle d'audience) ou au cours de l'exécution d'une mesure d'instruction (transport sur les lieux), car dans ces circonstances, l'avocat qui opine est sans nul doute dans l'exercice de sa profession. Les avocats demeurent tout de même justiciables pour les infractions commises en dehors des prétoires et qui sont indépendantes de l'exercice normal de leur profession. Ils ne peuvent donc pas dans ce cas se prévaloir de l'immunité.
Les immunités impactent efficacement sur la procédure pénale en ce sens qu'elles empêchent l'application des peines à l'auteur d'une infraction. Les immunités constituent donc l'antichambre de l'action publique.

Section II : ***Les autres formes d'obstacles au déroulement du procès pénal***
À l'instar des immunités, il existe bien d'autres obstacles qui influent sur l'action publique. Ainsi, à côté de l'inviolabilité parlementaire (paragraphe 1), on trouve la prescription de l'action publique (paragraphe 2), le décès de l'auteur d'une infraction (paragraphe 3) et bien évidemment les faits justificatifs d'une infraction à la loi pénale et les causes d'irresponsabilité pénale (paragraphe 4).

Paragraphe 1 : ***L'inviolabilité parlementaire***
L'inviolabilité est un privilège qu'ont les parlementaires d'échapper aux poursuites intentées contre eux pour des actes étrangers à l'exercice de leur mandat. C'est le cas des poursuites pour crimes ou délits commis par un député ou un sénateur en dehors de l'hémicycle parlementaire. En commettant une infraction à la loi pénale, les parlementaires en cours de mandat ne sauraient évoquer l'immunité parlementaire pour prétendre se mettre à l'abri de l'action publique tendant à l'application des peines prévues en vue de réprimer leur comportement jugé déviant aux yeux de la loi pénale. Ils ne peuvent cependant que se prévaloir de leur inviolabilité. En revanche, l'inviolabilité n'est jamais absolue, car elle ne joue pas en cas de crime ou délit flagrant. Elle peut tout de même être levée par un vote de la chambre à laquelle appartient le parlementaire.
Selon qu'il s'agisse d'un député ou d'un sénateur, lorsque l'un ou l'autre est impliqué dans une infraction à la loi pénale, l'Assemblée nationale ou le sénat, à la demande du parquetier qui saisit le bureau national de l'une de ces deux chambres, procède immédiatement à la convocation d'une plénière qui

sera close par un vote. La mise en mouvement de l'action publique dépendra de l'issue de ce vote.
C'est ainsi que, si la majorité se prononce sur le maintien de l'inviolabilité, la mise en mouvement de l'action publique se trouve obstruée. Au cas contraire, le parquet a désormais les mains libres pour éventuellement engager les poursuites.

Paragraphe 2 : ***La prescription de l'action publique***
L'exhumation d'une vieille affaire peut parfois troubler davantage l'ordre public. Pour protéger la société contre d'éventuels remous que pourrait engendrer une telle manœuvre, le législateur répressif, aussi bien en France qu'au Congo, a prévu des mécanismes précis faisant en sorte qu'il est mieux qu'on ne parle plus d'une infraction à la loi pénale, au bout d'une certaine durée bien déterminée par la loi. C'est la raison fondamentale qui justifie l'existence des délais de prescription en matière pénale. La prescription est entendue comme l'écoulement d'un délai (10 ans pour les crimes, 3 ans pour les délits, 1 an pour les contraventions) qui entraîne l'extinction de l'action publique et rend de ce fait toute poursuite pénale impossible. En France, le code de procédure pénale, notamment en ses articles 7, 8, et 9, prévoit des délais spéciaux parfois plus longs (30 ans pour les crimes de terrorisme par exemple), parfois plus courts (3 mois pour les délits de presse par exemple). L'imprescriptibilité est réservée aux crimes contre l'humanité, aux crimes de guerre et aux crimes de génocide. Dans ces contextes précis, la prescription n'opère aucune influence sur l'action publique d'autant plus qu'aucun délai n'est prévu. Il relève donc de la diligence du ministère public ou des fonctionnaires auxquels il est expressément confié par la loi, à tout moment qu'ils le jugent utile, l'engagement des poursuites contre leurs auteurs.

Paragraphe 3 : ***Le décès de l'auteur de l'infraction***
Le décès de l'auteur de l'infraction entraîne automatiquement l'extinction de l'action publique. La responsabilité pénale étant individuelle, l'action en justice portée devant une juridiction répressive pour l'application des peines à l'auteur d'une infraction à la loi pénale ne s'étend pas sur les héritiers du De cujus. Le moment du décès mérite cependant une attention particulière selon que l'auteur de l'infraction trouve la mort après le dépôt d'une plainte (1), ou au cours d'une information judiciaire (2) ou au moment où l'affaire est pendante devant une juridiction répressive (3) avant d'envisager l'impact que peut avoir le décès de l'auteur d'une infraction sur ses coauteurs ou ses complices (4).

1- Le décès de l'auteur d'une infraction à la loi pénale avant ou après le dépôt d'une plainte
Lorsqu'après qu'une infraction à la loi pénale a été commise, la victime dépose une plainte, le Procureur de la République, lorsqu'il le pense utile,

met tout de suite l'action publique en mouvement. Mais, il peut en outre être confronté à une difficulté si avant ou après la réception de ladite plainte, l'auteur présumé de l'infraction meurt, ce décès fait tomber immédiatement l'action publique qui aurait pu être mise en mouvement par le parquetier. La conséquence de ce cas est que le parquetier devra en principe classer sans suite ladite plainte par l'extinction de l'action publique pour cause de décès.

2- Si le décès intervient au cours de l'information judiciaire

Lorsque le ministère public décide d'ouvrir une information judiciaire et qu'au cours de ladite information l'auteur de l'infraction trouve la mort, les mêmes causes produisant les mêmes effets, le juge d'instruction se résout selon que la situation se présente à lui de rendre une ordonnance de non-lieu indiquant toutefois le motif, notamment l'extinction de l'action publique.

3- Si l'affaire est pendante devant une juridiction répressive

Quand le décès de l'auteur d'une infraction à la loi pénale se produit avant toute décision sur le fond, la juridiction répressive saisie de l'affaire constate le décès et déclare en principe l'action publique éteinte et si l'on se trouve en matière correctionnelle, le tribunal correctionnel devient alors incompétent pour connaître même l'action civile. Mais, si le décès se produit au cours de l'instance d'appel ou de pourvoi en cassation, l'action publique est éteinte mais la cour d'appel et la Cour de cassation restent compétentes pour statuer sur les intérêts civils. Après la mort du prévenu, il ne peut plus être statué sur la peine et l'amende fiscale en principe. Par contre, la confiscation visant le produit du délit, sanction à caractère réel, et l'action civile survivent à l'extinction de l'action publique.

Toutefois, l'extinction de l'action publique n'intervient pas qu'en cas de prescription, de décès de l'auteur d'une infraction ou d'amnistie, elle s'éteint également en cas de disparition de la loi pénale ou du retrait de la plainte. Dans le premier cas, l'action publique pour application d'une loi pénale s'éteint par l'expiration du temps pour lequel cette loi a été faite. L'infraction qui est commise au-delà de la durée prévue par cette loi devient alors caduque. Dans le second cas, le législateur répressif, soucieux de préserver l'intimité au sein de la vie privée et familiale, subordonne l'exercice de l'action publique par une plainte préalable. L'article 6 du code de procédure pénale en fait son crédo. Ainsi, en cas de retrait de la plainte lorsque celle-ci est une condition nécessaire de la poursuite, la juridiction qui constate le désistement du plaignant doit déclarer l'action publique éteinte.

La transaction, dans les cas où la loi le permet, demeure aussi une cause d'extinction de l'action publique entrant dans les prévisions de l'article 6 des codes de procédure pénale français et congolais.

4- L'impact du décès de l'auteur d'une infraction à la loi pénale sur ses coauteurs ou ses complices

Lorsque la commission d'une infraction à la loi pénale a été faite en conjugaison entre l'auteur, ses coauteurs et ses complices, le décès de l'auteur principal ou d'un de ses complices ou coauteurs n'entraîne l'extinction de l'action publique qu'à l'égard de l'un des auteurs ou complices décédé et laisse survivre celle-ci (l'action publique) à l'égard des autres. Au principe selon lequel l'action publique s'éteint par le décès du prévenu, il faut apporter un bémol en disant que sauf si le prévenu décédé n'agissait pas dans la coaction. Au cas où il agissait dans la coaction, le ou les auteurs survivants ne sauront se prévaloir du décès de leur coauteur pour évoquer la fin de l'action publique, car les responsabilités pénales étant individuelles, chacun se doit de payer personnellement le tort qu'il cause à la société par sa faute (infraction).

QUATRIÈME PARTIE

CHAPITRE V
L'ACTION CIVILE DÉCOULANT D'UNE INFRACTION A LA LOI PÉNALE

La commission d'une infraction à la loi pénale entraîne les conséquences civiles vis-à-vis de son auteur et de la victime. Ainsi, face à un crime, un délit ou une contravention, il découle une action en réparation du dommage causé directement par l'infraction en cause. Cette action dite civile appartient à tous ceux qui ont personnellement souffert du dommage, elle peut être exercée, au choix de la victime, soit en même temps que l'action publique devant les juridictions répressives, soit séparément de l'action publique devant les juridictions civiles. Toutefois, l'action civile se distingue de la constitution de partie civile, qui permet à la victime de mettre en mouvement l'action publique en suscitant un réquisitoire du parquet par sa plainte avec constitution de partie civile devant le magistrat instructeur. Cette action est également indépendante du droit de la victime à obtenir une réparation. Elle se distingue également de l'action de nature civile, qui est exercée devant les tribunaux civils en réparation d'un dommage, mais en l'absence de toute infraction à la loi pénale. Ce faisant, pour mieux scruter l'action civile en l'espèce, il est judicieux de déterminer d'abord les acteurs de l'action civile (Section I) avant de s'attarder sérieusement sur les critères de la réparation (Section II).

Section I : *Les acteurs de l'action civile*

L'exercice de l'action civile issue d'une infraction à la loi pénale est une garantie reconnue à toute personne victime d'une infraction en vertu des articles 2 et 353 du code de procédure pénale congolais, 2 et 418 du code de procédure pénale français. Le monopole de cette action est dévolu tant aux personnes morales (paragraphe I) qu'aux personnes physiques (paragraphe II).

Paragraphe I : *Les personnes morales*

Toute personne morale, qu'elle soit de droit public ou de droit privé, est toujours dotée d'une personnalité juridique (aptitude à être sujet actif de droits ou passif d'obligations). Avec cette qualité, elle peut aisément ester en justice. On distingue l'action civile exercée par les personnes morales de droit public (A) et celle qui émane des personnes morales de droit privé (B).

A- Les personnes morales de droit public

L'Etat, les collectivités territoriales (département et commune, les établissements publics, les services publics), les départements d'outre-mer pour le cas de la France, sont des personnes morales de droit public qui, lorsqu'elles se sentent lésées par un fait qualifié crime, délit ou contravention, peuvent tout de même demander une réparation du préjudice par le biais de leurs représentants.

1- L'État

D'un point de vue sociologique, l'État est une espèce particulière de société politique résultant de la fixation sur un territoire déterminé d'une collectivité humaine relativement homogène régie par un pouvoir institutionnalisé comportant le monopole de la contrainte organisée (particulièrement le monopole de la force armée). Au point de vue juridique, l'État est une personne morale titulaire de la souveraineté. Ayant sa personnalité juridique, il peut, lorsqu'il est déclaré victime d'une infraction à la loi pénale, exercer par le canal de son représentant l'action civile pour obtenir un dédommagement. Car l'État est souvent victime des détournements de fonds et de malversations fréquents commis par certains fonctionnaires véreux ou dans l'exécution des travaux publics par les opérateurs économiques. À cet effet, l'État, en tant que personne morale de droit public, peut normalement, en application des articles 2, 353 et 418 des codes de procédure pénale congolais et français, demander que lui soient payées des sommes d'argent en guise de dommages-intérêts. Il faut avouer que dans le cadre de l'exécution de certains projets liés au développement, les États s'engagent parfois dans la réalisation des grands travaux tout en s'exposant à la mauvaise foi de certains entrepreneurs. Cela ouvre tout de même la voie à l'État (personne morale) de demander réparation.

2- Les collectivités territoriales

Les collectivités territoriales sont des entités de droit public correspondant à des groupements humains, géographiquement localisés sur une portion déterminée du territoire national, auxquels l'État a conféré la personnalité juridique et le pouvoir de s'administrer par des autorités élues. Elles disposent de ressources propres, essentiellement fiscales. Font donc partie des collectivités territoriales : les départements et les communes.
Dotées de la personnalité juridique, ces entités susceptibles d'ester en justice peuvent, dans le cadre normal de leurs attributions, engager des actions en justice ou au mieux réclamer la réparation d'un préjudice qui se serait réalisé contre elles suite à une infraction dont elles ont été victimes. Car en s'administrant seules, ces entités disposent d'un droit de gestion dévolu aux autorités élues qui peuvent conclure des concessions avec certaines entreprises de travaux publics par les responsables desdites entreprises entraînant des poursuites au pénal qui permettent aux dirigeants de ces

collectivités territoriales de se constituer partie civile au regard des dispositions des articles 2, 353 et 418 des codes de procédure pénale congolais et français. Toutefois, même si de nature il est admis que le « pénal tient le civil en l'état », il convient tout de même de rappeler qu'en réalité le fondement de la réparation d'un préjudice résultant de la commission d'une infraction à la loi pénale c'est bien les articles 1382 et suivants du Code civil. En effet, ce texte dispose : « Tout fait quelconque de l'homme, qui cause à autrui un dommage, oblige celui par la faute duquel il est arrivé, à la réparer ». Cependant, ce texte ne joue que lorsque la juridiction répressive a au préalable statué sur l'action publique en reconnaissant l'accusé, le prévenu ou le contrevenant coupable de l'infraction à laquelle il a été poursuivi. En cas d'acquittement ou de relaxe, l'article 1382 précité ne peut produire ses effets. Car pour que cela soit le cas devant une juridiction répressive, il faut d'abord que le juge ait retenu la faute pénale, d'autant plus que toute faute pénale constitue une faute civile, mais l'inverse n'est pas toujours le cas. Cette priorité accordée à l'article 1382 peut se justifier aussi du fait de la date à laquelle ce texte a été légiféré. Le code de Napoléon, dit code civil, date de 1804, alors que le Code pénal, lui, est de 1810.
Les collectivités territoriales sont donc des personnes morales de droit public qui, lorsqu'elles sont victimes des infractions à la loi pénale, peuvent demander réparation du préjudice par le truchement de leurs dirigeants.

3- L'Établissement public

L'Établissement public est une entité de droit public, autre qu'une collectivité territoriale, dotée de la personnalité juridique et chargée de la gestion d'une activité de service public dans le cadre limité de sa spécialité. Les établissements publics sont juridiquement autonomes, mais ils exercent leurs missions dans le cadre d'une règlementation nationale et sont soumis au contrôle administratif et financier de l'État qui leur assure l'essentiel de leurs moyens en personnels et en financement. Toutefois, lorsque, dans leur fonctionnement ou dans leur vie courante, ils sont victimes des infractions à la loi pénale, leurs dirigeants peuvent demander réparation du préjudice devant la juridiction répressive à laquelle l'affaire est pendante. Dans la pratique, les établissements publics sont souvent victimes des infractions comme le vol de matériels didactiques qui concourent à l'exercice de leurs tâches. Bien d'autres infractions de nature pénale peuvent être commises au préjudice de ceux-ci (l'exemple typique d'un Établissement public, c'est l'université.). Ceci étant, l'action en réparation d'un dommage directement causé suite à une infraction à la loi pénale contre un établissement public, lorsqu'il a personnellement souffert du dommage, peut être exercée, comme le veut la tradition, soit devant la juridiction répressive, l'action publique en mouvement devra connaître soit accessoirement de l'action civile, soit séparément de l'action publique devant les juridictions civiles. La partie civile dispose donc d'une liberté de choix d'options inaliénable, puisqu'elle ne peut pas être contrainte d'exercer l'action civile devant la juridiction répressive.

B- Les personnes morales de droit privé

Deux ou plusieurs personnes peuvent décider de se réunir en un groupe réglementé en vue de former une association. Cependant, on distingue les associations à but non lucratif (1) et les associations à but lucratif (2).

1. Les associations à but non lucratif

Régie par la loi du 1er juillet 1901, l'association à but non lucratif est une personne morale de droit privé issue d'une convention par laquelle deux ou plusieurs personnes mettent en commun leurs connaissances dans un but de défendre un intérêt déterminé faisant l'objet de son existence. Légalement constituée, une association dont l'objet est de défendre la stabilité écologique (Greenpeace) ou les intérêts des personnes vivant avec handicap, la protection de certaines espèces animales, peut valablement, lorsque l'objet pour lequel elle a été constituée est préjudicié, engager une action civile dont le but serait normalement d'obtenir une réparation. En tant que personnes morales, les associations à but non lucratif jouissent, comme toutes les personnes morales de droit public, de la personnalité juridique qui leur permet d'actionner en justice. Toutefois, le préjudice porté à l'objet doit être la condition sine qua non à l'exercice d'une telle action civile. Sinon, l'intérêt faisant défaut, le dédommagement ne saurait être obtenu.

2. Les associations à but lucratif

Contrairement à la première, une association à but lucratif reflète indiscutablement une société. Or une société est un acte juridique par lequel deux ou plusieurs personnes décident de mettre en commun des biens ou leur industrie (activité, compétence) dans le but de partager les bénéfices, les économies ou les pertes qui pourront en résulter. Parmi cette catégorie d'associations, les sociétés commerciales (banques), les groupements d'intérêts économiques (GIE) sont des illustrations typiques. Dans la pratique, on relève dans leur gestion de nombreuses infractions à la loi pénale commises, le plus souvent, par leurs dirigeants (banqueroute, abus de confiance). Ainsi, lorsqu'il appert que l'action publique dans ce contexte a été mise en mouvement, la société possède le monopole de l'action civile qu'elle engage contre son dirigeant fautif en vue d'obtenir la réparation du préjudice qu'elle aura subi. L'action civile, ici, parfois s'exerce sous la forme d'une action récursoire : action en justice exercée par celui qui a exécuté une obligation dont un autre était tenu, contre ce dernier afin d'obtenir sa condamnation à ce qui a été exécuté. Les associations à but lucratif, les mutuelles d'intérêts économiques (MUCODEC, par exemple) sont autant de personnes morales de droit privé qui disposent du monopole

de l'action civile pour les faits relatifs à leur fonctionnement interne ou pour ceux qui émanent des comportements vicieux de certains clients malveillants.
Néanmoins, il faut souligner que, dans les associations à but non lucratif, un dommage causé à un membre de façon isolée ne peut justifier l'exercice de l'action civile par l'association à laquelle appartient le membre. Seul le préjudice porté à l'objet de ladite association peut fonder une éventuelle action en réparation.

Paragraphe II : ***L'action civile exercée par les personnes physiques***
Les personnes physiques sont des êtres humains titulaires de droits. En effet, lorsqu'elles sont victimes d'une infraction à la loi pénale qui les endommage personnellement, elles disposent de plein droit du monopole d'exercer l'action civile. Ainsi, dans ce paragraphe, il est aisé de passer en revue la victime principale (A) d'abord, ensuite il sera question d'envisager la perspective des ayants droit (B).

A- La victime principale
En l'espèce, la victime principale sous-entend toute personne humaine ayant directement subi le dommage causé par l'infraction à la loi pénale. Ce qui la distingue de la victime par ricochet. Toutefois, il faut faire la distinction entre les victimes, personne physique capable juridiquement (1) et personne physique incapable (2) juridiquement.

1. La victime : personne physique capable
Dans ce titre, la capacité juridique mérite qu'on s'y attèle. Elle est considérée comme l'aptitude à acquérir et à exercer un droit. On distingue deux degrés dans la capacité juridique : la capacité de jouissance et la capacité d'exercice.

- La première est l'aptitude à avoir des droits et des obligations (toute personne physique a en principe la capacité de jouissance).
- La seconde est le pouvoir de mettre en œuvre, soi-même et seul, ses droits et ses obligations, sans assistance, ni représentation par un tiers, fût-il un parent. Une personne physique qui remplit pleinement ces critères est en droit d'exercer l'action civile en vue d'obtenir la réparation du préjudice par lui subi, soit en personne, soit par le biais de son mandataire (avocat …) lorsqu'elle a directement été victime d'une infraction à la loi pénale. Ayant atteint l'âge de la majorité et jouissant pleinement de ses facultés mentales, toute personne physique, victime d'un fait qualifié par la loi pénale crime, délit ou contravention, a le droit d'exercer l'action civile.
  Dans le cas où, par exemple, une infraction à la loi pénale a causé un dommage à plusieurs victimes, celles-ci peuvent exercer à leur choix l'action civile devant la même juridiction qui connaît de l'action

publique mise en mouvement à cet effet, mais la réparation, elle, se fait en considération du préjudice subi individuellement par chacune d'elles.

2. La victime : Personne physique incapable

Une personne physique incapable est celle qui est frappée par l'incapacité. Or l'incapacité est l'état d'une personne privée par la loi de la jouissance ou de l'exercice de certains droits. L'incapacité est dite d'exercice, lorsque la personne qui en est frappée est inapte à mettre en œuvre elle-même ou à exercer seule certains droits dont elle demeure titulaire. En revanche, l'incapacité est dite de jouissance lorsque la personne frappée est inapte à être titulaire d'un ou plusieurs droits. Les personnes physiques déclarées incapables sont placées sous le régime des articles 350 à 419 et suivants du code de la famille en République du Congo et 388, 488, et 414 du Code civil en France.

Dans l'exercice de l'action civile, les personnes physiques reconnues incapables, par la loi, quand bien même elles auront été victimes d'une infraction à la loi pénale qui les a préjudiciées, ne peuvent pas directement, par elles-mêmes, exercer une action en réparation. Seule une tierce personne agissant sous le label de ès qualités de (en tant que..., en sa qualité de...) peut valablement les représenter. Parmi ces personnes physiques incapables à exercer l'action civile par elles-mêmes, il y a les enfants mineurs et les curatélaires.

- **Les enfants mineurs**

Les enfants qui n'ont pas encore atteint la majorité légale fixée à 18 ans, ceux qui jouissent des facultés mentales normales et ceux qui ont des facultés altérées peuvent dans leur vie quotidienne être victimes d'une infraction à la loi pénale. Ainsi, étant placés sous le régime légal de la tutelle, l'exercice de l'action civile pour la réparation du préjudice subi par eux ne peut être engagé que par leurs tuteurs, c'est une question de bon sens. Par exemple, un mineur de 12 ans, victime des blessures involontaires occasionnées par un accident de circulation au cours d'un voyage avec sa mère ne peut par lui-même, compte tenu de sa minorité, décider d'actionner en justice pour l'obtention de la réparation du préjudice qu'il a subi. Seule sa mère agissant *ès qualité de* son fils peut l'exercer normalement pour le compte de celui-ci. Il en est de même si son fils ne jouit pas pleinement de la normalité de ses facultés mentales. Cependant, la situation juridique change lorsque l'enfant mineur se trouve être émancipé. L'émancipation étant un acte juridique par lequel un mineur acquiert la plénitude de sa capacité d'exercice et se trouve de ce fait assimilé à un majeur. L'émancipation est légale lorsqu'elle est accordée directement par la loi, tel est le cas du mariage qui émancipe de plein droit. Elle est volontaire, lorsqu' elle résulte d'une manifestation de volonté des détenteurs de l'autorité parentale et de l'intéressé. Elle est possible à partir de seize ans révolus. Depuis la loi du 5 juillet 1974, en France l'émancipation est judiciaire et résulte d'une décision du juge des tutelles. En cas d'émancipation, la minorité ne saurait constituer une entrave qui autrefois empêchait l'enfant mineur d'exercer par lui-même l'action civile. Car l'émancipation fait sauter le verrou de la minorité. Par contre, à l'endroit des enfants mineurs souffrant d'une altération des facultés mentales ou d'une aliénation mentale, l'émancipation ne saurait prospérer car ceux-ci demeurent toujours sous un régime de protection dévolu aux personnes incapables. De ce fait, dès lors qu'ils sont victimes d'une infraction à la loi pénale, l'exercice de l'action civile, tendant à la réparation du préjudice qu'ils auront subi, reste l'apanage de leurs tuteurs qui l'exercent pour leur compte. De cette manière, lorsque l'auteur de l'infraction est un majeur, le tuteur de l'enfant mineur, atteint d'altération ou d'aliénation des facultés mentales, peut décider d'exercer cette action devant une juridiction répressive de droit commun. En revanche, si l'auteur est lui aussi un enfant mineur, l'action civile en réparation du dommage causé doit être exercée devant le tribunal pour enfants. Enfin, l'action civile ou réparation du préjudice émanant d'une infraction à la loi pénale, commise par son auteur au détriment d'un enfant mineur, ne peut être exercée que par le tuteur de l'enfant mineur, lorsque ce dernier n'est pas émancipé.

- **Les curatélaires**

Personnes physiques majeures placées sous le régime de la curatelle. La curatelle est un régime de protection des majeurs qui permet d'assister une personne lorsque, sans être hors d'état d'agir elle-même, elle est dans l'impossibilité de pourvoir seule à ses intérêts en raison d'une altération de ses facultés mentales ou corporelles. Elle ne peut cependant être prononcée que s'il est établi que la sauvegarde de justice ne peut assurer une protection suffisante ; à l'inverse, si la personne doit être représentée d'une manière continue dans les actes de la vie civile, elle doit être placée en tutelle. En revanche si, en République du Congo, l'article 419 alinéa 2 permet de mettre sous curatelle certaines personnes physiques qui font preuve de prodigalité, d'intempérance et d'oisiveté. En France, l'oisiveté et la prodigalité ne sont plus des causes d'ouverture d'une curatelle conformément aux dispositions des articles 440 et suivants du Code civil. Ceci étant, les curatélaires n'étant pas à l'abri des infractions à la loi pénale, une fois qu'ils ont été victimes, le ou leurs curateurs, conformément à la mission qui est la leur, se doivent de les assister dans l'exercice de l'action civile qu'ils exercent en vue d'obtenir la réparation du préjudice qu'ils ont subi. En fonction de la gravité de l'altération des facultés mentales ou corporelles et si cet état de la personne perdure inlassablement, la personne physique, bien que majeure, est maintenue sous le régime de la tutelle de sorte que le tuteur puisse le représenter dans l'exercice de l'action civile. On peut alors se poser la question suivante : comment une personne atteinte d'une altération des facultés mentales ou corporelles peut se retrouver dans le collimateur d'une infraction à la loi pénale ? La réponse à une telle interrogation se trouve dans l'expérience de la vie courante qui nous démontre tout à fait le contraire, car certaines personnes physiques de sexe féminin, bien qu'ayant des facultés mentales ou corporelles altérées, ne cessent d'alimenter les appétits sexuels des truands au sein de la société qui les violent. D'autres, par contre, sont souvent confrontés à des faits constituants le délit d'extorsion. En ce sens que lorsqu'ils peuvent être en possession d'un bien, les truands, profitant de leur état d'altération des facultés mentales, les dépossèdent du bien, puis disparaissent dans la nature. Lorsqu'ils sont rattrapés par la justice, l'action publique est mise en mouvement devant la juridiction répressive, l'exercice de l'action civile demeure le monopole du tuteur ou du curateur qui représente ou assiste selon le cas la victime. Quand bien même ces personnes physiques majeures ont des facultés mentales ou corporelles altérées, cela ne signifie en rien qu'elles sont privées de droits. Bien au contraire, elles bénéficient, tant en France qu'au Congo ou dans les anciens Etats qui constituaient l'Afrique Equatoriale Française, d'une protection qui leur est garantie par le législateur tel que nous l'avons examiné précédemment.

B- Les ayants droit de la victime d'une infraction à la loi pénale

Lorsque l'infraction n'a pas laissé la vie sauve à la victime, les ayants droit de celui-ci peuvent normalement exercer l'action civile pour obtenir réparation du préjudice subi. On ne parle d'ayants droit que dans les espèces où la victime principale, directement concernée par l'infraction, a trouvé la mort (assassinat, meurtre, homicide involontaire). Les ayants droit sont considérés comme ceux qui possèdent un droit suite à la mort de la victime principale et veulent le faire valoir. Ce sont donc des victimes par ricochet : ce sont des tiers subissant un préjudice matériel ou moral du fait des dommages causés à la victime directe, tel un fils privé des subsides suite au décès de son père tué accidentellement. L'action civile née dans de telles circonstances ne s'exerce pas par chacun des membres de la famille du de cujus de façon dispersée, d'où la nécessité de la tenue d'un conseil de famille (1) pour la désignation du représentant des ayants droit de la victime (2) pour un exercice raisonnable de l'action civile.

1- La tenue du conseil de famille

Le conseil de famille ne doit pas être confondu avec celui qui est prévu dans les Codes civil ou de la famille pour la protection ou l'administration des biens appartenant aux personnes mineures (art 397 S, 445 et 456 S) (397 et S). Celui de l'espèce est une assemblée composée, d'un côté, des parents paternels du de cujus et, de l'autre, de ses parents maternels. L'objectif principal de cette assemblée est le plus souvent d'aboutir à la désignation d'un des membres des deux familles qui, lui seul, représente toutes les familles. Le conseil de famille peut également décider que chacune des deux familles auxquelles le défunt a appartenu puisse désigner un membre. De cette façon, ils pourront se présenter à deux devant la juridiction qu'ils jugent utile d'exercer l'action civile. Mais, bien que représentant les ayants droit, il leur sera fait obligation, au fil de la procédure, de désigner une seule personne.

2- La désignation du représentant des ayants droit

La désignation du représentant est un procédé juridique par lequel une personne, appelée "représentant", agit au nom et pour le compte d'une autre personne appelée "représenté". Les effets de l'acte passé par le représentant se produisent directement sur la personne du représenté. L'acte qui confère ces pouvoirs au représentant est le procès-verbal du conseil de famille qui mentionne les noms de toutes les personnes ayant pris part audit conseil. Et ce procès-verbal tient lieu de mandat en ce sens que le représentant issu de celui-ci agit de plein droit en lieu et place des membres de la famille. Il exerce l'action civile en vue d'obtenir la réparation du préjudice que lui-même et les autres ayants droit ont subi suite au décès de leur parent. Il convient de rappeler que dans de telles circonstances où la victime principale a trouvé la mort, l'action civile ne vise pas la réparation de la mort qu'on lui a donnée tant accidentellement que volontairement, mais plutôt la réparation du préjudice que ceux qui étaient sous la dépendance du de cujus ont subi suite au décès de leur parent. Le juge doit donc rechercher le préjudice matériel ou moral que subissent les ayants droit. Toutefois, la recherche de ce préjudice se fait dans la constatation de la dépendance matérielle ou morale sous laquelle étaient les ayants droit pour éviter tout exercice abusif de l'action civile. De même, la réparation, elle-même, tient compte d'un certain nombre de critères. La désignation d'un représentant permet de faire obstacle aux actions dispersées. Aussi, face à la rigueur constatée dans le fonctionnement de certaines structures bancaires, il est mieux d'avoir un seul représentant.

Section II ***: Les critères de la réparation***

La réparation d'un préjudice matériel ou moral découlant d'une infraction à la loi pénale dont on est victime fait appel à un bon nombre de principes qui, eux-mêmes, suscitent une attention particulière du juge. Cela invite le juge à rechercher la preuve de la faute pénale (paragraphe I) avant de statuer sur la réparation du préjudice proprement dit (paragraphe II).

Paragraphe I ***: La preuve de la faute pénale***

Parlant de la preuve, c'est rechercher son caractère (A) et le lieu de causalité y compris le dommage subi par la victime (B).

A- Le caractère de la faute pénale

La faute dite pénale peut, selon les circonstances de sa commission, revêtir un caractère non intentionnel (1) ou intentionnel (2).

1. Le caractère non intentionnel de la faute pénale

La faute non intentionnelle est l'élément moral des délits non intentionnels, consistant :

- Soit en une imprudence, négligence ou manquement à une obligation de prudence ou de sécurité prévue par la loi ou le règlement, s'il est établi que l'auteur des faits n'a pas accompli les diligences normales compte tenu, le cas échéant, de la nature de ses missions ou de ses fonctions, de ses compétences ainsi que du pouvoir et des moyens dont il disposait ;
- Soit en une violation manifestement délibérée d'une obligation particulière de prudence ou de sécurité prévue par la loi ou le règlement ;
- Soit en une faute caractérisée ayant exposé autrui à un risque d'une particulière gravité qui ne pouvait être ignoré. Au sens strict, la faute non intentionnelle est toute faute caractérisée par une absence de la volonté délibérée de son auteur, c'est-à-dire l'absence de la volonté avérée de nuire à la victime. Ce qui est à retenir, c'est le fait que, dans la faute dite non intentionnelle, l'auteur ne fait guère preuve d'une volonté pour ne pas dire d'une intention délibérée de commettre la faute, ni de nuire à la victime. Mais seulement elle est caractérisée dès le moment où son auteur laisse afficher une attitude ou un comportement faisant apparaître un manquement dû à sa négligence, son imprudence, son inattention ou un manquement dû au règlement ou loi en vigueur.

2. Caractère de la faute intentionnelle

Si les délits ne sont ou ne deviennent intentionnels qu'à défaut de précision contraire en termes de son intention, il faille cependant admettre une chose, sans contraste aucun et comme l'ont su énumérer les législateurs français et congolais en matière de répression que, tous les crimes sont intentionnels [C. pén. Art. 121-3]. La faute est intentionnelle en matière pénale, lorsque son auteur est mu par une hostilité aux valeurs sociales protégées, ce qui l'entraîne dans une spirale caractérisée par une volonté manifestement délibérée de commettre une infraction à la loi pénale. En l'espèce, le juge répressif est beaucoup plus aisé dans sa prise de décision. Cette aisance apparaît surtout dans les circonstances de la commission de l'infraction à la loi pénale qui engendre *ipso facto* la faute pénale intentionnelle.

Dans la faute intentionnelle qui, elle-même, est engendrée par l'infraction dite volontaire, le juge n'a guère de difficulté d'appréciation des circonstances en l'espèce, d'autant plus que l'auteur des faits est animé par

une volonté délibérée et manifeste d'enfreindre la loi pénale. Ainsi, dans la commission des infractions telles que le vol, l'escroquerie, le recel et les homicides involontaires (meurtre, assassinat), le juge s'aperçoit très vite de la mauvaise foi dont leurs auteurs font suffisamment preuve. Cette mauvaise foi se caractérise par la ferme volonté de l'auteur de mettre à exécution son projet délictuel ou criminel. Le comportement infractionnel de l'auteur de la faute pénale intentionnelle se matérialise par l'appréciation du mobile qui a animé le passage à l'acte de ce dernier. Le juge répressif se doit, dans ses constatations, d'avoir une attention très particulière sur la nature du mobile qui a conduit l'auteur d'une faute pénale de cette espèce à en commettre. Dans la pratique, le désir de vengeance et les intérêts pécuniaires gouvernent très souvent la réalisation des projets délictuels et criminels de leurs auteurs. Certes, l'auteur d'une faute pénale intentionnelle croit souvent à la légitimité de son mobile selon les cas, mais cela importe peu dans la mesure où il est strictement interdit de se faire justice soi-même. En plus, tous les mécanismes visant à déposséder de quelque manière que ce soit un propriétaire légitime de son bien sont inacceptables (vol, abus de confiance, escroquerie, extorsion...).
La faute intentionnelle en matière pénale est donc la conséquence immédiate d'une infraction volontairement commise qui expose son auteur à une réparation.

3. Le dommage et le lien de causalité
Il est normal qu'en abordant cet aspect on puisse d'abord examiner le dommage (1), avant de s'atteler sur le lien de causalité (2).

1- Le dommage
Le dommage est une atteinte subie par une personne. Celle-ci peut être physique ou morale. Cependant, le dommage ne peut être perçu de façon générale, car il revêt des particularités telles que : le dommage corporel, le dommage matériel et bien sûr le dommage moral.

- **Le dommage corporel**

Le dommage est corporel lorsqu'une personne subit une atteinte contre son intégrité. Le cas des blessures faites sur l'intégrité physique d'autrui constitue une illustration typique.

- **Le dommage matériel**

On parle de dommage matériel, lorsqu'une personne jouissant de la personnalité juridique subit un attentat contre son patrimoine. Par exemple : les atteintes contre les biens d'une personne par les infractions qualifiées : vol (article 379, 401 du Code pénal congolais et 311 du Code pénal français), abus de confiance (article 408 du Code pénal congolais), dévastation des récoltes sur pied ou des plants appartenant à autrui (article

44 du Code pénal congolais) et abattage d'arbres appartenant à autrui (article 445 du Code pénal congolais).

- **Le dommage moral**

Il se caractérise par l'atteinte que subit une personne dans ses droits extrapatrimoniaux. Exemple : le droit à l'honneur. Les infractions telles que la diffamation et l'injure publique prévues et punies par la loi congolaise n° 08-2001 du 12 novembre 2001, portant sur la liberté de l'information et de la communication en ses articles 195 et 198, ne visent pas plus que porter atteinte à l'intégrité morale d'une personne. Le dommage moral causé sur une personne d'autrui, tout comme les deux autres, n'en demeure pas impuni.

2- Le lien de causalité

La causalité est la condition de mise en œuvre de la responsabilité civile en vertu de laquelle la victime d'un dommage résultant d'une infraction à la loi pénale ne peut obtenir réparation que si un lien de causalité entre ce dommage et le fait qui s'est révélé être une infraction qui en est à l'origine peut être établi. Toutefois, seuls les événements ayant directement participé à la réalisation du dommage sont considérés comme ayant joué un rôle causal. De la causalité, l'on retiendra que dans les délits non intentionnels, depuis la loi française n° 200-674 du 10 juillet 2000 tendant à en préciser la définition, la causalité est un critère d'appréciation de la responsabilité pénale des personnes physiques, pour se conjuguer désormais avec deux catégories de fautes.

Lorsque la causalité est directe, une faute simple suffit pour la responsabilité. Lorsque la causalité est indirecte, c'est-à-dire lorsque l'auteur de l'infraction a créé ou contribué à créer la situation qui a permis la réalisation du dommage ou n'a pas pris les mesures permettant de l'éviter, une faute qualifiée est requise pour engager sa responsabilité sous la forme, soit d'une violation manifestement délibérée d'une obligation particulière de prudence ou de sécurité prévue par la loi ou le règlement, soit d'une faute caractérisée ayant exposé autrui à un risque, d'une particulière gravité, qui ne pouvait être ignoré.

Paragraphe II ***: La réparation du préjudice proprement dit***

La réparation du préjudice subi par la victime d'une infraction à la loi pénale s'opère par le paiement des dommages et intérêts (A) que l'auteur principal de ladite infraction ou la personne qui doit répondre pour lui verse à la victime. Toutefois, la partie qui succombe au cours de l'instance est plus souvent condamnée aux dépens (B).

A-) Le paiement des dommages et intérêts

Les dommages et intérêts représentent la somme d'argent compensatoire du dommage subi par une personne victime d'une infraction. Cette somme d'argent peut être payée, selon les circonstances en cause, par l'auteur de l'infraction lui-même ou par une autre personne qui, au plan civil, répond à sa place : c'est le « civilement responsable » qui est une personne devant répondre des conséquences civiles d'une infraction commise par autrui ; par exemple : chef d'entreprise et préposé ; parent d'enfant mineur.

Quelques indications résultant de la jurisprudence de la cour d'appel de Brazzaville en matière de réparation du préjudice, selon qu'il s'agit d'un cas d'homicide involontaire (1) ou de dommages corporels (2), se présentent de la manière suivante :

1- Cas d'homicide involontaire

Père ....800.000 Frs CFA à 3.000.000 Frs CFA
Mère..800.000 Frs CFA à 3.000.000 Frs CFA
Veuf ....800.000 Frs CFA à 3.000.000 Frs CFA
Veuve ....800.000 Frs CFA à 3.000.000 Frs CFA
Enfants :
a-) mineurs :
de 0 à 10 ans : .... .2.000.000 Frs CFA à 2.500.000 Frs CFA
de 11 ans à 18 ans : .... 1.000.000 Frs CFA à 1.500.000 Frs CFA
b-) majeurs (de 18 ans au-delà) : ... ... 500.000 Frs CFA à 800.000 Frs CFA
Oncles et tantes : .... 100.000 Frs CFA à 350.000 Frs CFA
Frères et sœurs : ....350.000 Frs CFA
Demi-frère et demi-sœur :..400.000 Frs CFA
Grands-parents :................................75.000 Frs CFA à 100.000 CFA
Neveux et cousins : à débouter sauf si le de cujus ne laisse pas de famille nombreuse, sinon accorder : 200.000 Frs CFA à chacun.

2- Cas de dommages corporels.

- I.T.T : Salaire x durée d'immobilisation
- I.T.P : Salaire x pourcentage x durée d'immobilisation
- I.P.P : Le point x pourcentage, sans diviser par 100.

A- Valeur du point.

- De 1% à 10% : 25.000 Frs CFA à 30.000 Frs CFA le jour
- De 11% à 20% : 40.000 Frs CFA le point
- De 21% à 30% : 60.000 Frs CFA le point
- De 31% à 40% : 75.000 Frs CFA le point
- De 41% à 50% : 100.000 Frs CFA le point
- De 51% à 60% : 125.000 Frs CFA le point

- De 61% à 70% : 150.000 Frs CFA le point
- De 71% à 80% : 175.000 Frs CFA le point
- De 81% à 90% : 200.000 Frs CFA le point
- De 91% à 99% : 225.000 Frs CFA le point
-

B- « Pretium doloris » (le prix de la douleur)

- Leger : 50. 000 Frs CFA à 100.000 Frs CFA
- Moyen ou modéré : 200.000 Frs CFA à 300.000 Frs CFA
- Assez important : 350.000 Frs CFA à 450.000 Frs CFA
- Important, considérable : 500.000 Frs CFA à 650.000 Frs CFA
- Très important : 850.000 Frs CFA à 1.000.000 Frs CFA

C- Préjudice esthétique.

Victimes			
Étendue du Préjudice	Hommes	Femmes	Communs aux deux sexes
Leger	de 0 à 150.000 Frs CFA	de 0 à 200.000 Frs CFA	de 0 à 50.000 Frs CFA
Moyen ou modéré	de 150.000 Frs CFA à 325.000 Frs CFA	de 200.000 Frs CFA à 450.000 Frs CFA	de 50.000 Frs CFA à 200.000 Frs CFA
Assez Important	de 325.000 Frs CFA à 500.000 Frs CFA	de 450.000 Frs CFA à 700.000 Frs CFA	de 200.000 Frs CFA à 350.000 Frs CFA
Important ou Considérable	de 500.000 Frs CFA à 750.000 Frs CFA	de 700.000 Frs CFA à 1.000.000 Frs CFA	de 350.000 Frs CFA à 500.000 Frs CFA
Très important	de 750.000 Frs CFA à 1.250.000 Frs CFA	de 1.000.000 Frs CFA à 1.500.000 Frs CFA	de 500.000 Frs CFA à 850.000 Frs CFA

D- Préjudice d'agrément.

- Leger :........................... 50. 000 Frs CFA à 100.000 Frs CFA
- Moyen : .... 200.000 Frs CFA à 300.000 Frs CFA
- Assez important : ....350.000 Frs CFA à 450.000 Frs CFA
- Important : .... 500.000 Frs CFA à 650.000 Frs CFA
- Très Important : ....850.000 Frs CFA à 1.500.000 Frs CFA

Remarque : Cette jurisprudence ne s'applique dans les cas d'accident de circulation que lorsque le véhicule ou l'engin en cause n'a pas une police d'assurance qui couvre le sinistre.
Il convient également de rappeler qu'une observation en la matière est très importante, notamment si le piéton traverse la chaussée de la gauche vers la droite ; les responsabilités tant pénales que civiles de l'automobiliste sont totalement engagées. En revanche si le piéton traverse la chaussée de la droite vers la gauche, en cas d'accident, il y a partage de responsabilité surtout sur cet aspect civil.

B-) Les dépens

En France, tout comme au Congo, la partie qui succombe au cours d'une instance (pénale) comme, dans la plupart de cas, est condamnée aux dépens. Les dépens représentent en réalité la part des frais engendrés par le procès que le gagnant peut se faire rembourser par le perdant, à moins que le tribunal en décide autrement de façon souveraine. Tout fait donc partie intégrante des dépens ; les droits de plaidoirie (les honoraires de plaidoirie d'avocat exclus), les frais de procédure (taxes) dus aux avocats et officiers ministériels (par exemple : huissier, avoué à la Cour), la taxe des témoins, la rémunération des techniciens étant intervenus dans la procédure. Ceci étant, toute juridiction pénale qui a connu une affaire peut, de façon souveraine, prononcer la condamnation de la partie succombante aux paiements des dépens. Cela intervient dans la même décision que ladite juridiction rend sur le fond de l'affaire.

CHAPITRE VI
LA PRESCRIPTION DE L'ACTION CIVILE RÉSULTANT D'UNE INFRACTION A LA LOI PÉNALE

La prescription de l'action civile résultant d'une infraction à la loi pénale mérite d'être abordée d'autant plus qu'une infraction après avoir été commise ne peut plus être poursuivie aussi bien à l'initiative des auteurs des conséquences que de la victime qui en a subi les conséquences. Cela s'analyse en deux volets à savoir : selon l'option pénale choisie par la victime (Section I) ou par le recours à l'option civile (Section II).

Section I : *L'option pénale*

Dans cette rubrique, il est nécessaire, en abordant la question relative à la prescription de l'action civile émanant d'une infraction à la loi pénale, que l'on puisse avant tout examiner le principe de l'écoulement du délai de prescription de l'action publique (paragraphe I) avant de se pencher sur l'incompétence du juge répressif (paragraphe II).

Paragraphe I : *Le principe de l'écoulement du délai de prescription de l'action publique*

La loi congolaise n° 1-63 du 13 janvier 1963 portant code de procédure pénale (CPP) en son article 10, alinéa premier, ainsi que l'article 10 alinéa premier du code de procédure pénale français constituent l'ossature même de cette question de la prescription de l'action civile en cause. Ainsi, ces deux (2) dispositions prévoient que : « l'action civile ne peut être engagée après l'expiration du délai de prescription de l'action publique ». Les alinéas 2 des mêmes textes poursuivent : « … lorsqu'il … et si une condamnation pénale a été prononcée, l'action civile mise en mouvement dans les délais… se prescrit par trente ans. »

À en croire ces dispositions dans les premiers alinéas, les législateurs français et congolais voulaient en quelque sorte empêcher le juge répressif de pouvoir se prononcer sur l'aspect civil d'une affaire prescrite par l'écoulement du délai de prescription de l'action publique qui aurait pu être exercée au temps opportun. Cela vraisemblablement pour permettre à la victime de se pourvoir devant une juridiction civile, dans la mesure où dans cette matière le délai de prescription est trentenaire. D'ailleurs, les alinéas deux (2) de ces deux textes (les codes de procédure pénale français et congolais) ont le mérite d'être cités pour avoir réglé la question relative à la prescription de l'action civile qui, selon l'esprit des alinéas 2 des textes précités, est bien évidemment de trente ans. Toutefois, la prescription de l'action publique n'influe sur l'action civile que lorsque celle-ci a été exercée dans les mêmes circonstances de temps et de lieu (même juridiction).

Paragraphe II : *L'incompétence du juge répressif*

Le juge répressif est en réalité incompétent pour connaître d'une action civile exercée de façon isolée, en réparation du dommage qu'aurait causé une infraction à la loi pénale. Cette incompétence se caractérise dans la mesure où les délais relatifs à l'exercice de l'action publique ayant été écoulés, il ne peut que se déclarer incompétent à statuer sur l'action civile ; même s'il est établi que les délais en la matière courent jusqu'à trente années. Ça sera au juge civil, et rien qu'à lui, de connaître de l'action civile. Dans cette rubrique, il importe de rappeler que le principe selon lequel « le pénal tient le civil en l'état » ne s'applique pas au sens de la portée des alinéas premiers des articles 10 des codes de procédure pénale français et congolais, car ce n'est pas parce que l'action publique s'est prescrite par l'écoulement des délais (un an pour les contraventions, trois ans pour les délits et dix ans pour les crimes) que l'action civile va par ricochet suivre les traces d'une action publique qui est tombée. Bien au contraire, l'action publique est l'apanage des autorités de poursuites telles que : les magistrats du parquet et les fonctionnaires auxquels la loi reconnaît cette qualité. En revanche, l'action civile s'exerce selon la volonté et le choix de la victime, même si elle (la victime) peut parfois, dans certains cas, décider de la greffer à l'action publique. Sur cette question, l'on peut se convenir pour une seule fois que « si le ministère public a l'opportunité des poursuites, la victime d'une infraction à la loi pénale a l'opportunité de l'action civile ». Enfin, la prescription de l'action publique n'implique pas immédiatement celle de l'action civile qui comme nous allons le prouver obéit à ses propres règles.

Section II : *L'option civile*

L'étude de la prescription de l'action civile découlant d'une infraction à la loi pénale ne peut être abordée sans passer en revue le non-respect du délai trentenaire (paragraphe I) et les conséquences qu'engendre ce manquement, c'est-à-dire la forclusion (paragraphe II).

Paragraphe I : *Le non-respect du délai trentenaire (30 ans*)

Il ressort clairement de l'esprit des alinéas deux des articles 10 des codes de procédure pénale français et congolais que : « … lorsque l'action civile est exercée devant une juridiction civile, elle se prescrit selon les règles du Code civil ».

Or, en matière civile, il est évident que la prescription est de trente années. Ainsi, indépendamment de l'action publique qui pourrait être mise en mouvement par les autorités compétentes, la victime d'une infraction à la loi pénale peut décider que son action civile soit exercée devant une juridiction civile. De cette façon, même si l'affaire, au pénal, est pendante devant une juridiction, la victime demeure libre de se joindre à la procédure en cours ou d'attendre aisément jusqu'à ce qu'elle décide enfin d'actionner devant la juridiction civile. Mais, l'inertie de la victime peut avoir des conséquences néfastes sur l'issue de la procédure, car le délai étant de trente ans, le non-respect du délai entraîne la forclusion.

Paragraphe II *: **La forclusion***

Lorsqu'un délai est prévu pour entamer une instance, accomplir un acte, exercer un recours, son expiration entraîne, le plus souvent, pour la partie qui n'aura pas exercé son action, en temps réel, une forclusion, c'est-à-dire la déchéance de la faculté d'agir, de former un recours. Le délai des articles 10 alinéa 2 des codes de procédure pénale français et congolais est un délai franc ; différent de celui de l'alinéa premier (1er) du même article qui, lui, est simplement aléatoire. La fermeté du délai de trente années, que l'alinéa 2 des articles 10 des codes précités prévoit, annihile toute possibilité pour la victime d'une infraction à la loi pénale de vouloir obtenir une réparation pour le préjudice subi. Toutes les infractions sont prescriptibles ainsi que les actions qui en découlent (action publique et action civile), sauf les infractions telles que les crimes contre l'humanité qui sont imprescriptibles. Ainsi, donc, on peut prétendre dire sans vergogne que le délai de prescription dont fait état l'alinéa premier de l'article 10 des CPP français et congolais ne concerne bien plus que l'action publique elle-même. Puisque la victime a la faculté de se prévaloir devant le juge civil à n'importe quel moment, pourvu qu'elle reste dans le délai franc de trente ans. Bref, il faut noter qu'à l'expiration du délai de trente ans sans pour autant qu'un acte de procédure eût été accompli, la victime perd la faculté de faire valoir son droit.

QUELQUES DISPOSITIONS DES CODES DE PROCÉDURE PÉNALE FRANÇAIS ET CONGOLAIS AYANT FAIT L'OBJET D'UNE ÉTUDE COMPARATIVE APPROFONDIE RELATIVE À LA MISE EN ŒUVRE DU PRÉSENT OUVRAGE

I. La procédure pénale doit être équitable et contradictoire et préserver l'équilibre des droits des parties.

Elle doit garantir la séparation des autorités chargées de l'action publique et des autorités de jugement.

Les personnes se trouvant dans des conditions semblables et poursuivies pour les mêmes infractions doivent être jugées selon les mêmes règles.

II. L'autorité judiciaire veille à l'information et à la garantie des droits des victimes au cours de toute procédure pénale.

III. Toute personne suspectée ou poursuivie est présumée innocente tant que sa culpabilité n'a pas été établie.

Les atteintes à sa présomption d'innocence sont prévenues, réparées et réprimées dans les conditions prévues par la loi.
Elle a le droit d'être informée des charges retenues contre elle et d'être assistée d'un défenseur. Si la personne suspectée ou poursuivie ne comprend pas la langue française, elle a droit, dans une langue qu'elle comprend et jusqu'au terme de la procédure, à l'assistance d'un interprète, y compris pour les entretiens avec son avocat ayant un lien direct avec tout interrogatoire ou toute audience, et, sauf renonciation expresse et éclairée de sa part, à la traduction des pièces essentielles à l'exercice de sa défense et à la garantie du caractère équitable du procès qui doivent, à ce titre, lui être remises ou notifiées en application du présent code. Les mesures de contraintes dont la personne suspectée ou poursuivie peut faire l'objet sont prises sur décision ou sous le contrôle effectif de l'autorité judiciaire. Elles doivent être strictement limitées aux nécessités de la procédure, proportionnées à la gravité de l'infraction reprochée et ne pas porter atteinte à la dignité de la personne.
Il doit être définitivement statué sur l'accusation dont cette personne fait l'objet dans un délai raisonnable. Toute personne condamnée a le droit de faire examiner sa condamnation par une autre juridiction. En matière criminelle et correctionnelle, aucune condamnation ne peut être prononcée contre une personne sur le seul fondement de déclarations qu'elle a faites sans avoir pu s'entretenir avec un avocat et être assistée par lui.

Titre préliminaire : Dispositions générales
Code de procédure pénale – [Dernière modification le 07 janvier 2017 - Document généré le 09 janvier 2017 Copyright (C) 2007-2017 Légifrance]

Titre préliminaire : Dispositions générales
Sous-titre Ier : De l'action publique et de l'action civile
Article 1
L'action publique pour l'application des peines est mise en mouvement et exercée par les magistrats ou par les fonctionnaires auxquels elle est confiée par la loi. Cette action peut aussi être mise en mouvement par la partie lésée, dans les conditions déterminées par le présent code.
Article 2
L'action civile en réparation du dommage causé par un crime, un délit ou une contravention appartient à tous ceux qui ont personnellement souffert du dommage directement causé par l'infraction. La renonciation à l'action civile ne peut arrêter ni suspendre l'exercice de l'action publique, sous réserve des cas visés à l'alinéa 3 de l'article 6.
Article 2-1
Toute association régulièrement déclarée depuis au moins cinq ans à la date des faits, se proposant par ses statuts de combattre le racisme ou d'assister les victimes de discrimination fondée sur leur origine nationale, ethnique,

raciale ou religieuse, peut exercer les droits reconnus à la partie civile en ce qui concerne, d'une part, les discriminations réprimées par les articles 225-2 et 432-7 du Code pénal et l'établissement ou la conservation de fichiers réprimés par l'article 226-19 du même code, d'autre part, les atteintes volontaires à la vie et à l'intégrité de la personne, les menaces, les vols, les extorsions et les destructions, dégradations et détériorations qui ont été commis au préjudice d'une personne en raison de son origine nationale, de son appartenance ou de sa non-appartenance, vraie ou supposée, à une ethnie, une race ou une religion déterminée. Toutefois, lorsque l'infraction aura été commise envers une personne considérée individuellement, l'association ne sera recevable dans son action que si elle justifie avoir reçu l'accord de la personne intéressée ou, si celle-ci est mineure, l'accord du titulaire de l'autorité parentale ou du représentant légal, lorsque cet accord peut être requis. Toute fondation reconnue d'utilité publique peut exercer les droits reconnus à la partie civile dans les mêmes conditions et sous les mêmes réserves que l'association mentionnée au présent article.

Article 2-2

Toute association régulièrement déclarée depuis au moins cinq ans, à la date des faits, dont l'objet statutaire comporte la lutte contre les violences sexuelles, contre le harcèlement sexuel ou contre les violences exercées sur un membre de la famille, peut exercer les droits reconnus à la partie civile, en ce qui concerne les atteintes volontaires à la vie et à l'intégrité de la personne, les agressions et autres atteintes sexuelles, l'enlèvement et la séquestration et la violation de domicile réprimés par les articles 221-1 à 221-4, 222-1 à 222-18,222-23 à 222-33,224-1 à 224-5, 226-4 et 432-8 du code pénal, lorsque la victime de ces infractions était majeure à la date des faits. Toutefois, l'association ne sera recevable dans son action que si elle justifie avoir reçu l'accord de la victime. Si celle-ci est un majeur en tutelle, l'accord doit être donné par son représentant légal. Toute fondation reconnue d'utilité publique peut exercer les droits reconnus à la partie civile dans les mêmes conditions et sous les mêmes réserves que l'association mentionnée au présent article.

Article 2-3

Toute association régulièrement déclarée depuis au moins cinq ans à la date des faits et dont l'objet statutaire comporte la défense ou l'assistance de l'enfant en danger et victime de toutes formes de maltraitance peut exercer les droits reconnus à la partie civile en ce qui concerne les atteintes volontaires à la vie et à l'intégrité, les agressions et autres atteintes sexuelles commises sur la personne d'un mineur et les infractions de mise en péril des mineurs réprimées par les articles 221-1 à 221-5, 222-1 à 222-18-1, 222-23 à 222-33-1, 223-1à 223-10, 223-13, 224-1 à 224-5, 225-7 à 225-9, 225-12-1 à 225-12-4, 227-1, 227-2, 227-15 à 227-27-1 du code pénal, lorsque l'action publique a été mise en mouvement par le ministère public ou la partie lésée. Toute association, inscrite auprès du ministère de la Justice dans des conditions fixées par décret en Conseil d'État, est recevable dans son action, même si l'action publique n'a pas été mise en mouvement par le ministère public ou la partie lésée en ce qui concerne l'infraction mentionnée à l'article 227-23 du Code pénal. Il en est de même lorsqu'il est fait application des dispositions du second alinéa de l'article 222-22 et de l'article 227-27-1 dudit code. Toute fondation reconnue d'utilité publique peut exercer les droits reconnus à la partie civile dans les mêmes conditions et sous les mêmes réserves que l'association mentionnée au présent article.

Article 2-4

Toute association régulièrement déclarée depuis au moins cinq ans qui se propose, par ses statuts, de combattre les crimes contre l'humanité ou les crimes de guerre ou de défendre les intérêts moraux et l'honneur de la résistance ou des déportés peut exercer les droits reconnus à la partie civile en ce qui concerne les crimes de guerre et les crimes contre l'humanité. Toute fondation reconnue d'utilité publique peut exercer les droits reconnus à la partie civile dans les mêmes conditions et sous les mêmes réserves que l'association mentionnée au présent article.

Article 2-5

Toute association régulièrement déclarée depuis au moins cinq ans à la date des faits qui se propose, par ses statuts, de défendre les intérêts moraux et l'honneur de la Résistance ou des déportés peut exercer les droits reconnus à la partie civile en ce qui concerne soit l'apologie des crimes de guerre ou des crimes ou délits de collaboration avec l'ennemi, soit les destructions ou dégradations de monuments ou les violations de sépultures, soit les délits de diffamation ou injures, qui ont causé un préjudice direct ou indirect à la mission qu'elle remplit (Code de procédure pénale – dernière modification le 07 janvier 2017 - Document généré le 09 janvier 2017Copyright (C) 2007-2017 Légifrance). Toute fondation reconnue d'utilité publique peut exercer les droits reconnus à la partie civile dans les mêmes conditions et sous les mêmes réserves que l'association mentionnée au présent article.

Article 2-6

Toute association régulièrement déclarée depuis au moins cinq ans à la date des faits, se proposant par ses statuts de combattre les discriminations fondées sur le sexe, sur les mœurs ou sur l'orientation ou l'identité sexuelle, peut exercer les droits reconnus à la partie civile en ce qui concerne les discriminations réprimées par les articles 225-2 et 432-7 du Code pénal et les articles L. 1146-1 et L. 1155-2 du Code du travail, lorsqu'elles sont commises en raison du sexe, de la situation de famille, des mœurs ou de l'orientation ou l'identité sexuelle de la victime ou à la suite d'un harcèlement sexuel. Toutefois, en ce qui concerne les discriminations commises à la suite d'un harcèlement sexuel, l'association n'est recevable dans son action que si elle justifie avoir reçu l'accord écrit de la personne intéressée ou si celle-ci est mineure et après l'avis de cette dernière, celui du titulaire de l'autorité parentale ou du représentant légal. L'association peut également exercer les droits reconnus à la partie civile en cas d'atteintes volontaires à la vie ou à l'intégrité de la personne et de destructions, dégradations et détériorations réprimées par les articles 221-1 à 221-4, 222-1 à 222-18 et 322-1 à 322-13 du code pénal, lorsque ces faits ont été commis en raison du sexe ou des mœurs de la victime, dès lors qu'elle justifie avoir reçu l'accord de la victime ou, si celle-ci est un mineur ou un majeur protégé, celui de son représentant légal.

Toute fondation reconnue d'utilité publique peut exercer les droits reconnus à la partie civile dans les mêmes conditions et sous les mêmes réserves que l'association mentionnée au présent article.

Article 2-7

En cas de poursuites pénales pour incendie volontaire commis dans les bois, forêts, landes, maquis, garrigues, plantations ou reboisements, les personnes morales de droit public peuvent se constituer partie civile devant la juridiction de jugement en vue d'obtenir le remboursement, par le condamné, des frais qu'elles ont exposés pour lutter contre l'incendie.

Article 2-8

Toute association régulièrement déclarée depuis au moins cinq ans à la date des faits ayant, en vertu de ses statuts, vocation à défendre ou à assister les personnes malades, handicapées ou âgées, peut exercer les droits reconnus à la partie civile en ce qui concerne les discriminations réprimées par les articles 225-2 et 432-7 du Code pénal, lorsqu'elles sont commises en raison de l'état de santé, du handicap ou de l'âge de la victime. En outre, lorsque l'action publique a été mise en mouvement par le ministère public ou la partie lésée, l'association pourra exercer les droits reconnus à la partie civile en ce qui concerne les atteintes volontaires à la vie, les atteintes à l'intégrité physique ou psychique, les agressions et autres atteintes sexuelles (Code de procédure pénale - Dernière modification le 07 janvier 2017 - Document généré le 09 janvier 2017 Copyright (C) 2007-2017 Légifrance), le délaissement, l'abus de vulnérabilité, le bizutage, l'extorsion, l'escroquerie, les destructions et dégradations et la non-dénonciation de mauvais traitements, prévus par les articles 221-1 à 221-5, 222-1 à 222-18, 222-22 à222-33-1, 223-3 et 223-4, 223-15-2, 225-16-2, 312-1 à 312-9, 313-1 à 313-3, 322-1 à 322-4 et 434-3 du code pénal lorsqu'ils sont commis en raison de l'état de santé, du handicap ou de l'âge de la victime. Toutefois, l'association ne sera recevable dans son action que si elle justifie avoir reçu l'accord de la victime ou si celle-ci est un mineur ou un majeur protégé, celui de son représentant légal. Toute association régulièrement déclarée depuis au moins cinq ans à la date des faits ayant, en vertu de ses statuts, vocation à défendre ou à assister les personnes handicapées peut également exercer les droits reconnus à la partie civile en ce qui concerne les infractions aux articles L. 111-7-1 à L. 111-7-3 du code de la construction et de l'habitation, prévues et réprimées par l'article L. 152-4 du même code. Toute fondation reconnue d'utilité publique peut exercer les droits reconnus à la partie civile dans les mêmes conditions et sous les mêmes réserves que l'association mentionnée au présent article.

Article 2-9

Toute association régulièrement déclarée depuis au moins cinq ans qui se propose, par ses statuts, d'assister les victimes d'infractions peut exercer les droits reconnus à la partie civile en ce qui concerne les infractions entrant dans le champ d'application de l'article 706-16 lorsque l'action publique a été mise en mouvement par le ministère public ou la partie lésée. Toute association régulièrement déclarée ayant pour objet statutaire la défense des victimes d'une infraction entrant dans le champ d'application du même article 706-16 et regroupant plusieurs de ces victimes peut, si elle a été agréée à cette fin, exercer les droits reconnus à la partie civile en ce qui concerne cette infraction lorsque l'action publique a été mise en mouvement par le ministère public ou la partie lésée. Les conditions dans lesquelles les associations mentionnées au présent alinéa peuvent être agréées, après avis du ministère public, compte tenu de leur représentativité, sont fixées par décret. Toute fondation reconnue d'utilité publique peut exercer les droits reconnus à la partie civile dans les mêmes conditions et sous les mêmes réserves que l'association mentionnée au présent article.

Article 2-10

Toute association régulièrement déclarée depuis au moins cinq ans à la date des faits ayant, en vertu de ses statuts, vocation à lutter contre l'exclusion sociale ou culturelle des personnes en état de grande pauvreté ou en raison de leur situation de famille peut exercer les droits reconnus à la partie civile en ce qui concerne les discriminations réprimées par les articles 225-2 et 432-7 du Code pénal. Toutefois, l'association ne sera recevable dans son action que si elle justifie avoir reçu l'accord de la victime ou, si celle-ci est un mineur ou un majeur protégé, celui de son représentant légal. Toute fondation reconnue d'utilité publique peut exercer les droits reconnus à la partie civile dans les mêmes conditions et sous les mêmes réserves que l'association mentionnée au présent article.

Article 2-11

Toute association, régulièrement déclarée depuis au moins cinq ans à la date des faits et inscrite auprès de l'Office national des anciens combattants et victimes de guerre dans des conditions fixées par décret (Code de procédure pénale - Dernière modification le 07 janvier 2017 - Document généré le 09 janvier 2017Copyright (C) 2007-2017 Légifrance en Conseil d'État), qui se propose par ses statuts de défendre les intérêts moraux et l'honneur des anciens combattants et victimes de guerre et des morts pour la France peut exercer les droits reconnus à la partie civile en ce qui concerne les dégradations ou destructions de monuments ou les violations de sépultures, qui ont causé un préjudice direct ou indirect à la mission qu'elle remplit.

Toute fondation reconnue d'utilité publique peut exercer les droits reconnus à la partie civile dans les mêmes conditions et sous les mêmes réserves que l'association mentionnée au présent article.

Article 2-12

Toute association régulièrement déclarée depuis au moins cinq ans à la date des faits qui se propose par ses statuts de combattre la délinquance routière et de défendre ou d'assister les victimes de cette délinquance peut exercer les droits reconnus à la partie civile en ce qui concerne les délits d'homicide ou blessures involontaires commis à l'occasion de la conduite d'un véhicule automobile terrestre à moteur lorsque l'action publique a été mise en mouvement par le ministère public ou la partie lésée. Toutefois, l'association ne sera recevable dans son action que si elle justifie avoir reçu l'accord de la victime ou, si celle-ci est mineure, celui du titulaire de l'autorité parentale ou du représentant légal. Toute fondation reconnue d'utilité publique peut exercer les droits reconnus à la partie civile dans les mêmes conditions et sous les mêmes réserves que l'association mentionnée au présent article.

Article 2-13

Toute association régulièrement déclarée depuis au moins cinq ans à la date des faits et dont l'objet statutaire est la défense et la protection des animaux peut exercer les droits reconnus à la partie civile en ce qui concerne les infractions réprimant l'abandon, les sévices graves ou de nature sexuelle, les actes de cruauté et les mauvais traitements envers les animaux ainsi que les atteintes volontaires à la vie d'un animal prévus par le Code pénal. Toute fondation reconnue d'utilité publique peut exercer les droits reconnus à la partie civile dans les mêmes conditions et sous les mêmes réserves que l'association mentionnée au présent article.

Article 2-14

Toute association régulièrement déclarée se proposant par ses statuts la défense de la langue française et agréée dans les conditions fixées par décret en Conseil d'État peut exercer les droits reconnus à la partie civile en ce qui concerne les infractions aux dispositions des textes pris pour l'application des articles 2, 3, 4, 6, 7 et 10 de la loi n° 94-665 du 4 août 1994 relative à l'emploi de la langue française. Toute fondation reconnue d'utilité publique peut exercer les droits reconnus à la partie civile dans les mêmes conditions et sous les mêmes réserves que l'association mentionnée au présent article.

Article 2-15

Toute association régulièrement déclarée ayant pour objet statutaire la défense des victimes d'un accident survenu dans les transports collectifs ou dans un lieu ou local ouvert au public ou dans une propriété privée à usage d'habitation ou à usage professionnel et regroupant plusieurs de ces victimes peut, si elle a été agréée à cette fin, exercer les droits reconnus à la partie civile en ce qui concerne cet accident lorsque l'action publique a été mise en mouvement par le ministère public ou la partie lésée. Les conditions dans lesquelles les associations visées au premier alinéa peuvent être agréées, après avis du ministère public, compte tenu de leur représentativité, sont fixées par décret. Toute fédération d'associations, régulièrement déclarée depuis au moins cinq ans à la date des faits et inscrite au ministère de la Justice, dans des conditions fixées par décret en Conseil d'État, dont l'objet statutaire est la défense des victimes d'accidents collectifs, peut exercer les droits reconnus à la partie civile, en ce qui concerne un accident collectif survenu dans les circonstances visées au premier alinéa, lorsque l'action publique a été mise en mouvement par le ministère public ou par la partie lésée.

Les associations et fédérations d'associations prévues par le présent article peuvent demander réparation des frais exposés en lien avec l'accident et qui sont la conséquence directe ou indirecte de l'infraction pour laquelle elles ont exercé les droits reconnus à la partie civile. Toute fondation reconnue d'utilité publique peut exercer les droits reconnus à la partie civile dans les mêmes conditions et sous les mêmes réserves que l'association mentionnée au présent article.

Article 2-16

Toute association régulièrement déclarée depuis au moins cinq ans à la date des faits qui se propose, par ses statuts, de lutter contre la toxicomanie ou le trafic de stupéfiants peut exercer les droits reconnus à la partie civile en ce qui concerne les infractions prévues par les articles 222-34 à 222-40 et par l'article 227-18-1 du Code pénal lorsque l'action publique a été mise en mouvement par le ministère public ou la partie lésée. Toute fondation reconnue d'utilité publique peut exercer les droits reconnus à la partie civile dans les mêmes conditions et sous les mêmes réserves que l'association mentionnée au présent article.

Article 2-17

Toute association reconnue d'utilité publique régulièrement déclarée depuis au moins cinq ans à la date des faits et se proposant par ses statuts de défendre et d'assister l'individu ou de défendre les droits et libertés individuels et collectifs peut, à l'occasion d'actes commis par toute personne physique ou morale dans le cadre d'un mouvement ou organisation ayant pour but ou pour effet de créer, de maintenir ou d'exploiter une sujétion psychologique ou physique, exercer les droits reconnus à la partie civile en ce qui concerne les infractions contre l'espèce humaine, d'atteinte volontaire ou involontaire à la vie ou à l'intégrité physique ou psychique de la personne, de mise en danger de la personne, d'atteinte aux libertés de la personne, d'atteinte à la dignité de la personne, d'atteinte à la personnalité, de mise en péril des mineurs ou d'atteinte aux biens prévues par les articles 214-1 à 214-4, 221-1 à 221-6, 222-1 à 222-40, 223-1 à 223-15, 223-15-2,224-1 à 224-4, 225-5 à 225-15, 225-17 et 225-18, 226-1 à 226-23, 227-1 à 227-27, 311-1 à 311-13, 312-1à 312-12, 313-1 à 313-3, 314-1 à 314-3, 324-1 à 324-6 et 511-

1-2 du code pénal, les infractions d'exercice illégal de la médecine ou de la pharmacie prévues par les articles L. 4161-5 et L. 4223-1 du code de la santé publique, et les infractions de publicité mensongère, de fraudes ou de falsifications prévues par les articles L.121-6 et L. 213-1 à L. 213-4 du code de la consommation. Code de procédure pénale - Dernière modification le 07 janvier 2017 - Document généré le 09 janvier 2017Copyright (C) 2007-2017 Légifrance. Toute fondation reconnue d'utilité publique peut exercer les droits reconnus à la partie civile dans les mêmes conditions et sous les mêmes réserves que l'association mentionnée au présent article.

Article 2-18

Toute association régulièrement déclarée depuis au moins cinq ans qui se propose, par ses statuts, de défendre ou d'assister les victimes d'accidents de travail ou de maladies professionnelles peut exercer les droits reconnus à la partie civile en ce qui concerne les infractions prévues par les articles 221-6, 222-19 et 222-20 du Code pénal commises à l'occasion d'une activité professionnelle, lorsque l'action publique a été mise en mouvement par le ministère public ou par la partie lésée. Toutefois, l'association ne sera recevable dans son action que si elle justifie avoir reçu l'accord de la victime ou, si celle-ci est mineure, celui du titulaire de l'autorité parentale ou du représentant légal. Toute fondation reconnue d'utilité publique peut exercer les droits reconnus à la partie civile dans les mêmes conditions et sous les mêmes réserves que l'association mentionnée au présent article.

Article 2-19

Toute association départementale des maires régulièrement déclarée, affiliée à l'Association des maires de France, et dont les statuts ont été déposés depuis au moins cinq ans, peut exercer les droits reconnus à la partie civile dans toutes les instances introduites par les élus municipaux à la suite d'injures, d'outrages, de diffamations, de menaces ou de coups et blessures à raison de leurs fonctions. Toutefois, l'association ne sera recevable dans son action que si elle justifie avoir reçu l'accord de l'élu. Toute fondation reconnue d'utilité publique peut exercer les droits reconnus à la partie civile dans les mêmes conditions et sous les mêmes réserves que l'association mentionnée au présent article.

Article 2-20

Toute association régulièrement déclarée depuis au moins cinq ans à la date des faits qui se propose, par ses statuts, de défendre les intérêts moraux et matériels des locataires, propriétaires et bailleurs d'immeubles collectifs à usage d'habitation peut exercer les droits reconnus à la partie civile en cas d'atteintes volontaires à l'intégrité de la personne ou de destructions, dégradations et détériorations réprimées par les articles 222-1à 222-18 et 322-1 à 322-13 du code pénal lorsque l'action publique a été mise en mouvement par le ministère public ou par la partie lésée et que l'infraction a été commise dans un immeuble faisant partie de son objet associatif. Toutefois, l'association ne sera recevable dans son action que si elle justifie avoir reçu l'accord de la victime ou, si celle-ci est un mineur ou un majeur protégé, celui de son représentant légal. Toute fondation reconnue d'utilité publique peut exercer les droits reconnus à la partie civile dans les mêmes conditions et sous les mêmes réserves que l'association mentionnée au présent article.

Article 2-21

Toute association agréée déclarée depuis au moins trois ans, ayant pour but l'étude et la protection du patrimoine défini à l'article L. 1 du code du patrimoine, peut exercer les droits reconnus à la partie civile en ce qui concerne les faits du code du patrimoine et portant un préjudice direct ou indirect aux intérêts collectifs qu'elle a pour objet de défendre, réprimés aux articles 311-4-2 et 322-3-1 du Code pénal ainsi qu'à l'article L. 114-1. Un décret en Conseil d'État fixe les conditions dans lesquelles les associations mentionnées à l'alinéa précédent peuvent être agréées.

Toute fondation reconnue d'utilité publique peut exercer les droits reconnus à la partie civile dans les mêmes conditions et sous les mêmes réserves que l'association mentionnée au présent article.

Article 2-21-1

Toute association, tout syndicat professionnel ou tout syndicat de salariés de la branche concernée régulièrement déclaré depuis au moins deux ans à la date des faits et dont l'objet statutaire comporte la défense des intérêts collectifs des entreprises et des salariés peut exercer les droits reconnus à la partie civile en ce qui concerne les infractions définies au livre II de la huitième partie du Code du travail même si l'action publique n'a pas été mise en mouvement par le ministère public ou par la partie lésée.

Toute fondation reconnue d'utilité publique peut exercer les droits reconnus à la partie civile dans les mêmes conditions et sous les mêmes réserves que l'association mentionnée au présent article.

Article 2-22

Toute association régulièrement déclarée depuis au moins cinq ans à la date des faits dont l'objet statutaire comporte la lutte contre l'esclavage, la traite des êtres humains, le proxénétisme ou l'action sociale en faveur des personnes prostituées peut exercer les droits reconnus à la partie civile en ce qui concerne les infractions réprimées par les articles 224-1 A à 224-1 C, 225-4-1 à 225-4-9, 225-5 à 225-12-2, 225-14-1 et 225-14-2 du code pénal, lorsque l'action publique a été mise en mouvement par le ministère public ou la partie lésée. Toutefois, l'association n'est recevable dans son action que si elle justifie avoir reçu l'accord de la victime. Si celle-ci est un mineur ou un majeur protégé, l'accord est donné par son représentant légal. Si l'association mentionnée au premier alinéa du présent article est reconnue d'utilité publique, son action est recevable y compris sans l'accord de la victime. Toute fondation reconnue d'utilité publique peut exercer les droits reconnus à la partie civile dans les mêmes conditions et sous les mêmes réserves que l'association mentionnée au présent article.

Article 2-23

Toute association agréée déclarée depuis au moins cinq ans à la date de la constitution de partie civile, se proposant par ses statuts de lutter contre la corruption, peut exercer les droits reconnus à la partie civile en ce qui concerne les infractions suivantes :

1° Les infractions traduisant un manquement au devoir de probité, réprimées aux articles 432-10 à 432-15 du Code pénal ; Code de procédure pénale - dernière modification le 07 janvier 2017 - document généré le 09 janvier 2017Copyright (C) 2007-2017 Légifrance ; 2° Les infractions de corruption et trafic d'influence, réprimées aux articles 433-1, 433-2, 434-9, 434-9-1,435-1 à 435-10 et 445-1 à 445-2-1 du même code ; 3° Les infractions de recel ou de blanchiment, réprimées aux articles 321-1, 321-2, 324-1 et 324-2 dudit code, du produit, des revenus ou des choses provenant des infractions mentionnées aux 1° et 2° du présent article ; 4° Les infractions réprimées aux articles L. 106 à L. 109 du code électoral.

Un décret en Conseil d'État fixe les conditions dans lesquelles les associations mentionnées au premier alinéa du présent article peuvent être agréées. Toute fondation reconnue d'utilité publique peut exercer les droits reconnus à la partie civile dans les mêmes conditions et sous les mêmes réserves que l'association mentionnée au présent article.

Article 3

L'action civile peut être exercée en même temps que l'action publique devant la même juridiction. Elle sera recevable pour tous chefs de dommages, aussi bien matériels que corporels ou moraux, qui découleront des faits, objet de la poursuite.

Article 4

L'action civile en réparation du dommage causé par l'infraction prévue par l'article 2 peut être exercée devant une juridiction civile, séparément de l'action publique. Toutefois, il est sursis au jugement de cette action tant qu'il n'a pas été prononcé définitivement sur l'action publique lorsque celle-ci a été mise en mouvement.

La mise en mouvement de l'action publique n'impose pas la suspension du jugement des autres actions exercées devant la juridiction civile, de quelque nature qu'elles soient, même si la décision à intervenir au pénal est susceptible d'exercer, directement ou indirectement, une influence sur la solution du procès civil.

Article 4-1

L'absence de faute pénale non intentionnelle au sens de l'article 121-3 du Code pénal ne fait pas obstacle à l'exercice d'une action devant les juridictions civiles afin d'obtenir la réparation d'un dommage sur le fondement de l'article 1241 du Code civil si l'existence de la faute civile prévue par cet article est établie ou en application de l'article L. 452-1 du code de la sécurité sociale si l'existence de la faute inexcusable prévue par cet article est établie.

Article 5

Code de procédure pénale - dernière modification le 07 janvier 2017 - document généré le 09 janvier 2017 Copyright (C) 2007-2017 Légifrance. La partie qui a exercé son action devant la juridiction civile compétente ne peut la porter devant la juridiction répressive. Il n'en est autrement que si celle-ci a été saisie par le ministère public avant qu'un jugement sur le fond ait été rendu par la juridiction civile.

Article 5-1

Même si le demandeur s'est constitué partie civile devant la juridiction répressive, la juridiction civile, saisie en référé, demeure compétente pour ordonner toutes mesures provisoires relatives aux faits qui sont l'objet des poursuites, lorsque l'existence de l'obligation n'est pas sérieusement contestable.

Article 6

L'action publique pour l'application de la peine s'éteint par la mort du prévenu, la prescription, l'amnistie, l'abrogation de la loi pénale et la chose jugée.

Toutefois, si des poursuites ayant entraîné condamnation ont révélé la fausseté du jugement ou de l'arrêt qui a déclaré l'action publique éteinte, l'action publique pourra être reprise ; la prescription doit alors être considérée comme suspendue depuis le jour où le jugement ou l'arrêt était devenu définitif jusqu'à celui de la condamnation du coupable de faux ou usage de faux. Elle peut, en outre, s'éteindre par transaction lorsque la loi en dispose expressément ou par l'exécution d'une composition pénale ; il en est de même en cas de retrait de plainte, lorsque celle-ci est une condition nécessaire de la poursuite.

Article 6-1

Lorsqu'un crime ou un délit prétendument commis à l'occasion d'une poursuite judiciaire impliquerait la violation d'une disposition de procédure pénale, l'action publique ne peut être exercée que si le caractère illégal de la poursuite ou de l'acte accompli à cette occasion a été constaté par une décision devenue définitive de la juridiction répressive saisie. Le délai de prescription de l'action publique court à compter de cette décision.

Article 7

En matière de crime et sous réserve des dispositions de l'article 213-5 du Code pénal, l'action publique se prescrit par dix années révolues à compter du jour où le crime a été commis si, dans cet intervalle, il n'a été fait aucun acte d'instruction ou de poursuite (Code de procédure pénale - dernière modification le 07 janvier 2017 - document généré le 09 janvier 2017Copyright (C) 2007-2017 Légifrance). S'il en a été effectué dans cet intervalle, elle ne se prescrit qu'après dix années révolues à compter du dernier acte. Il en est ainsi même à l'égard des personnes qui ne seraient pas impliquées dans cet acte d'instruction ou de poursuite. Le délai de prescription de l'action publique des crimes mentionnés à l'article 706-47 du présent code et le crime prévu par l'article 222-10 du Code pénal, lorsqu'ils sont commis sur des mineurs, est de vingt ans et ne commence à courir qu'à partir de la majorité de ces derniers.

Article 8

En matière de délit, la prescription de l'action publique est de trois années révolues ; elle s'accomplit selon les distinctions spécifiées à l'article précédent.

Le délai de prescription de l'action publique des délits mentionnés à l'article 706-47 et commis contre des mineurs est de dix ans ; celui des délits prévus par les articles 222-12, 222-29-1 et 227-26 du Code pénal est de vingt ans ; ces délais ne commencent à courir qu'à partir de la majorité de la victime. Le délai de prescription de l'action publique des délits mentionnés aux articles 223-15-2, 311-3, 311-4,313-1, 313-2, 314-1, 314-2, 314-3, 314-6 et 321-1 du Code pénal, commis à l'encontre d'une personne vulnérable du fait de son âge, d'une maladie, d'une infirmité, d'une déficience physique ou psychique ou de son état de grossesse, court à compter du jour où l'infraction apparaît à la victime dans des conditions permettant l'exercice de l'action publique.

Article 9

En matière de contravention, la prescription de l'action publique est d'une année révolue ; elle s'accomplit selon les distinctions spécifiées à l'article 7.

Article 10

Lorsque l'action civile est exercée devant une juridiction répressive, elle se prescrit selon les règles de l'action publique. Lorsqu'elle est exercée devant une juridiction civile, elle se prescrit selon les règles du Code civil. Lorsqu'il a été statué sur l'action publique, les mesures d'instruction ordonnées par le juge pénal sur les seuls intérêts civils obéissent aux règles de la procédure civile (Code de procédure pénale - Dernière modification le 07 janvier 2017 - Document généré le 09 janvier 2017Copyright (C) 2007-2017 Légifrance).

Titre préliminaire : Dispositions générales

Sous-titre II : De la justice restaurative

Article 10-1

À l'occasion de toute procédure pénale et à tous les stades de la procédure, y compris lors de l'exécution de la peine, la victime et l'auteur d'une infraction, sous réserve que les faits aient été reconnus, peuvent se voir proposer une mesure de justice restaurative. Constitue une mesure de justice restaurative toute mesure permettant à une victime ainsi qu'à l'auteur d'une infraction de participer activement à la résolution des difficultés résultant de l'infraction, et notamment à la réparation des préjudices de toute nature résultant de sa commission. Cette mesure ne peut intervenir qu'après que la victime et l'auteur de l'infraction ont reçu une information complète à son sujet et ont consenti expressément à y participer. Elle est mise en œuvre par un tiers indépendant formé, à cet effet, sous le contrôle de l'autorité judiciaire ou, à la demande de celle-ci, de l'administration pénitentiaire. Elle est confidentielle, sauf accord contraire des parties et exceptés les cas où un intérêt supérieur lié à la nécessité de prévenir ou de réprimer des infractions justifie que des informations relatives au déroulement de la mesure soient portées à la connaissance du procureur de la République (Code de procédure pénale - Dernière modification le 07 janvier 2017 - Document généré le 09 janvier 2017Copyright (C) 2007-2017 Légifrance).

Titre préliminaire : Dispositions générales
Sous-titre III : Des droits des victimes
Article 10-2

Les officiers et les agents de police judiciaire informent par tout moyen les victimes de leur droit :1° D'obtenir la réparation de leur préjudice, par l'indemnisation de celui-ci ou par tout autre moyen adapté, y compris, s'il y a lieu, une mesure de justice restaurative ; 2° De se constituer partie civile soit dans le cadre d'une mise en mouvement de l'action publique par le parquet, soit par la voie d'une citation directe de l'auteur des faits devant la juridiction compétente ou d'une plainte portée devant le juge d'instruction ; 3° D'être, si elles souhaitent se constituer partie civile, assistées d'un avocat qu'elles peuvent choisir ou qui, à leur demande, est désigné par le bâtonnier de l'ordre des avocats près la juridiction compétente, les frais étant à la charge des victimes sauf si elles remplissent les conditions d'accès à l'aide juridictionnelle ou si elles bénéficient d'une assurance de protection juridique ; 4° D'être aidées par un service relevant d'une ou de plusieurs collectivités publiques ou par une association conventionnée d'aide aux victimes ; 5° De saisir, le cas échéant, la commission d'indemnisation des victimes d'infraction, lorsqu'il s'agit d'une infraction mentionnée aux articles 706-3 ou 706-14 du présent code ; 6° D'être informées sur les mesures de protection dont elles peuvent bénéficier, notamment les ordonnances de protection prévues au titre XIV du livre Ier du Code civil. Les victimes sont également informées des peines encourues par les auteurs des violences et des conditions d'exécution des éventuelles condamnations qui pourraient être prononcées ; 7° Pour les victimes qui ne comprennent pas la langue française, de bénéficier d'un interprète et d'une traduction des informations indispensables à l'exercice de leurs droits ; 8° D'être accompagnées chacune, à leur demande, à tous les stades de la procédure, par leur représentant légal et par la personne majeure de leur choix, sauf décision contraire motivée prise par l'autorité judiciaire compétente ; 9° De déclarer comme domicile l'adresse d'un tiers, sous réserve de l'accord exprès de celui-ci.

Article 10-3

Code de procédure pénale - dernière modification le 07 janvier 2017 - document généré le 09 janvier 2017Copyright (C) 2007-2017 Légifrance. Si la partie civile ne comprend pas la langue française, elle a droit, à sa demande, à l'assistance d'un interprète et à la traduction, dans une langue qu'elle comprend, des informations qui sont indispensables à l'exercice de ses droits et qui lui sont, à ce titre, remises ou notifiées en application du présent code. L'autorité qui procède à l'audition de la partie civile ou devant laquelle cette personne comparaît s'assure que la personne parle et comprend la langue française. À titre exceptionnel, il peut être effectué une traduction orale ou un résumé oral des informations mentionnées au premier alinéa. Les modalités d'application du présent article sont précisées par un décret, qui définit notamment les pièces essentielles devant faire l'objet d'une traduction.

Article 10-4

À tous les stades de l'enquête, la victime peut, à sa demande, être accompagnée par son représentant légal et par la personne majeure de son choix, sauf décision contraire motivée prise par l'autorité judiciaire compétente.

Article 10-5

Dès que possible, les victimes font l'objet d'une évaluation personnalisée, afin de déterminer si elles ont besoin de mesures spécifiques de protection au cours de la procédure pénale. L'autorité qui procède à l'audition de la victime recueille les premiers éléments permettant cette évaluation. Au vu de ces éléments, l'évaluation peut être approfondie, avec l'accord de l'autorité judiciaire compétente. La victime est associée à cette évaluation. Le cas échéant, l'association d'aide aux victimes requise par le procureur de la République ou le juge d'instruction en application de l'article 41 y est également associée ; son avis est joint à la procédure. Les modalités d'application du présent article sont précisées par décret (Code de procédure pénale - dernière modification le 07 janvier 2017 - document généré le 09 janvier 2017Copyright (C) 2007-2017 Légifrance).

Livre premier : De la conduite de la politique pénale, de l'exercice de l'action publique et de l'instruction

Titre premier : Des autorités chargées de la conduite de la politique pénale, de l'action publique et de l'instruction

Article 11

Sauf dans le cas où la loi en dispose autrement et sans préjudice des droits de la défense, la procédure au cours de l'enquête et de l'instruction est secrète.

Toute personne qui concourt à cette procédure est tenue au secret professionnel dans les conditions et sous les peines des articles 226-13 et 226-14 du Code pénal.

Toutefois, afin d'éviter la propagation d'informations parcellaires ou inexactes ou pour mettre fin à un trouble à l'ordre public, le procureur de la République peut, d'office et à la demande de la juridiction d'instruction ou des parties, rendre publics des éléments objectifs tirés de la procédure ne comportant aucune appréciation sur le bien-fondé des charges retenues contre les personnes mises en cause.

Article 11-1

Sur autorisation du procureur de la République ou du juge d'instruction, selon les cas, peuvent être communiqués à des autorités ou organismes habilités à cette fin par arrêté du ministre de la Justice, pris le cas échéant après avis du ou des ministres intéressés, des éléments des procédures judiciaires en cours permettant de réaliser des recherches ou enquêtes scientifiques ou techniques, destinées notamment à prévenir la commission d'accidents, ou de faciliter l'indemnisation des victimes ou la prise en charge de la réparation de leur préjudice. Les agents de ces autorités ou organismes sont alors tenus au secret professionnel en ce qui concerne ces informations, dans les conditions et sous les peines des articles 226-13 et 226-14 du Code pénal.

Article 11-2

I.-Le ministère public peut informer par écrit l'administration des décisions suivantes rendues contre une personne qu'elle emploie, y compris à titre bénévole, lorsqu'elles concernent un crime ou un délit puni d'une peine d'emprisonnement : 1° La condamnation, même non définitive (Code de procédure pénale - dernière modification le 07 janvier 2017 - document généré le 09 janvier 2017Copyright (C) 2007-2017 Légifrance) 2° La saisine d'une juridiction de jugement par le procureur de la République ou par le juge d'instruction ; 3° La mise en examen.

Le ministère public ne peut procéder à cette information que s'il estime cette transmission nécessaire, en raison de la nature des faits ou des circonstances de leur commission, pour mettre fin ou prévenir un trouble à l'ordre public ou pour assurer la sécurité des personnes ou des biens. Le ministère public peut informer, dans les mêmes conditions, les personnes publiques, les personnes morales de droit privé chargées d'une mission de service public ou les ordres professionnels des décisions mentionnées de 1° à 3° du présent I prises à l'égard d'une personne dont l'activité professionnelle ou sociale est placée sous leur contrôle ou leur autorité.

II. Dans tous les cas, le ministère public informe sans délai la personne de sa décision de transmettre l'information prévue au I. L'information est transmise à l'administration, ou aux personnes ou aux ordres mentionnés au dernier alinéa du même I. Le ministère public notifie sans délai à l'administration, ou aux personnes ou aux ordres mentionnés au dernier alinéa dudit I, l'issue de la procédure et informe la personne concernée de cette notification. L'administration, ou la personne ou l'ordre mentionné au dernier alinéa du même I, qui est destinataire de l'information prévue au même I ne peut la communiquer qu'aux personnes compétentes pour faire cesser ou suspendre l'exercice de l'activité mentionnée aux premier et dernier alinéas du même I. Cette information est confidentielle. Sauf si l'information porte sur une condamnation prononcée publiquement et sous réserve de l'avant-dernier alinéa du présent II, toute personne qui en est destinataire est tenue au secret professionnel, sous les peines prévues à l'article 226-13 du Code pénal.

Toute personne en ayant eu connaissance est tenue au secret, sous les mêmes peines. Le fait justificatif prévu au 1° de l'article 226-14 du même code n'est pas applicable lorsque la personne mentionnée à ce même 1° a eu connaissance des faits par la transmission prévue au I du présent article.
III.- Les condamnations dont la mention au bulletin n° 2 du casier judiciaire a été exclue en application de l'article 775-1 du présent code ne peuvent être communiquées à l'initiative du ministère public, sauf en application du deuxième alinéa du II du présent article à la suite d'une première information transmise en application du I. Dans ce cas, l'information fait expressément état de la décision de ne pas mentionner la condamnation au bulletin n° 2 du casier judiciaire.
IV. Hors le cas où une décision prononçant une sanction a été légalement fondée sur l'information transmise par le ministère public, lorsque la procédure pénale s'est terminée par un non-lieu ou une décision de relaxe ou d'acquittement, l'administration, la personne ou l'ordre mentionné au dernier alinéa du I supprime l'information du dossier relatif à l'activité de la personne concernée.
V. Les modalités d'application du présent article sont déterminées par décret. Il précise les formes de la transmission par le ministère public de l'information, les modalités de transmission des décisions à l'issue des procédures et les modalités de suppression de l'information en application du IV.

Chapitre Ier : De la police judiciaire
Section 1 : Dispositions générales
Article 12
Code de procédure pénale - dernière modification le 07 janvier 2017 - document généré le 09 janvier 2017Copyright (C) 2007-2017 Légifrance. La police judiciaire est exercée, sous la direction du procureur de la République, par les officiers, fonctionnaires et agents désignés au présent titre.
Article 12-1
Le procureur de la République et le juge d'instruction ont le libre choix des formations auxquelles appartiennent les officiers de police judiciaire.
Article 13
La police judiciaire est placée, dans chaque ressort de cour d'appel, sous la surveillance du procureur général et sous le contrôle de la chambre de l'instruction conformément aux articles 224 et suivants.
Article 14
Elle est chargée, suivant les distinctions établies au présent titre, de constater les infractions à la loi pénale, d'en rassembler les preuves et d'en rechercher les auteurs tant qu'une information n'est pas ouverte. Lorsqu'une information est ouverte, elle exécute les délégations des juridictions d'instruction et défère à leurs réquisitions.

Article 15

La police judiciaire comprend :

1° Les officiers de police judiciaire ;

2° Les agents de police judiciaire et les agents de police judiciaire adjoints ;

3° Les fonctionnaires et agents auxquels sont attribuées par la loi certaines fonctions de police judiciaire.

Article 15-1

Les catégories de services ou unités dans lesquels les officiers et agents de police judiciaire visés aux sections II et III du présent chapitre exercent leurs fonctions habituelles, les modalités de création de ces services ou unités ainsi que leurs critères de compétence territoriale sont déterminés par décret en Conseil d'État pris sur le rapport du ministre de la Justice et du ministre intéressé. La compétence territoriale de ces services ou unités s'exerce, selon les distinctions prévues par ce décret, soit sur l'ensemble du Code de procédure pénale - dernière modification le 07 janvier 2017 - document généré le 09 janvier 2017Copyright (C) 2007-2017 Légifrance territoire national, soit sur une ou plusieurs zones de défense, ou parties de celles-ci, soit sur l'ensemble d'un département.

Article 15-2

Les enquêtes administratives relatives au comportement d'un officier ou d'un agent de police judiciaire dans l'exercice d'une mission de police judiciaire associent l'inspection générale des services judiciaires au service d'enquête compétent. Elles peuvent être ordonnées par le ministre de la Justice et sont alors dirigées par un magistrat.

Article 15-3

La police judiciaire est tenue de recevoir les plaintes déposées par les victimes d'infractions à la loi pénale et de les transmettre, le cas échéant, au service ou à l'unité de police judiciaire territorialement compétente. Tout dépôt de plainte fait l'objet d'un procès-verbal et donne lieu à la délivrance immédiate d'un récépissé à la victime. Si elle en fait la demande, une copie du procès-verbal lui est immédiatement remise.

Section 2 : Des officiers de police judiciaire

Article 16

Ont la qualité d'officier de police judiciaire :

1° Les maires et leurs adjoints ;

2° Les officiers et les gradés de la gendarmerie, les gendarmes comptant au moins trois ans de service dans la gendarmerie, nominativement désignés par arrêté des ministres de la Justice et de l'Intérieur, après avis conforme d'une commission ;

3° Les inspecteurs généraux, les sous-directeurs de police active, les contrôleurs généraux, les commissaires de police et les officiers de police ;

4° Les fonctionnaires du corps d'encadrement et d'application de la police nationale comptant au moins trois ans de service dans ce corps, nominativement désignés par arrêté des ministres de la Justice et de l'Intérieur, après avis conforme d'une commission. La composition de la commission prévue aux 2° et 4° est déterminée par un décret en Conseil d'État pris sur le rapport du ministre de la Justice et du ministre de l'Intérieur. Ont également la qualité d'officier de police judiciaire les personnes exerçant des fonctions de directeur ou sous-directeur de la police judiciaire et de directeur ou sous-directeur de la gendarmerie (Code de procédure pénale - dernière modification le 07 janvier 2017 - document généré le 09 janvier 2017Copyright (C) 2007-2017 Légifrance). Les fonctionnaires mentionnés aux 2° à 4° ci-dessus ne peuvent exercer effectivement les attributions attachées à leur qualité d'officier de police judiciaire ni se prévaloir de cette qualité que s'ils sont affectés à un emploi comportant cet exercice et en vertu d'une décision du procureur général près la cour d'appel les y habilitant personnellement. L'exercice de ces attributions est momentanément suspendu pendant le temps où ils participent, en unité constituée, à une opération de maintien de l'ordre. Toutefois, les fonctionnaires visés au 4° ne peuvent recevoir l'habilitation prévue à l'alinéa précédent que s'ils sont affectés soit dans un service ou une catégorie de service déterminée en application de l'article 15-1 et figurant sur une liste fixée par arrêté des ministres de la Justice et de l'Intérieur, soit, à titre exclusif, dans une formation d'un service mentionnée par le même arrêté. Les conditions d'octroi, de retrait et de suspension pour une durée déterminée de l'habilitation prévue par le précédent alinéa sont fixées par décret en Conseil d'État pris sur le rapport du ministre de la Justice et des ministres intéressés.

Article 16-1

Dans le mois qui suit la notification de la décision de refus, de suspension ou de retrait d'habilitation, l'officier de police judiciaire peut demander au procureur général de rapporter cette décision. Le procureur général doit statuer dans un délai d'un mois. À défaut, son silence vaut rejet de la demande.

Article 16-2

Dans le délai d'un mois à partir du rejet explicite ou implicite de la demande prévue à l'article précédent, l'officier de police judiciaire peut former un recours devant une commission composée de trois magistrats du siège de la Cour de cassation ayant le grade de président de chambre ou de conseiller. Ces magistrats sont désignés annuellement, en même temps que trois suppléants, par le bureau de la Cour de cassation. Les fonctions du ministère public sont remplies par le parquet général près la Cour de cassation.

Article 16-3

La commission statue par une décision motivée. Les débats ont lieu et la décision est rendue en chambre du conseil. Le débat est oral ; le requérant peut être entendu personnellement sur sa demande ou celle de son conseil ; il peut être assisté de son conseil. La procédure devant la commission est fixée par un décret en Conseil d'État.

Article 17

Les officiers de police judiciaire exercent les pouvoirs définis à l'article 14 ; ils reçoivent les plaintes et dénonciations ; ils procèdent à des enquêtes préliminaires dans les conditions prévues par les articles 75 à 78. Code de procédure pénale - Dernière modification le 07 janvier 2017 - Document généré le 09 janvier 2017Copyright (C) 2007-2017 Légifrance. En cas de crimes et délits flagrants, ils exercent les pouvoirs qui leur sont conférés par les articles 53 à 67. Ils ont le droit de requérir directement le concours de la force publique pour l'exécution de leur mission.

Article 18

Les officiers de police judiciaire ont compétence dans les limites territoriales où ils exercent leurs fonctions habituelles. Les officiers de police judiciaire, mis temporairement à disposition d'un service autre que celui dans lequel ils sont affectés, ont la même compétence. Les officiers de police judiciaire peuvent se transporter dans le ressort des tribunaux de grande instance territoriale que celle des officiers de police judiciaire du service d'accueil, limitrophe du tribunal ou des tribunaux auxquels ils sont rattachés, à l'effet d'y poursuivre leurs investigations et de procéder à des auditions, perquisitions et saisies. Pour l'application du présent alinéa, les ressorts des tribunaux de grande instance situés dans un même département sont considérés comme un seul et même ressort. Les ressorts des tribunaux de grande instance de Paris, Nanterre, Bobigny et Créteil sont considérés comme un seul et même ressort. Les officiers de police judiciaire peuvent, sur commission rogatoire expresse du juge d'instruction ou sur réquisitions du procureur de la République, prises au cours d'une enquête préliminaire ou d'une enquête de flagrance, procéder aux opérations prescrites par ces magistrats sur toute l'étendue du territoire national. Ils sont tenus d'être assistés d'un officier de police judiciaire territorialement compétent si le magistrat dont ils tiennent la commission ou la réquisition le décide. Le procureur de la République territorialement compétent en est informé par le magistrat ayant prescrit l'opération.

Avec l'accord des autorités compétentes de l'État concerné, les officiers de police judiciaire peuvent, sur commission rogatoire expresse du juge d'instruction ou sur réquisitions du procureur de la République, procéder à des auditions sur le territoire d'un État étranger. Les officiers ou agents de police judiciaire exerçant habituellement leur mission dans les véhicules affectés au transport collectif de voyageurs ou dans les lieux destinés à l'accès à ces moyens de transport sont compétents pour opérer sur l'étendue de la zone de défense de leur service d'affectation, dans des conditions déterminées par décret en Conseil d'État. Lorsque les réquisitions prises par le procureur de la République en application de l'article 78-7 le prévoient expressément, ces officiers ou agents de police judiciaire sont compétents pour les mettre en œuvre sur l'ensemble du trajet d'un véhicule de transport ferroviaire de voyageurs.

Article 19

Les officiers de police judiciaire sont tenus d'informer sans délai le procureur de la République des crimes, délits et contraventions dont ils ont connaissance. Dès la clôture de leurs opérations, ils doivent lui faire parvenir directement l'original ainsi qu'une copie des procès-verbaux qu'ils ont dressés ; tous actes et documents y relatifs lui sont en même temps adressés ; les objets saisis sont mis à sa disposition. Les procès-verbaux doivent énoncer la qualité d'officier de police judiciaire de leur rédacteur (Code de procédure pénale - dernière modification le 07 janvier 2017 - document généré le 09 janvier 2017Copyright (C) 2007-2017 Légifrance). Le procureur de la République peut autoriser que les procès-verbaux, actes et documents lui soient transmis sous forme électronique.

Article 19-1

La notation par le procureur général de l'officier de police judiciaire habilité est prise en compte pour toute décision d'avancement.

Section 3 : Des agents de police judiciaire

Article 20

Sont agents de police judiciaire :

1° Les élèves-gendarmes affectés en unité opérationnelle et les gendarmes n'ayant pas la qualité d'officier de police judiciaire ;

2° Les fonctionnaires des services actifs de la police nationale, titulaires et stagiaires, n'ayant pas la qualité d'officier de police judiciaire ;

3° (Abrogé) ;

4° (Abrogé) ;

5° (Abrogé).

Toutefois, les fonctionnaires et militaires mentionnés aux 1° et 2° ne peuvent exercer effectivement les attributions attachées à leur qualité d'agent de police judiciaire et se prévaloir de cette qualité que s'ils sont affectés à un emploi comportant cet exercice ; l'exercice de ces attributions est momentanément suspendu pendant le temps où ils participent, en unité constituée, à une opération de maintien de l'ordre. Les agents de police judiciaire ont pour mission de :

- seconder, dans l'exercice de leurs fonctions, les officiers de police judiciaire ;
- constater les crimes, délits ou contraventions et d'en dresser procès-verbal ;
- recevoir par procès-verbal les déclarations qui leur sont faites par toutes personnes susceptibles de leur fournir des indices, preuves et renseignements sur les auteurs et complices de ces infractions. Les agents de police judiciaire n'ont pas qualité pour décider des mesures de garde à vue.

Article 20-1

Les fonctionnaires de la police nationale et les militaires de la gendarmerie nationale à la retraite ayant eu durant leur activité la qualité d'officier ou d'agent de police judiciaire peuvent bénéficier de la qualité (Code de procédure pénale - dernière modification le 07 janvier 2017 - document généré le 09 janvier 2017Copyright (C) 2007-2017 Légifrance) d'agent de police judiciaire lorsqu'ils sont appelés au titre de la réserve civile de la police nationale ou au titre de la réserve opérationnelle de la gendarmerie nationale. Un décret en Conseil d'État fixe les conditions d'application du présent article. Il précise les conditions d'expérience et les qualités requises pour bénéficier de la qualité d'agent de police judiciaire au titre du présent article. Sont agents de police judiciaire adjoints :

Article 21

1° Les fonctionnaires des services actifs de police nationale ne remplissant pas les conditions prévues par l'article 20 ;

1° bis : Les volontaires servant en qualité de militaires dans la gendarmerie et les militaires servant au titre de la réserve opérationnelle de la gendarmerie nationale ne remplissant pas les conditions prévues par l'article20-1 ;

1° ter : Les adjoints de sécurité mentionnés à l'article 36 de la loi n° 95-73 du 21 janvier 1995 d'orientation et de programmation relative à la sécurité ;

1° quater : Les agents de surveillance de Paris ;

1° quinquies (Abrogé) ;

1° sexies : Les membres de la réserve civile de la police nationale qui ne remplissent pas les conditions prévues à l'article 20-1 ;

2° Les agents de police municipale ;

3° Les gardes champêtres, lorsqu'ils agissent pour l'exercice des attributions fixées au dernier alinéa de l'article L. 2213-18 du code général des collectivités territoriales.

Ils ont pour mission :

De seconder, dans l'exercice de leurs fonctions, les officiers de police judiciaire ;

De rendre compte à leurs chefs hiérarchiques de tous crimes, délits ou contraventions dont ils ont connaissance ;

De constater, en se conformant aux ordres de leurs chefs, les infractions à la loi pénale et de recueillir tous les renseignements en vue de découvrir les auteurs de ces infractions, le tout dans le cadre et dans les formes prévues par les lois organiques ou spéciales qui leur sont propres ;

De constater par procès-verbal les contraventions aux dispositions du Code de la route dont la liste est fixée par décret en Conseil d'État. Lorsqu'ils constatent une infraction par procès-verbal, les agents de police judiciaire adjoints peuvent recueillir les éventuelles observations du contrevenant.

Article 21-1

Code de procédure pénale - Dernière modification le 07 janvier 2017 - Document généré le 09 janvier 2017Copyright (C) 2007-2017 Légifrance

Les agents de police judiciaire et agents de police judiciaire adjoints ont compétence dans les limites territoriales où ils exercent leurs fonctions habituelles ainsi que dans celles où l'officier de police judiciaire responsable du service de la police nationale ou de l'unité de gendarmerie auprès duquel ils ont été nominativement mis à disposition temporaire exerce ses fonctions. Lorsqu'ils secondent un officier de police judiciaire, ils ont compétence dans les limites territoriales où ce dernier exerce ses attributions en application des dispositions de l'article 18

Article 21-2

Sans préjudice de l'obligation de rendre compte au maire qu'ils tiennent de l'article 21, les agents de police municipale rendent compte immédiatement à tout officier de police judiciaire de la police nationale ou de la gendarmerie nationale territorialement compétent de tous crimes, délits ou contraventions dont ils ont connaissance. Ils adressent sans délai leurs rapports et procès-verbaux simultanément au maire et, par l'intermédiaire des officiers de police judiciaire mentionnés à l'alinéa précédent, au procureur de la République.

Section 4 : Des fonctionnaires et agents chargés de certaines fonctions de police judiciaire

Paragraphe 1er : Des fonctionnaires et agents habilités à rechercher les infractions forestières

Article 22

Les agents des services de l'État chargés des forêts, les agents en service à l'Office national des forêts ainsi que ceux de l'établissement public du domaine national de Chambord, commissionnés à raison de leurs compétences en matière forestière et assermentés à cet effet, les gardes champêtres et les agents de police municipale exercent leurs pouvoirs de police judiciaire conformément au chapitre Ier du titre VI du livre Ier du code forestier.

Article 23

Les personnes mentionnées à l'article 22 peuvent être requises par le procureur de la République, le juge d'instruction et les officiers de police judiciaire afin de leur prêter assistance.

Article 24

Code de procédure pénale - dernière modification le 07 janvier 2017 - document généré le 09 janvier 2017Copyright (C) 2007-2017 Légifrance.

Outre les compétences mentionnées à l'article 22 du présent code et à l'article L. 521-1 du code de la sécurité intérieure, les gardes champêtres recherchent et constatent par procès-verbal les délits et contraventions qui portent atteinte aux propriétés situées dans les communes pour lesquelles ils sont assermentés, dans les mêmes conditions que celles énoncées, en matière d'infractions forestières, aux articles L. 161-14 à L. 161-18 du code forestier ainsi que, en matière environnementale, à l'article L. 172-8 du code de l'environnement.

Article 27

Les gardes champêtres adressent leurs rapports et leurs procès-verbaux simultanément au maire et, par l'intermédiaire des officiers de police judiciaire de la police ou de la gendarmerie nationales territorialement compétents, au procureur de la République. Cet envoi au destinataire doit avoir lieu dans les cinq jours au plus tard, y compris celui où ils ont constaté le fait, objet de leur procès-verbal.

Paragraphe 2 : Des fonctionnaires et agents des administrations et services publics

Article 28

Les fonctionnaires et agents des administrations et services publics auxquels des lois spéciales attribuent certains pouvoirs de police judiciaire exercent ces pouvoirs dans les conditions et dans les limites fixées par ces lois. Lorsque ces fonctionnaires et agents sont autorisés à procéder à des auditions, l'article 61-1 est applicable dès lors qu'il existe à l'égard de la personne entendue des raisons plausibles de soupçonner qu'elle a commis ou tenté de commettre une infraction.

Article 28-1

I.-Des agents des douanes de catégories A et B, spécialement désignés par arrêté des ministres chargés de la Justice et du Budget, pris après avis conforme d'une commission dont la composition et le fonctionnement sont déterminés par décret en Conseil d'État, peuvent être habilités à effectuer des enquêtes judiciaires sur réquisition du procureur de la République ou sur commission rogatoire du juge d'instruction. Ces agents ont, pour l'exercice des missions prévues par le présent article, compétence sur l'ensemble du territoire national. Ils sont compétents pour rechercher et constater :

1° Les infractions prévues par le code des douanes ;

2° Les infractions en matière de contributions indirectes, d'escroquerie sur la taxe sur la valeur ajoutée et de vols de biens culturels ;

3° Les infractions relatives à la protection des intérêts financiers de l'Union européenne ;

4° Les infractions prévues par les articles L. 2339-1 à L. 2339-11, L. 2344-7 et L. 2353-13 du code de la défense ;

5° Les infractions prévues par les articles 324-1 à 324-9 du Code pénal ;

5° bis : Les délits d'association de malfaiteurs prévus à l'article 450-1 du Code pénal, lorsqu'ils ont pour objet la préparation de l'une des infractions mentionnées aux 1° à 5° et 6° à 8° du présent I ;

6° Les infractions prévues au code de la propriété intellectuelle ;

7° Les infractions prévues aux articles 56 et 57 de la loi n° 2010-476 du 12 mai 2010 relative à l'ouverture à la concurrence et à la régulation du secteur des jeux d'argent et de hasard en ligne ;
8° Les infractions connexes aux infractions visées aux 1° à 7°.
Toutefois, sous réserve des dispositions du II, ils n'ont pas compétence en matière de trafic de stupéfiants.
II.-Pour la recherche et la constatation des infractions prévues par les articles 222-34 à222-40, par le 6°de l'article 421-1 ainsi que par l'article 421-2-2 du Code pénal et des infractions qui leur sont connexes, le procureur de la République ou le juge d'instruction territorialement compétent peut constituer des unités temporaires composées d'officiers de police judiciaire et d'agents des douanes pris parmi ceux mentionnés au I. Le procureur de la République ou le juge d'instruction désigne le chef de chaque unité qu'il constitue. Les unités temporaires agissent sous la direction du procureur de la République ou du juge d'instruction mandant, conformément aux dispositions du présent code. Elles ont compétence sur toute l'étendue du territoire national.
III. (Abrogé).
IV. Les agents des douanes désignés dans les conditions prévues au I doivent, pour mener des enquêtes judiciaires et recevoir des commissions rogatoires, y être habilités personnellement en vertu d'une décision du procureur général. La décision d'habilitation est prise par le procureur général près la cour d'appel du siège de leur fonction. Elle est accordée, suspendue ou retirée dans des conditions fixées par décret en Conseil d'État. Dans le mois qui suit la notification de la décision de suspension ou de retrait de l'habilitation, l'agent concerné peut demander au procureur général de rapporter cette décision. Le procureur général doit statuer dans un délai d'un mois. À défaut, son silence vaut rejet de la demande. Dans un délai d'un mois à partir du rejet de la demande, l'agent concerné peut former un recours devant la commission prévue à l'article 16-2. La procédure applicable devant cette commission est celle prévue par l'article 16-3 et ses textes d'application.
V. Pour l'exercice des missions mentionnées aux I et II, les agents des douanes sont placés sous la direction du procureur de la République, sous la surveillance du procureur général et sous le contrôle de la chambre de l'instruction du siège de leur fonction dans les conditions prévues par les articles 224 à 230.
VI. Lorsque, sur réquisition du procureur de la République ou sur commission rogatoire d'un juge d'instruction, les agents des douanes mentionnés aux I et II procèdent à des enquêtes judiciaires, ils disposent des mêmes prérogatives et obligations que celles attribuées aux officiers de police judiciaire, y compris (Code de procédure pénale - Dernière modification le 07 janvier 2017 - Document généré le 09 janvier 2017Copyright (C) 2007-2017 Légifrance) lorsque ces prérogatives et obligations sont confiées à des services ou unités de police ou de

gendarmerie spécialement désignés. Ces agents sont autorisés à déclarer comme domicile l'adresse du siège du service dont ils dépendent. Ils peuvent être assistés par les personnes mentionnées aux articles 706 et 706-2 agissant sur délégation des magistrats. Par dérogation à la règle fixée au 2 de l'article 343 du code des douanes, l'action pour l'application des sanctions fiscales peut être exercée par le ministère public, en vue de l'application des dispositions du présent article.

VII. Les agents des douanes mentionnés aux I et II sont placés sous la direction administrative d'un magistrat de l'ordre judiciaire selon des modalités fixées par décret en Conseil d'État.

VIII. Les agents de l'administration des douanes mentionnés aux I et II ne peuvent, à peine de nullité, exercer d'autres attributions ou accomplir d'autres actes que ceux prévus par le présent code dans le cadre des faits dont ils sont saisis par l'autorité judiciaire.

Article 28-2

I.- Des agents des services fiscaux de catégories A et B, spécialement désignés par arrêté des ministres chargés de la Justice et du Budget, pris après avis conforme d'une commission dont la composition et le fonctionnement sont déterminés par décret en Conseil d'État, peuvent être habilités à effectuer des enquêtes judiciaires sur réquisition du procureur de la République ou sur commission rogatoire du juge d'instruction. Ces agents ont compétence pour rechercher et constater, sur l'ensemble du territoire national, les infractions prévues par les articles 1741 et 1743 du code général des impôts et le blanchiment de ces infractions lorsqu'il existe des présomptions caractérisées que les infractions prévues par ces articles résultent d'une des conditions prévues aux 1° à 5° de l'article L. 228 du livre des procédures fiscales, ainsi que les infractions qui leur sont connexes.

II.- Les agents des services fiscaux désignés dans les conditions prévues au I doivent, pour mener des enquêtes judiciaires et recevoir des commissions rogatoires, y être habilités personnellement en vertu d'une décision du procureur général. La décision d'habilitation est prise par le procureur général près la cour d'appel du siège de leur fonction. Elle est accordée, suspendue ou retirée dans des conditions fixées par décret en Conseil d'État. Dans le mois qui suit la notification de la décision de suspension ou de retrait de l'habilitation, l'agent concerné peut demander au procureur général de rapporter cette décision. Le procureur général doit statuer dans un délai d'un mois. À défaut, son silence vaut rejet de la demande. Dans un délai d'un mois à partir du rejet de la demande, l'agent concerné peut former un recours devant la commission prévue à l'article 16-2 du présent code. La procédure applicable devant cette commission est celle prévue par l'article 16-3 et ses textes d'application.

III. - Les agents des services fiscaux habilités dans les conditions prévues au II sont placés exclusivement sous la direction du procureur de la République, sous la surveillance du procureur général et sous le contrôle de la chambre de l'instruction dans les conditions prévues par les articles 224 à 230. Ils sont placés au sein du ministère de l'Intérieur. Code de procédure pénale - dernière modification le 07 janvier 2017 - document généré le 09 janvier 2017Copyright (C) 2007-2017 Légifrance.

IV.-Lorsque, sur réquisition du procureur de la République ou sur commission rogatoire d'un juge d'instruction, les agents des services fiscaux habilités dans les conditions prévues au II du présent article procèdent à des enquêtes judiciaires, ils disposent des mêmes prérogatives et obligations que celles attribuées aux officiers de police judiciaire. Ces agents sont autorisés à déclarer comme domicile l'adresse du siège du service dont ils dépendent.

V.-Les agents des services fiscaux habilités dans les conditions prévues au II du présent article ne peuvent, à peine de nullité, exercer d'autres attributions ou accomplir d'autres actes que ceux prévus par le présent code dans le cadre des faits dont ils sont saisis par le procureur de la République ou toute autre autorité judiciaire.

VI.- Les agents des services fiscaux habilités dans les conditions prévues au II ne peuvent participer à une procédure de contrôle de l'impôt prévue par le livre des procédures fiscales pendant la durée de leur habilitation. Ils ne peuvent effectuer des enquêtes judiciaires dans le cadre des faits pour lesquels ils ont participé à une procédure de contrôle de l'impôt avant d'être habilités à effectuer des enquêtes. Ils ne peuvent, même après la fin de leur habilitation, participer à une procédure de contrôle de l'impôt dans le cadre des faits dont ils avaient été saisis par le procureur de la République ou toute autre autorité judiciaire au titre de leur habilitation.

Paragraphe 3 : Des gardes particuliers assermentés

Article 29

Les gardes particuliers assermentés constatent par procès-verbaux tous délits et contraventions portant atteinte aux propriétés dont ils ont la garde. Les procès-verbaux sont remis ou envoyés par lettre recommandée directement au procureur de la République. Cet envoi doit avoir lieu, à peine de nullité, dans les cinq jours suivant celui de la constatation du fait, objet de leur procès-verbal.

Article 29-1

Les gardes particuliers mentionnés à l'article 29 sont commissionnés par le propriétaire ou tout autre titulaire de droits sur la propriété qu'ils sont chargés de surveiller. Ils doivent être agréés par le préfet du département dans lequel se situe la propriété désignée dans la commission. Ne peuvent être agréés comme gardes particuliers :

1° Les personnes dont le comportement est incompatible avec l'exercice de ces fonctions, en particulier si elles ne remplissent pas les conditions de moralité et d'honorabilité requises, au vu notamment des mentions portées au bulletin n° 2 de leur casier judiciaire ou dans les traitements automatisés de données personnelles mentionnés à l'article 230-6 ;

2° Les personnes qui ne remplissent pas les conditions d'aptitude technique, fixées par décret en Conseil d'État, qui sont exigées pour l'exercice de leurs fonctions ;
3° Les agents mentionnés aux articles 15 (1° et 2°) et 22 ; Code de procédure pénale - dernière modification le 07 janvier 2017 - document généré le 09 janvier 2017 Copyright (C) 2007-2017 Légifrance ;
4° Les personnes membres du conseil d'administration de l'association qui les commissionne, ainsi que les propriétaires ou titulaires de droits réels sur les propriétés gardées. Les conditions d'application du présent article, notamment les modalités d'obtention de l'agrément, les conditions dans lesquelles celui-ci peut être suspendu ou retiré, les conditions d'assermentation des gardes particuliers, les principaux éléments de leur tenue ainsi que les conditions d'exercice de leurs missions, sont déterminées par décret en Conseil d'État.

Chapitre Ier bis : Des attributions du garde des sceaux, ministre de la Justice

Article 30

Le ministre de la Justice conduit la politique pénale déterminée par le Gouvernement. Il veille à la cohérence de son application sur le territoire de la République.
À cette fin, il adresse aux magistrats du ministère public des instructions générales.
Il ne peut leur adresser aucune instruction dans des affaires individuelles.
Chaque année, il publie un rapport sur l'application de la politique pénale déterminée par le Gouvernement, précisant les conditions de mise en œuvre de cette politique et des instructions générales adressées en application du deuxième alinéa. Ce rapport est transmis au Parlement. Il peut donner lieu à un débat à l'Assemblée nationale et au Sénat.

Chapitre II : Du ministère public

Section 1 : Dispositions générales

Article 31

Le ministère public exerce l'action publique et requiert l'application de la loi, dans le respect du principe d'impartialité auquel il est tenu.

Article 32

Il est représenté auprès de chaque juridiction répressive. Il assiste aux débats des juridictions de jugement ; toutes les décisions sont prononcées en sa présence. Il assure l'exécution des décisions de justice. Code de procédure pénale - dernière modification le 07 janvier 2017 - document généré le 09 janvier 2017Copyright (C) 2007-2017 Légifrance.

Article 33

Il est tenu de prendre des réquisitions écrites conformes aux instructions qui lui sont données dans les conditions prévues aux articles 36, 37 et 44. Il développe librement les observations orales qu'il croit convenables au bien de la justice.

Section 2 : Des attributions du procureur général près la cour d'appel

Article 34

Le procureur général représente en personne ou par ses substituts le ministère public auprès de la cour d'appel et auprès de la cour d'assises instituée au siège de la cour d'appel. Il peut, dans les mêmes conditions, représenter le ministère public auprès des autres cours d'assises du ressort de la cour d'appel.

Article 35

Le procureur général veille à l'application de la loi pénale dans toute l'étendue du ressort de la cour d'appel et au bon fonctionnement des parquets de son ressort.

Il anime et coordonne l'action des procureurs de la République, tant en matière de prévention que de répression des infractions à la loi pénale. Il précise et, le cas échéant, adapte les instructions générales du ministre de la Justice au contexte propre au ressort. Il procède à l'évaluation de leur application par les procureurs de la République. Outre les rapports particuliers qu'il établit soit d'initiative, soit sur demande du ministre de la Justice, le procureur général adresse à ce dernier un rapport annuel de politique pénale sur l'application de la loi et des instructions générales ainsi qu'un rapport annuel sur l'activité et la gestion des parquets de son ressort. Il informe, au moins une fois par an, l'assemblée des magistrats du siège et du parquet des conditions de mise en œuvre, dans le ressort, de la politique pénale et des instructions générales adressées à cette fin par le ministre de la Justice en application du deuxième alinéa de l'article 30. Le procureur général a, dans l'exercice de ses fonctions, le droit de requérir directement la force publique.

Article 36

Code de procédure pénale - dernière modification le 07 janvier 2017 - document généré le 09 janvier 2017Copyright (C) 2007-2017 Légifrance. Le procureur général peut enjoindre aux procureurs de la République, par instructions écrites et versées au dossier de la procédure, d'engager ou de faire engager des poursuites ou de saisir la juridiction compétente de telles réquisitions écrites que le procureur général juge opportunes.

Article 37

Le procureur général a autorité sur tous les officiers du ministère public du ressort de la cour d'appel.

Article 38

Les officiers et agents de police judiciaire sont placés sous la surveillance du procureur général. Il peut les charger de recueillir tous renseignements qu'il estime utiles à une bonne administration de la justice.

Section 3 : Des attributions du procureur de la République

Article 39

Le procureur de la République représente en personne ou par ses substituts le ministère public près le tribunal de grande instance. Il représente également en personne ou par ses substituts le ministère public auprès de la cour d'assises instituée au siège du tribunal. Il représente de même, en personne ou par ses substituts, le ministère public auprès du tribunal de police dans les conditions fixées par l'article 45 du présent code.

Article 39-1

En tenant compte du contexte propre à son ressort, le procureur de la République met en œuvre la politique pénale définie par les instructions générales du ministre de la Justice, précisées et, le cas échéant, adaptées par le procureur général. Outre les rapports particuliers qu'il établit soit par son initiative, soit sur demande du procureur général, le procureur de la République adresse à ce dernier un rapport annuel de politique pénale sur l'application de la loi et des instructions générales ainsi qu'un rapport annuel sur l'activité et la gestion de son parquet. Il informe, au moins une fois par an, l'assemblée des magistrats du siège et du parquet des conditions de mise en œuvre, dans le ressort, de la politique pénale et des instructions générales adressées à cette fin par le ministre de la Justice en application du deuxième alinéa de l'article 30.

Article 39-2

Dans le cadre de ses attributions en matière d'alternative aux poursuites, de mise en mouvement et d'exercice de l'action publique, de direction de la police judiciaire, de contrôle d'identité et d'exécution des peines, le procureur de la République veille à la prévention des infractions à la loi pénale. À cette fin, il anime et coordonne dans le ressort du tribunal de grande instance la politique de prévention de la délinquance dans sa composante judiciaire, conformément aux orientations nationales de cette politique déterminées par l'Etat, telles que précisées par le procureur général en application de l'article 35. Il est également consulté par le représentant de l'État dans le département avant que ce dernier n'arrête le plan de prévention de la délinquance.

Article 39-3

Dans le cadre de ses attributions de direction de la police judiciaire, le procureur de la République peut adresser des instructions générales ou particulières aux enquêteurs. Il contrôle la légalité des moyens mis en œuvre par ces derniers, la proportionnalité des actes d'investigation au regard de la nature et de la gravité des faits, l'orientation donnée à l'enquête ainsi que la qualité de celle-ci. Il veille à ce que les investigations tendent à la manifestation de la vérité et qu'elles soient accomplies à charge et à décharge, dans le respect des droits de la victime, du plaignant et de la personne suspectée.

Article 40

Le procureur de la République reçoit les plaintes et les dénonciations et apprécie la suite à leur donner conformément aux dispositions de l'article 40-1. Toute autorité constituée, tout officier public ou fonctionnaire qui, dans l'exercice de ses fonctions, acquiert la connaissance d'un crime ou d'un délit est tenu d'en donner avis sans délai au procureur de la République et de transmettre à ce magistrat tous les renseignements, procès-verbaux et actes qui y sont relatifs.

Article 40-1

Lorsqu'il estime que les faits qui ont été portés à sa connaissance en application des dispositions de l'article 40 constituent une infraction commise par une personne dont l'identité et le domicile sont connus et pour laquelle aucune disposition légale ne fait obstacle à la mise en mouvement de l'action publique, le procureur de la République territorialement compétent décide s'il est opportun :

1° Soit d'engager des poursuites ;

2° Soit de mettre en œuvre une procédure alternative aux poursuites en application des dispositions des articles 41-1, 41-1-2 ou 41-2 ;

3° Soit de classer sans suite la procédure dès lors que les circonstances particulières liées à la commission des faits le justifient.

Article 40-2

Le procureur de la République avise les plaignants et les victimes si elles sont identifiées, ainsi que les personnes ou autorités mentionnées au deuxième alinéa de l'article 40, des poursuites ou des mesures alternatives aux poursuites qui ont été décidées à la suite de leur plainte ou de leur signalement. Lorsqu'il décide de classer sans suite la procédure, il les avise également de sa décision en indiquant les raisons juridiques ou d'opportunité qui la justifient.

Article 40-3

Toute personne ayant dénoncé des faits au procureur de la République peut former un recours auprès du procureur général contre la décision de classement sans suite prise à la suite de cette dénonciation. Le procureur général peut, dans les conditions prévues à l'article 36, enjoindre au procureur de la République d'engager des poursuites. S'il estime le recours infondé, il en informe l'intéressé.

Article 40-4

Lorsque la victime souhaite se constituer partie civile et demande la désignation d'un avocat après avoir été informée de ce droit, en application du 3° de l'article 10-2, le procureur de la République, avisé par l'officier ou l'agent de police judiciaire, s'il décide de mettre l'action publique en mouvement, en informe sans délai le bâtonnier de l'ordre des avocats. Dans le cas contraire, il indique à la victime, en l'avisant du classement de sa plainte, qu'elle peut directement adresser sa demande de désignation auprès du bâtonnier si elle maintient son intention d'obtenir la réparation de son préjudice.

Article 40-4-1

La victime qui souhaite se constituer partie civile peut déclarer :

1° Une adresse personnelle ;

2° L'adresse d'un tiers, sous réserve de l'accord exprès de celui-ci.

Elle est avisée qu'elle doit signaler au procureur de la République, par lettre recommandée avec demande d'avis de réception, tout changement de l'adresse déclarée. Elle est également avisée que toute notification faite à la dernière adresse déclarée sera réputée faite à sa personne. Faute par elle d'avoir déclaré un changement d'adresse, la partie civile ne peut opposer le défaut de notification des actes qui auraient dû lui être notifiés aux termes de la loi. Code de procédure pénale - dernière modification le 07 janvier 2017 - document généré le 09 janvier 2017Copyright (C) 2007-2017 Légifrance.

Article 40-5

En cas d'évasion d'une personne, le procureur de la République informe sans délai de cette évasion la victime des faits ayant entraîné la détention ou sa famille, dès lors que cette évasion est susceptible de leur faire courir un risque et sauf s'il ne paraît pas opportun de communiquer cette information au regard du risque qu'elle pourrait entraîner pour l'auteur des faits.

Article 41

Le procureur de la République procède ou fait procéder à tous les actes nécessaires à la recherche et à la poursuite des infractions à la loi pénale. À cette fin, il dirige l'activité des officiers et agents de la police judiciaire dans le ressort de son tribunal. Il peut, en outre, requérir tout officier de police judiciaire, sur l'ensemble du territoire national, de procéder aux actes d'enquête qu'il estime nécessaires dans les lieux où chacun d'eux est territorialement compétent. Le procureur de la République contrôle les mesures de garde à vue. Il visite les locaux de garde à vue chaque fois qu'il l'estime nécessaire et au moins une fois par an ; il tient à cet effet un registre répertoriant le nombre et la fréquence des contrôles effectués dans ces différents locaux. Il adresse au procureur général un rapport concernant les mesures de garde à vue et l'état des locaux de garde à vue de son ressort ; ce rapport est transmis au garde des sceaux. Le garde des sceaux rend compte de l'ensemble des informations ainsi recueillies dans un rapport annuel qui est rendu public. Il a tous les pouvoirs et prérogatives attachés à la qualité d'officier de police judiciaire prévus par la section II du chapitre Ier du titre Ier du présent livre, ainsi que par des lois spéciales. Il peut se transporter dans toute l'étendue du territoire national. Il peut également, dans le cadre d'une demande d'entraide adressée à un État étranger et avec l'accord des autorités compétentes de l'État concerné, se transporter sur le territoire d'un État étranger aux fins de procéder à des auditions. En cas d'infractions flagrantes, il exerce les pouvoirs qui lui sont attribués par l'article 68. Le procureur de la

République peut également requérir, suivant les cas, une personne habilitée dans les conditions prévues au sixième alinéa de l'article 81 ou, en cas d'impossibilité matérielle, le service pénitentiaire d'insertion et de probation de vérifier la situation matérielle, familiale et sociale d'une personne faisant l'objet d'une enquête et de l'informer sur les mesures propres à favoriser l'insertion sociale de l'intéressé.
Ces diligences doivent être prescrites avant toute réquisition de placement en détention provisoire, en cas de poursuites contre un majeur âgé de moins de vingt et un ans au moment de la commission de l'infraction, lorsque la peine encourue n'excède pas cinq ans d'emprisonnement, et en cas de poursuites selon la procédure de comparution immédiate prévue aux articles 395 à 397-6 ou selon la procédure de comparution sur reconnaissance préalable de culpabilité prévue aux articles 495-7 à 495-13.

Article 41-1

S'il lui apparaît qu'une telle mesure est susceptible d'assurer la réparation du dommage causé à la victime, de mettre fin au trouble résultant de l'infraction ou de contribuer au reclassement de l'auteur des faits, le procureur de la République peut, préalablement à sa décision sur l'action publique, directement ou par l'intermédiaire d'un officier de police judiciaire, d'un délégué ou d'un médiateur du procureur de la République :
1° Procéder au rappel auprès de l'auteur des faits des obligations résultant de la loi ;
2° Orienter l'auteur des faits vers une structure sanitaire, sociale ou professionnelle ; cette mesure peut consister dans l'accomplissement par l'auteur des faits, à ses frais, d'un stage ou d'une formation dans un service ou un organisme sanitaire, social ou professionnel, et notamment d'un stage de citoyenneté, d'un stage de responsabilité parentale, d'un stage de sensibilisation à la lutte contre l'achat d'actes sexuels, d'un stage de responsabilisation pour la prévention et la lutte contre les violences au sein du couple et sexistes ou d'un stage de sensibilisation aux dangers de l'usage de produits stupéfiants ; en cas d'infraction commise à l'occasion de la conduite d'un véhicule terrestre à moteur, cette mesure peut consister dans l'accomplissement, par l'auteur des faits, à ses frais, d'un stage de sensibilisation à la sécurité routière ;
3° Demander à l'auteur des faits de régulariser sa situation au regard de la loi ou des règlements ;
4° Demander à l'auteur des faits de réparer le dommage résultant de ceux-ci ;
5° Faire procéder, à la demande ou avec l'accord de la victime, à une mission de médiation entre l'auteur des faits et la victime. En cas de réussite de la médiation, le procureur de la République ou le médiateur du procureur de la République en dresse procès-verbal, qui est signé par lui-même et par les parties, et dont une, copie leur est remise ; si l'auteur des faits s'est engagé à verser des dommages et intérêts à la victime, celle-ci peut, au vu de ce procès-verbal, en demander le recouvrement suivant la procédure

d'injonction de payer, conformément aux règles prévues par le code de procédure civile. Lorsque des violences ont été commises par le conjoint ou l'ancien conjoint de la victime, son partenaire lié par un pacte civil de solidarité ou son ancien partenaire, son concubin ou son ancien concubin, il n'est procédé à la mission de médiation que si la victime en a fait expressément la demande. Dans cette hypothèse, l'auteur des violences fait également l'objet d'un rappel à la loi en application du 1° du présent article. Lorsque, après le déroulement d'une mission de médiation entre l'auteur des faits et la victime, de nouvelles violences sont commises par le conjoint ou l'ancien conjoint de la victime, son partenaire lié par un pacte civil de solidarité ou son ancien partenaire, son concubin ou son ancien concubin, il ne peut être procédé à une nouvelle mission de médiation. Dans ce cas, sauf circonstances particulières, le procureur de la République met en œuvre une composition pénale ou engage des poursuites ;

6° En cas d'infraction commise soit contre son conjoint, son concubin ou son partenaire lié par un pacte civil de solidarité, soit contre ses enfants ou ceux de son conjoint, concubin ou partenaire, demander à l'auteur des faits de résider hors du domicile ou de la résidence du couple et, le cas échéant, de s'abstenir de paraître dans ce domicile ou cette résidence ou aux abords immédiats de celui-ci, ainsi que, si nécessaire, de faire l'objet d'une prise en charge sanitaire, sociale ou psychologique ; les dispositions du présent 6° sont également applicables lorsque l'infraction est commise par l'ancien conjoint ou concubin de la victime, ou (Code de procédure pénale - dernière modification le 07 janvier 2017 – document généré le 09 janvier 2017Copyright (C) 2007-2017 Légifrance) par la personne ayant été liée à elle par un pacte civil de solidarité, le domicile concerné étant alors celui de la victime. Pour l'application du présent 6°, le procureur de la République recueille ou fait recueillir, dans les meilleurs délais et par tous moyens l'avis de la victime sur l'opportunité de demander à l'auteur des faits de résider hors du logement du couple. Sauf circonstances particulières, cette mesure est prise lorsque sont en cause des faits de violences susceptibles d'être renouvelés et que la victime la sollicite. Le procureur de la République peut préciser les modalités de prise en charge des frais afférents à ce logement pendant une durée qu'il fixe et qui ne peut excéder six mois. La procédure prévue au présent article suspend la prescription de l'action publique. En cas de non-exécution de la mesure en raison du comportement de l'auteur des faits, le procureur de la République, sauf élément nouveau, met en œuvre une composition pénale ou engage des poursuites.

Article 41-1-1

I. L'officier de police judiciaire peut, tant que l'action publique n'a pas été mise en mouvement et sur autorisation du procureur de la République, transiger avec les personnes physiques et les personnes morales sur la poursuite :

1° Des contraventions prévues par le Code pénal, à l'exception des contraventions des quatre premières classes pour lesquelles l'action publique est éteinte par le paiement d'une amende forfaitaire en application de l'article 529 ;
2° Des délits prévus par le Code pénal et punis d'une peine d'amende ;
3° Des délits prévus par le même code et punis d'un an d'emprisonnement au plus, à l'exception du délit d'outrage prévu au deuxième alinéa de l'article 433-5 dudit code ;
4° (Contraire à la Constitution) ;
5° Du délit prévu à l'article L. 3421-1 du code de la santé publique ;
6° Du délit prévu au premier alinéa de l'article L. 126-3 du code de la construction et de l'habitation. Lorsque le procureur de la République autorise le recours à la transaction en application du présent article, l'officier de police judiciaire peut soumettre l'auteur de l'infraction, compte tenu de ses ressources et de ses charges, à l'obligation de consigner une somme d'argent, en vue de garantir le paiement de l'amende mentionnée au 1° du II ou, le cas échéant, de l'amende prononcée en cas de poursuites et de condamnation dans les conditions prévues au dernier alinéa du III.

La transaction autorisée par le procureur de la République, proposée par l'officier de police judiciaire et acceptée par l'auteur de l'infraction est homologuée par le président du tribunal de grande instance ou par un juge, par lui désigné, après avoir entendu, s'il y a lieu, l'auteur de l'infraction assisté, le cas échéant, par son avocat.

II. La proposition de transaction est déterminée en fonction des circonstances et de la gravité de l'infraction, de la personnalité et de la situation matérielle, familiale et sociale de son auteur ainsi que de ses ressources et de ses charges. Elle fixe :
1° L'amende transactionnelle due par l'auteur de l'infraction et dont le montant ne peut excéder le tiers du montant de l'amende encourue ;
2° Le cas échéant, l'obligation pour l'auteur de l'infraction de réparer le dommage résultant de celle-ci ; Code de procédure pénale - dernière modification le 07 janvier 2017 – document généré le 09 janvier 2017Copyright (C) 2007-2017 Légifrance.
3° Les délais impartis pour le paiement et, s'il y a lieu, l'exécution de l'obligation de réparer le dommage.

III. L'acte par lequel le président du tribunal de grande instance ou le juge par lui désigné homologue la proposition de transaction est interruptif de la prescription de l'action publique. L'action publique est éteinte lorsque l'auteur de l'infraction a exécuté dans les délais impartis l'intégralité des obligations résultant pour lui de l'acceptation de la transaction. En cas de non-exécution de l'intégralité des obligations dans les délais impartis ou de refus d'homologation, le procureur de la République, sauf élément nouveau, met en œuvre les mesures prévues à l'article 41-1 ou une composition pénale, ou engage des poursuites.

IV. Les opérations réalisées par l'officier de police judiciaire en application des I et II du présent article sont relatées dans un seul procès-verbal.
V.- Les modalités d'application du présent article sont fixées par décret en Conseil d'État.

Article 41-1-2

I. - Tant que l'action publique n'a pas été mise en mouvement, le procureur de la République peut proposer à une personne morale mise en cause pour un ou plusieurs délits prévus aux articles 433-1, 433-2, 435-3,435-4, 435-9, 435-10, 445-1, 445-1-1, 445-2 et 445-2-1, à l'avant-dernier alinéa de l'article 434-9 et au deuxième alinéa de l'article 434-9-1 du Code pénal, pour le blanchiment des infractions prévues aux articles 1741 et 1743 du code général des impôts, ainsi que pour des infractions connexes, à l'exclusion de celles prévues aux mêmes articles 1741 et 1743, de conclure une convention judiciaire d'intérêt public imposant une ou plusieurs des obligations suivantes : 1° Verser une amende d'intérêt public au Trésor public. Le montant de cette amende est fixé de manière proportionnée aux avantages tirés des manquements constatés, dans la limite de 30 % du chiffre d'affaires moyen annuel calculé sur les trois derniers chiffres d'affaires annuels connus à la date du constat de ces manquements. Son versement peut être échelonné, selon un échéancier fixé par le procureur de la République, sur une période qui ne peut être supérieure à un an et qui est précisée par la convention ; 2° Se soumettre, pour une durée maximale de trois ans et sous le contrôle de l'Agence française anticorruption, à un programme de mise en conformité destiné à s'assurer de l'existence et de la mise en œuvre en son sein des mesures et procédures énumérées au II de l'article 131-39-2 du Code pénal. Les frais occasionnés par le recours par l'Agence française anticorruption à des experts ou à des personnes ou autorités qualifiées, pour l'assister dans la réalisation d'analyses juridiques, financières, fiscales et comptables nécessaires à sa mission de contrôle sont supportés par la personne morale mise en cause, dans la limite d'un plafond fixé par la convention ; lorsque la victime est identifiée, et sauf si la personne morale mise en cause justifie de la réparation de son préjudice, la convention prévoit également le montant et les modalités de la réparation des dommages causés par l'infraction dans un délai qui ne peut être supérieur à un an. La victime est informée de la décision du procureur de la République de proposer la conclusion d'une convention judiciaire d'intérêt public à la personne morale mise en cause. Elle transmet au procureur de la République tout élément permettant d'établir la réalité et l'étendue de son préjudice. Les représentants légaux de la personne morale mise en cause demeurent responsables en tant que personnes physiques. Ils sont informés, dès la proposition du procureur de la République, qu'ils peuvent se faire assister d'un avocat avant de donner leur accord à la proposition de convention. II. - Lorsque la personne morale mise en cause donne son accord à la proposition de convention, le procureur de la République saisit par requête le président du tribunal de grande instance aux fins de validation. La proposition de convention est jointe à la requête. La requête contient un exposé précis des faits ainsi que la qualification juridique susceptible de leur être appliquée. Le procureur de la République informe de cette saisine la personne morale mise en cause et, le cas échéant, la victime. Le président du tribunal procède à l'audition, en audience publique, de la personne morale mise en cause et de la victime assistées, le cas échéant, de leur avocat. À l'issue de cette audition (Code de procédure pénale - dernière modification le 07 janvier 2017 - document généré le 09 janvier 2017Copyright (C) 2007-2017 Légifrance), le président du tribunal prend la décision de valider ou non la proposition de convention, en vérifiant le bien-fondé du recours à cette procédure, la régularité de son déroulement, la conformité du montant de l'amende aux limites prévues au 1° du I du présent article et la proportionnalité des mesures prévues aux avantages tirés des manquements. La décision du président du tribunal, qui est notifiée à la personne morale mise en cause et, le cas échéant, à la victime, n'est pas susceptible de recours. Si le président du tribunal rend une ordonnance de validation, la personne morale mise en cause dispose, à compter du jour de la validation, d'un délai de dix jours pour exercer son droit de rétractation. La rétractation est notifiée au procureur de la République par lettre recommandée avec demande d'avis de réception. Si la personne morale mise en cause n'exerce pas ce droit de rétractation, les obligations que la convention comporte sont mises à exécution. Dans le cas contraire, la proposition devient caduque. L'ordonnance de validation n'emporte pas déclaration de culpabilité et n'a ni la nature ni les effets d'un jugement de condamnation. La convention judiciaire d'intérêt public n'est pas inscrite au bulletin n° 1 du casier judiciaire. Elle fait l'objet d'un communiqué de presse du procureur de la République. L'ordonnance de validation, le montant de l'amende d'intérêt public et la convention sont publiés sur le site internet de l'Agence française anticorruption. La victime peut, au vu de l'ordonnance de validation, demander le recouvrement des dommages et intérêts que la personne morale s'est engagée à lui verser suivant la procédure d'injonction de payer, conformément aux règles prévues par le code de procédure civile. III. - Si le président du tribunal ne valide pas la proposition de convention, si la personne morale mise en cause décide d'exercer son droit de rétractation ou si, dans le délai prévu par la convention, la personne morale mise en cause ne justifie pas de l'exécution intégrale des obligations prévues (la convention a été conclue dans le cadre d'une information judiciaire, le dernier alinéa de l'article 180-2), le procureur de la République met en mouvement l'action publique, sauf élément nouveau. En cas de poursuites et de condamnation, il est tenu compte, s'il y a lieu, de l'exécution partielle des obligations prévues par la convention. Si le président du tribunal ne valide pas la proposition de convention ou si la personne morale exerce son droit de rétractation, le procureur de la République ne peut faire état devant la juridiction d'instruction ou de jugement des déclarations faites ou des documents remis par la personne morale au cours de la procédure prévue au présent article. À peine de nullité, le procureur de la République notifie à la personne morale mise en cause l'interruption de l'exécution de la convention lorsque cette personne ne justifie pas de l'exécution intégrale des obligations prévues. Cette décision prend effet immédiatement. Le cas échéant, elle entraîne de plein droit la restitution de l'amende d'intérêt public versée au Trésor public prévue au 1° du I. Elle n'entraîne cependant pas la restitution des éventuels frais supportés par la personne morale et occasionnés par le recours par l'Agence française anticorruption à des experts ou à des personnes ou autorités qualifiées pour l'assister dans la réalisation d'analyses juridiques, financières, fiscales et comptables nécessaires à sa mission de contrôle. IV. - La prescription de l'action publique est suspendue durant l'exécution de la convention. L'exécution des obligations prévues par la convention éteint l'action publique. Elle ne fait cependant pas échec au droit des personnes ayant subi un préjudice du fait des manquements constatés, sauf l'Etat, de poursuivre la réparation de leur préjudice devant la juridiction civile. Le président du tribunal de grande instance peut désigner, aux fins de validation de la convention judiciaire d'intérêt public, tout juge du tribunal. V. - Les modalités d'application du présent article sont fixées par décret en Conseil d'État.

Article 41-2

Le procureur de la République, tant que l'action publique n'a pas été mise en mouvement, peut proposer, directement ou par l'intermédiaire d'une personne habilitée, une composition pénale à une personne physique qui reconnaît avoir commis un ou plusieurs délits punis à titre de peine principale d'une peine d'amende ou d'une peine d'emprisonnement d'une durée inférieure ou égale à cinq ans, ainsi que, le cas échéant, une ou plusieurs contraventions connexes qui consiste en une ou plusieurs des mesures suivantes :

1° Verser une amende de composition au Trésor public. Le montant de cette amende, qui ne peut excéder le montant maximum de l'amende encourue, est fixé en fonction de la gravité des faits ainsi que des ressources (Code de procédure pénale - dernière modification le 07 janvier 2017 - document généré le 09 janvier 2017Copyright (C) 2007-2017 Légifrance) et des charges de la personne. Son versement peut être échelonné, selon un échéancier fixé par le procureur de la République, à l'intérieur d'une période qui ne peut être supérieure à un an ;

2° Se dessaisir au profit de l'État de la chose qui a servi ou était destinée à commettre l'infraction ou qui en est le produit ;

3° Remettre son véhicule, pour une période maximale de six mois, à des fins d'immobilisation ;

4° Remettre au greffe du tribunal de grande instance son permis de conduire, pour une période maximale de six mois ;

4° bis Suivre un programme de réhabilitation et de sensibilisation comportant l'installation à ses frais d'un éthylotest anti-démarreur sur son véhicule, pour une période minimale de six mois et maximale de trois ans ;
5° Remettre au greffe du tribunal de grande instance son permis de chasser, pour une période maximale de six mois ;
6° Accomplir au profit de la collectivité, notamment au sein d'une personne morale de droit public ou d'une personne morale de droit privé chargée d'une mission de service public ou d'une association habilitées, un travail non rémunéré pour une durée maximale de soixante heures, dans un délai qui ne peut être supérieur à six mois ;
7° Suivre un stage ou une formation dans un service ou un organisme sanitaire, social ou professionnel pour une durée qui ne peut excéder trois mois dans un délai qui ne peut être supérieur à dix-huit mois ;
8° Ne pas émettre, pour une durée de six mois au plus, des chèques autres que ceux qui permettent le retrait de fonds par le tireur auprès du tiré ou ceux qui sont certifiés et ne pas utiliser de cartes de paiement ;
9° Ne pas paraître, pour une durée qui ne saurait excéder six mois, dans le ou les lieux dans lesquels l'infraction a été commise et qui sont désignés par le procureur de la République, à l'exception des lieux dans lesquels la personne réside habituellement ;
10° Ne pas rencontrer ou recevoir, pour une durée qui ne saurait excéder six mois, la ou les victimes de l'infraction désignées par le procureur de la République ou ne pas entrer en relation avec elles ;
11° Ne pas rencontrer ou recevoir, pour une durée qui ne saurait excéder six mois, le ou les coauteurs ou complices éventuels désignés par le procureur de la République ou ne pas entrer en relation avec eux ;
12° Ne pas quitter le territoire national et remettre son passeport pour une durée qui ne saurait excéder six mois ;
13° Accomplir, le cas échéant à ses frais, un stage de citoyenneté ;
14° En cas d'infraction commise soit contre son conjoint, son concubin ou son partenaire lié par un pacte civil de solidarité, soit contre ses enfants ou ceux de son conjoint, concubin ou partenaire, résider hors du domicile ou de la résidence du couple et, le cas échéant, s'abstenir de paraître dans ce domicile ou cette résidence ou aux abords immédiats de celui-ci, ainsi que, si nécessaire, faire l'objet d'une prise en charge sanitaire, sociale ou psychologique ; les dispositions du présent 14° sont également applicables lorsque l'infraction est commise par l'ancien conjoint ou concubin de la victime, ou par la personne ayant été liée à elle par un pacte civil de solidarité, le domicile concerné étant alors celui de la victime. Pour l'application du présent 14°, le procureur de la République recueille ou fait recueillir, dans les meilleurs délais et par tous moyens, l'avis de la victime sur l'opportunité de demander à l'auteur des faits de résider hors du logement du couple. Sauf circonstances particulières, cette mesure est prise lorsque sont en cause des faits de violences susceptibles d'être renouvelés et que la

victime la sollicite. Le procureur de la République peut préciser (Code de procédure pénale - dernière modification le 07 janvier 2017 - document généré le 09 janvier 2017Copyright (C) 2007-2017 Légifrance) les modalités de prise en charge des frais afférents à ce logement pendant une durée qu'il fixe et qui ne peut excéder six mois ;
15° Accomplir, le cas échéant à ses frais, un stage de sensibilisation aux dangers de l'usage de produits stupéfiants ;
16° Se soumettre à une mesure d'activité de jour consistant en la mise en œuvre d'activités d'insertion professionnelle ou de mise à niveau scolaire soit auprès d'une personne morale de droit public, soit auprès d'une personne morale de droit privé chargée d'une mission de service public ou d'une association habilitées à mettre en œuvre une telle mesure ;
17° Se soumettre à une mesure d'injonction thérapeutique, selon les modalités définies aux articles L. 3413-1à L. 3413-4 du code de la santé publique, lorsqu'il apparaît que l'intéressé fait usage de stupéfiants ou fait une consommation habituelle et excessive de boissons alcooliques. La durée de la mesure est de vingt-quatre mois au plus ;
17° bis Accomplir, le cas échéant à ses frais, un stage de sensibilisation à la lutte contre l'achat d'actes sexuels ;
18° Accomplir à ses frais un stage de responsabilisation pour la prévention et la lutte contre les violences au sein du couple et sexistes. Lorsque la victime est identifiée, et sauf si l'auteur des faits justifie de la réparation du préjudice commis, le procureur de la République doit également proposer à ce dernier de réparer les dommages causés par l'infraction dans un délai qui ne peut être supérieur à six mois. Il informe la victime de cette proposition. Cette réparation peut consister, avec l'accord de la victime, en la remise en état d'un bien endommagé par la commission de l'infraction. La proposition de composition pénale émanant du procureur de la République peut être portée à la connaissance de l'auteur des faits par l'intermédiaire d'un officier de police judiciaire. Elle fait alors l'objet d'une décision écrite et signée de ce magistrat, qui précise la nature et le quantum des mesures proposées et qui est jointe à la procédure. La composition pénale peut être proposée dans une maison de justice et du droit. La personne à qui est proposée une composition pénale est informée qu'elle peut se faire assister par un avocat avant de donner son accord à la proposition du procureur de la République. Ledit accord est recueilli par procès-verbal. Une copie de ce procès-verbal lui est transmise. Lorsque l'auteur des faits donne son accord aux mesures proposées, le procureur de la République saisit par requête le président du tribunal aux fins de validation de la composition. Le procureur de la République informe de cette saisine l'auteur des faits et, le cas échéant, la victime. Le président du tribunal peut procéder à l'audition de l'auteur des faits et de la victime, assistés, le cas échéant, de leurs avocats. Si ce magistrat rend une ordonnance validant la composition, les mesures décidées sont mises à exécution. Dans le cas contraire, la proposition devient

caduque. La décision du président du tribunal, qui est notifiée à l'auteur des faits et, le cas échéant, à la victime, n'est pas susceptible de recours. Si la personne n'accepte pas la composition pénale ou si, après avoir donné son accord, elle n'exécute pas intégralement les mesures décidées, le procureur de la République met en mouvement l'action publique, sauf élément nouveau. En cas de poursuites et de condamnation, il est tenu compte, s'il y a lieu, du travail déjà accompli et des sommes déjà versées par la personne. Les actes tendant à la mise en œuvre ou à l'exécution de la composition pénale sont interruptifs de la prescription de l'action publique (Code de procédure pénale - Dernière modification le 07 janvier 2017 - Document généré le 09 janvier 2017Copyright (C) 2007-2017 Légifrance). L'exécution de la composition pénale éteint l'action publique. Elle ne fait cependant pas échec au droit de la partie civile de délivrer citation directe devant le tribunal correctionnel dans les conditions prévues au présent code. Le tribunal, composé d'un seul magistrat exerçant les pouvoirs conférés au président, ne statue alors que sur les seuls intérêts civils, au vu du dossier de la procédure qui est versé au débat. La victime a également la possibilité, au vu de l'ordonnance de validation, lorsque l'auteur des faits s'est engagé à lui verser des dommages et intérêts, d'en demander le recouvrement suivant la procédure d'injonction de payer, conformément aux règles prévues par le code de procédure civile. Les compositions pénales exécutées sont inscrites au bulletin n° 1 du casier judiciaire.
Les dispositions du présent article ne sont pas applicables en matière de délits de presse, de délits d'homicides involontaires ou de délits politiques. Elles sont applicables aux mineurs âgés d'au moins treize ans, selon les modalités prévues par l'article 7-2 de l'ordonnance n° 45-174 du 2 février 1945 relative à l'enfance délinquante. Le président du tribunal peut désigner, aux fins de validation de la composition pénale, tout juge du tribunal ainsi que tout juge de proximité exerçant dans le ressort du tribunal. Les modalités d'application du présent article sont fixées par décret en Conseil d'État.

Article 41-3

La procédure de composition pénale est également applicable aux contraventions. La durée de la privation du permis de conduire ou du permis de chasser ne peut dépasser trois mois, la durée du travail non rémunéré ne peut être supérieure à trente heures, dans un délai maximum de trois mois, et la durée d'interdiction d'émettre des chèques ne peut dépasser elle aussi trois mois. Les mesures prévues par les 9° à 12° de l'article 41-2 ne sont pas applicables. La mesure prévue par le 6° dudit article n'est pas applicable aux contraventions de la première classe à la quatrième classe. Il en est de même des mesures prévues par les 2° à 5° et 8° de cet article, sauf si la contravention est punie des peines complémentaires visées aux 1° à 5°de l'article 131-16 du Code pénal. La requête en validation est portée, selon la nature de la contravention, devant le juge du tribunal de police ou devant le juge de la juridiction de proximité, sauf si le juge de proximité est désigné par le président du tribunal aux fins de validation de l'ensemble des compositions pénales contraventionnelles.

Article 41-3-1

En cas de grave danger menaçant une personne victime de violences de la part de son conjoint, de son concubin ou de son partenaire lié par un pacte civil de solidarité, le procureur de la République peut attribuer à la victime, pour une durée renouvelable de six mois et si elle y consent expressément, un dispositif de télé protection lui permettant d'alerter les autorités publiques. Avec l'accord de la victime, ce dispositif peut, le cas échéant, permettre sa géo-localisation au moment où elle déclenche l'alerte.

Le dispositif de télé protection ne peut être attribué qu'en l'absence de cohabitation entre la victime et l'auteur des violences et lorsque ce dernier a fait l'objet d'une interdiction judiciaire d'entrer en contact avec la victime dans le cadre d'une ordonnance de protection, d'une alternative aux poursuites [Dernière modification le 07 janvier 2017 - Document généré le 09 janvier 2017Copyright (C) 2007-2017 Légifrance composition pénale], d'un contrôle judiciaire, d'une assignation à résidence sous surveillance électronique, d'une condamnation, d'un aménagement de peine ou d'une mesure de sûreté. Le présent article est également applicable lorsque les violences ont été commises par un ancien conjoint ou concubin de la victime, ou par une personne ayant été liée à elle par un pacte civil de solidarité, ainsi qu'en cas de grave danger menaçant une personne victime de viol.

Article 41-4

Au cours de l'enquête ou lorsqu'aucune juridiction n'a été saisie ou que la juridiction saisie a épuisé sa compétence sans avoir statué sur la restitution des objets placés sous-main de justice, le procureur de la République ou le procureur général est compétent pour décider, d'office ou sur requête, de la restitution de ces objets lorsque la propriété n'en est pas sérieusement contestée. Il n'y a pas lieu à restitution lorsque celle-ci est de nature à créer un danger pour les personnes ou les biens, lorsque le bien saisi est l'instrument ou le produit direct ou indirect de l'infraction ou lorsqu'une disposition particulière prévoit la destruction des objets placés sous main de justice ; la décision de non-restitution prise pour l'un de ces motifs ou pour tout autre motif, même d'office, par le procureur de la République ou le procureur général peut être déférée par l'intéressé à la chambre de l'instruction, dans le délai d'un mois suivant sa notification, par déclaration au greffe du tribunal ou de la cour ou par lettre recommandée avec demande d'avis de réception ; ce recours est suspensif. Si la restitution n'a pas été demandée ou décidée dans un délai de six mois à compter de la décision de classement ou de la décision par laquelle la dernière juridiction saisie a épuisé sa compétence, les objets non restitués deviennent propriété de l'État, sous réserve des droits des tiers (1). Il en est de même lorsque le propriétaire ou la personne à laquelle la restitution a été accordée ne réclame pas l'objet dans un délai d'un mois à compter d'une mise en demeure adressée à son domicile. Les objets dont la restitution est de nature à créer un danger pour les personnes ou les biens deviennent propriété de l'Etat, sous réserve des droits des tiers, dès que la décision de non-restitution ne peut plus être contestée, ou dès que l'arrêt de non-restitution est devenu définitif.

Article 41-5

Lorsqu'au cours de l'enquête la restitution des biens meubles saisis, et dont la conservation n'est plus nécessaire à la manifestation de la vérité, s'avère impossible, soit parce que le propriétaire ne peut être identifié, soit parce que le propriétaire ne réclame pas l'objet dans un délai d'un mois à compter d'une mise en demeure adressée à son domicile, le procureur de la République peut, sous réserve des droits des tiers, autoriser la destruction de ces biens ou leur remise à l'Agence de gestion et de recouvrement des avoirs saisis et confisqués aux fins d'aliénation. Le procureur de la République peut également autoriser la remise à l'Agence de gestion et de recouvrement des avoirs saisis et confisqués, en vue de leur aliénation, des biens meubles saisis dont la conservation en nature n'est plus nécessaire à la manifestation de la vérité et dont la confiscation est prévue par la loi, lorsque le maintien de la saisie serait de nature à diminuer la valeur du bien. S'il est procédé à la vente du bien, le produit de celle-ci est consigné. En cas de classement sans suite, de non-lieu ou de relaxe, ou lorsque la peine de confiscation n'est pas prononcée, ce produit est restitué au propriétaire des objets s'il en fait la demande. Lorsque le maintien de la saisie serait de nature à diminuer la valeur du bien, le procureur de la République peut également ordonner, sous réserve des droits des tiers, de remettre au service des domaines, en vue (Code de procédure pénale - Dernière modification le 07 janvier 2017 - Document généré le 09 janvier 2017Copyright (C) 2007-2017 Légifrance) de leur affectation à titre gratuit par l'autorité administrative et après que leur valeur a été estimée, à des services de police, des unités de gendarmerie ou des services de l'administration des douanes qui effectuent des missions de police judiciaire, des biens meubles placés sous-main de justice dont la conservation n'est plus nécessaire à la manifestation de la vérité et dont la confiscation est prévue par la loi. En cas de classement sans suite, de non-lieu, de relaxe ou d'acquittement, ou lorsque la peine de confiscation n'est pas prononcée, le propriétaire qui en fait la demande obtient la restitution du bien, assortie s'il y a lieu d'une indemnité compensant la perte de valeur qui a pu résulter de l'usage du bien.

Au cours de l'enquête ou lorsqu'aucune juridiction n'a été saisie ou que la juridiction saisie a épuisé sa compétence sans avoir statué sur le sort des scellés, le procureur de la République peut ordonner la destruction des biens meubles saisis dont la conservation n'est plus nécessaire à la manifestation de la vérité, s'il s'agit d'objets qualifiés par la loi de dangereux ou nuisibles, ou dont la détention est illicite. Les décisions prises en application des quatre premiers alinéas sont motivées. Elles sont notifiées par tout moyen aux personnes ayant des droits sur le bien, si celles-ci sont connues, et aux personnes mises en cause. Ces personnes peuvent contester ces décisions devant la chambre de l'instruction afin de demander, le cas échéant, la restitution du bien saisi. Cette contestation doit intervenir dans les cinq jours qui suivent la notification de la décision, par déclaration au greffe du tribunal ou à l'autorité qui a procédé à cette notification ; en cas de notification orale d'une décision de destruction de produits stupéfiants prise en application du quatrième alinéa, le délai de contestation est de vingt-quatre heures. Ces délais et l'exercice du recours sont suspensifs. Un décret en Conseil d'État détermine les modalités d'application du présent article.

Article 41-6

Par dérogation aux articles 41-4 et 41-5, lorsqu'une procédure s'est achevée par une condamnation définitive prononcée par une cour d'assises, le procureur de la République ou le procureur général qui envisage d'ordonner la remise au service des domaines ou à l'Agence de gestion et de recouvrement des avoirs saisis et confisqués ou la destruction des objets placés sous-main de justice dans le cadre de cette procédure en avertit au préalable par écrit le condamné. Celui-ci dispose, à compter de la notification de cet avertissement, d'un délai de deux mois pour lui faire part de son opposition. En cas d'opposition, si le procureur de la République ou le procureur général n'entend pas renoncer à la remise ou à la destruction des objets placés sous main de justice, il saisit par voie de requête la chambre de l'instruction, qui se prononce dans un délai d'un mois. Dans les cas mentionnés au présent article, le procureur de la République ou le procureur général réexamine tous les cinq ans, dans les mêmes formes, l'opportunité de procéder à la remise ou à la destruction des objets placés sous main de justice.

Article 42

Le procureur de la République a, dans l'exercice de ses fonctions, le droit de requérir directement la force publique.

Article 43

Sont compétents, le procureur de la République du lieu de l'infraction, celui de la résidence de l'une des personnes soupçonnées d'avoir participé à l'infraction, celui du lieu d'arrestation d'une de ces personnes (Code de procédure pénale - dernière modification le 07 janvier 2017 - document généré le 09 janvier 2017Copyright (C) 2007-2017 Légifrance), même lorsque cette arrestation a été opérée pour une autre cause et celui du lieu de détention d'une de ces personnes, même lorsque cette détention est effectuée pour une autre cause. Pour les infractions mentionnées à l'article 113-2-1 du Code pénal, est également compétent le procureur de la République, selon le cas, du lieu de résidence ou du siège des personnes physiques ou morales mentionnées au même article 113-2-1. Lorsque le procureur de la République est saisi de faits mettant en cause, comme auteur ou comme victime, un magistrat, un avocat, un officier public ou ministériel, un militaire de la gendarmerie nationale, un fonctionnaire de la police nationale, des douanes ou de l'administration pénitentiaire ou toute autre personne dépositaire de l'autorité publique ou chargée d'une mission de service public qui est habituellement, de par ses fonctions ou sa mission, en relation avec les magistrats ou fonctionnaires de la juridiction, le procureur général peut, d'office, sur proposition du procureur de la République et à la demande de l'intéressé, transmettre la procédure au procureur de la République auprès du tribunal de grande instance le plus proche du ressort de la cour d'appel. Cette juridiction est alors territorialement compétente pour connaître l'affaire, par dérogation aux dispositions des articles 52,382 et 522. La décision du procureur général constitue une mesure d'administration judiciaire qui n'est susceptible d'aucun recours.

Article 44

Le procureur de la République a autorité sur les officiers du ministère public près les tribunaux de police de son ressort. Il peut leur dénoncer les contraventions dont il est informé et leur enjoindre d'exercer des poursuites. Il peut aussi, le cas échéant, requérir l'ouverture d'une information.

Article 44-1

Pour les contraventions que les agents de la police municipale sont habilités à constater par procès-verbal conformément aux dispositions des articles L. 511-1 et L. 512-2 du code de la sécurité intérieure et qui sont commises au préjudice de la commune au titre de l'un de ses biens, le maire peut, tant que l'action publique n'a pas été mise en mouvement, proposer au contrevenant une transaction consistant en la réparation de ce préjudice. La transaction proposée par le maire et acceptée par le contrevenant doit être homologuée par le procureur de la République. Les actes tendant à la mise en œuvre ou à l'exécution de la transaction sont interruptifs de la prescription de l'action publique. L'action publique est éteinte lorsque l'auteur de l'infraction a exécuté dans le délai imparti les obligations résultant pour lui de l'acceptation de la transaction. La transaction peut également consister en l'exécution, au profit de la commune, d'un travail non rémunéré pendant une durée maximale de trente heures. Elle doit alors être homologuée, selon la nature de la contravention, par le juge compétent du tribunal de police. Lorsqu'une de ces contraventions n'a pas été commise au préjudice de la commune mais a été commise sur le territoire de celle-ci, le maire peut proposer au procureur de la République de procéder à une des mesures prévues par les articles 41-1 ou 41-3 du présent code. Il est avisé par le procureur de la République de la suite réservée à sa proposition (Code de procédure pénale – dernière modification le 07 janvier 2017 - document généré le 09 janvier 2017Copyright (C) 2007-2017 Legifrance). Les dispositions du présent article s'appliquent aux contraventions de même nature que les agents de la ville de Paris chargés d'un service de police et les agents de surveillance de Paris sont habilités à constater par procès-verbal conformément aux dispositions des articles L. 531-1 et L. 532-1 du code de la sécurité intérieure. Ces dispositions s'appliquent également aux contraventions de même nature que les gardes champêtres sont habilités à constater par procès-verbal conformément à l'article L. 2213-18 du code général des collectivités territoriales. Un décret en Conseil d'État précise les conditions d'application du présent article.

Section 4 : Du ministère public près le tribunal de police

Article 45

Le procureur de la République près le tribunal de grande instance occupe le siège du ministère public devant le tribunal de police pour les contraventions de la cinquième classe ne relevant pas de la procédure de l'amende forfaitaire. Il peut l'occuper également en toute matière devant le tribunal de police ou devant la juridiction de proximité, s'il le juge à propos, en lieu et place du commissaire de police qui exerce habituellement ces fonctions sous le contrôle du procureur de la République. Toutefois, dans le cas où les infractions forestières sont soumises aux tribunaux de police ou aux juridictions de proximité, les fonctions du ministère public sont remplies par le directeur régional de l'administration chargée des forêts ou par le fonctionnaire qu'il désigne, sauf si le procureur de la République estime opportun d'occuper ces fonctions.

Article 46

En cas d'empêchement du commissaire de police, le procureur général désigne, pour une année entière, un ou plusieurs remplaçants qu'il choisit parmi les commissaires et les commandants ou capitaines de police en résidence dans le ressort du tribunal de grande instance. À titre exceptionnel et en cas de nécessité absolue pour la tenue de l'audience, le juge du tribunal d'instance peut appeler, pour exercer les fonctions du ministère public, le maire du lieu où siège le tribunal de police ou un de ses adjoints.

Article 47

S'il y a plusieurs commissaires de police au lieu où siège le tribunal de police, le procureur général désigne celui qui remplit les fonctions du ministère public.

Article 48

S'il n'y a pas de commissaire de police au lieu où siège le tribunal de police, le procureur général désigne, pour exercer les fonctions du ministère public, un commissaire ou un commandant ou capitaine de police en résidence dans le ressort du tribunal de grande instance ou, à défaut, d'un tribunal de grande instance limitrophe situé dans le même département.

Section 5 : Du bureau d'ordre national automatisé des procédures judiciaires

Article 48-1

Le bureau d'ordre national automatisé des procédures judiciaires constitue une application automatisée, placée sous le contrôle d'un magistrat, contenant les informations nominatives relatives aux plaintes et dénonciations reçues par les procureurs de la République ou les juges d'instruction et aux suites qui leur ont été réservées, et qui est destinée à faciliter la gestion et le suivi des procédures judiciaires par les juridictions compétentes, l'information des victimes et la connaissance réciproque entre les juridictions des procédures concernant les mêmes faits ou mettant en cause les mêmes personnes, afin notamment d'éviter les doubles poursuites. Cette application a également pour objet l'exploitation des informations recueillies à des fins de recherches statistiques. Les données enregistrées dans le bureau d'ordre national automatisé portent notamment sur :

1° Les date, lieu et qualification juridique des faits ;

2° Lorsqu'ils sont connus, les noms, prénoms, date et lieu de naissance ou la raison sociale des personnes mises en cause et des victimes ;

3° Les informations relatives aux décisions sur l'action publique, au déroulement de l'instruction, à la procédure de jugement et aux modalités d'exécution des peines ;

4° Les informations relatives à la situation judiciaire, au cours de la procédure, de la personne mise en cause, poursuivie ou condamnée. Les informations contenues dans le bureau d'ordre national automatisé sont conservées, à compter de leur dernière mise à jour enregistrée, pendant une durée de dix ans ou, si elle est supérieure, pendant une durée égale au délai de la prescription de l'action publique ou, lorsqu'une condamnation a été prononcée, au délai de la prescription de la peine. Les informations relatives aux procédures suivies par chaque juridiction sont enregistrées sous la responsabilité, selon les cas, du procureur de la République ou des magistrats du siège exerçant des fonctions pénales de la juridiction territorialement compétente, par les greffiers ou les personnes habilitées qui assistent ces magistrats. Ces informations sont directement accessibles, pour les nécessités liées au seul traitement des infractions ou des procédures dont ils sont saisis, par les procureurs de la République et les magistrats du siège exerçant des fonctions pénales de l'ensemble des juridictions ainsi que leur greffier ou les personnes habilitées qui assistent ces magistrats. Elles sont également directement accessibles aux agents de greffe du service d'accueil unique du justiciable prévu à l'article L. 123-3 du code de l'organisation judiciaire, pour les seuls (Code de procédure pénale-[Dernière modification le 07 janvier 2017 - document généré le 09 janvier 2017Copyright (C) 2007-2017 Legifrance]) besoins de fonctionnement de ce service, sous réserve que ces agents aient été habilités à cette fin dans des conditions fixées par décret en Conseil d'État. Elles sont également directement accessibles aux procureurs de la République et aux magistrats du siège exerçant des fonctions pénales des juridictions mentionnées aux articles 704, 706-2, 706-17, 706-75, 706-107et 706-108 du présent code pour le traitement de l'ensemble des procédures susceptibles de relever de leur compétence territoriale élargie. Elles sont de même directement accessibles aux procureurs généraux pour le traitement des procédures dont sont saisies les cours d'appel et pour l'application des dispositions des articles 35 et 37. Elles sont en outre directement accessibles, pour l'exercice de leur mission, aux magistrats chargés par une disposition législative ou réglementaire du contrôle des fichiers de police judiciaire, du fichier national automatisé des empreintes génétiques et du fichier automatisé des empreintes digitales, ainsi qu'aux personnes habilitées qui les assistent. Sauf lorsqu'il s'agit de données non nominatives exploitées à des fins statistiques ou d'informations relevant de l'article 11-1, les informations figurant dans le bureau d'ordre national automatisé ne sont accessibles qu'aux autorités judiciaires. Lorsqu'elles concernent une enquête ou une instruction en cours, les dispositions de l'article 11 sont applicables. Un décret en Conseil d'État, pris après avis de la Commission nationale de l'informatique et des libertés, détermine les modalités d'application du présent article et précise notamment les conditions dans lesquelles les personnes intéressées peuvent exercer leur droit d'accès.

Chapitre III : Du juge d'instruction

Article 49

Le juge d'instruction est chargé de procéder aux informations, ainsi qu'il est dit au chapitre Ier du titre III.

Il ne peut, à peine de nullité, participer au jugement des affaires pénales dont il a connu en sa qualité de juge d'instruction. Le juge d'instruction exerce ses fonctions au siège du tribunal de grande instance auquel il appartient.

Article 50

Le juge d'instruction, choisi parmi les juges du tribunal, est nommé dans les formes prévues pour la nomination des magistrats du siège.

En cas de nécessité, un autre juge peut être temporairement chargé, dans les mêmes formes, des fonctions de juge d'instruction concurremment avec le magistrat désigné ainsi qu'il est dit au premier alinéa (Code de procédure pénale –[Dernière modification le 07 janvier 2017 - document généré le 09 janvier 2017Copyright (C) 2007-2017 Legifrance]). Si le premier président délègue un juge au tribunal, il peut aussi, dans les mêmes conditions, charger temporairement celui-ci de l'instruction par voie d'ordonnance. Si le juge d'instruction est absent, malade ou autrement empêché, le tribunal de grande instance désigne l'un des juges de ce tribunal pour le remplacer.

Article 51

Le juge d'instruction ne peut informer qu'après avoir été saisi par un réquisitoire du procureur de la République ou par une plainte avec constitution de partie civile, dans les conditions prévues aux articles 80 et 86. En cas de crimes ou délits flagrants, il exerce les pouvoirs qui lui sont attribués par l'article 72. Le juge d'instruction a, dans l'exercice de ses fonctions, le droit de requérir directement la force publique.

Article 52

Sont compétents le juge d'instruction du lieu de l'infraction, celui de la résidence de l'une des personnes soupçonnées d'avoir participé à l'infraction, celui du lieu d'arrestation d'une de ces personnes, même lorsque cette arrestation a été opérée pour une autre cause et celui du lieu de détention d'une de ces personnes, même lorsque cette détention est effectuée pour une autre cause. Pour les infractions mentionnées à l'article 113-2-1 du Code pénal, est également compétent le juge d'instruction, selon le cas, du lieu de résidence ou du siège des personnes physiques ou morales mentionnées au même article 113-2-1.

Article 52-1

Dans certains tribunaux de grande instance, les juges d'instruction sont regroupés au sein d'un pôle de l'instruction. Les juges d'instruction composant un pôle de l'instruction sont seuls compétents pour connaître des informations en matière de crime. Ils demeurent compétents en cas de requalification des faits en cours d'information ou lors du règlement de celle-ci. Ils sont également seuls compétents pour connaître des informations donnant lieu à une saisine conformément aux articles 83-1 et 83-2. La liste des tribunaux dans lesquels existe un pôle de l'instruction et la compétence territoriale des juges d'instruction qui le composent sont déterminées par décret. Cette compétence peut recouvrir le ressort de plusieurs tribunaux de grande instance. Un ou plusieurs juges d'instruction peuvent être chargés, en tenant (Code de procédure pénale –[Dernière modification le 07 janvier 2017 - document généré le 09 janvier 2017Copyright (C) 2007-2017 Legifrance]) compte s'il y a lieu des spécialisations prévues par les articles 704, 706-2, 706-17, 706-75-1 et 706-107, de coordonner l'activité des juges d'instruction au sein du pôle, dans des conditions fixées par décret. (Code de procédure pénale –[Dernière modification le 07 janvier 2017 - Document généré le 09 janvier 2017Copyright (C) 2007-2017 Legifrance])

Livre Ier : De la conduite de la politique pénale, de l'exercice de l'action publique et de l'instruction

Titre II : Des enquêtes et des contrôles d'identité

Chapitre Ier : Des crimes et des délits flagrants

Article 53

Est qualifié crime ou délit flagrant le crime ou le délit qui se commet actuellement, ou qui vient de se commettre. Il y a aussi crime ou délit flagrant lorsque, dans un temps très voisin de l'action, la personne soupçonnée est poursuivie par la clameur publique, ou est trouvée en possession d'objets, ou présente des traces ou indices, laissant penser qu'elle a participé au crime ou au délit. À la suite de la constatation d'un crime ou d'un délit flagrant, l'enquête menée sous le contrôle du procureur de la République dans les conditions prévues par le présent chapitre peut se poursuivre sans discontinuer pendant une durée de huit jours. Lorsque des investigations nécessaires à la manifestation de la vérité pour un crime ou un délit puni d'une peine supérieure ou égale à cinq ans d'emprisonnement ne peuvent être différées, le procureur de la République peut décider la prolongation, dans les mêmes conditions, de l'enquête pour une durée maximale de huit jours.

Article 54

En cas de crime flagrant, l'officier de police judiciaire qui en est avisé informe immédiatement le procureur de la République, se transporte sans délai sur le lieu du crime et procède à toutes constatations utiles. Il veille à la conservation des indices susceptibles de disparaître et de tout ce qui peut servir à la manifestation de la vérité. Il saisit les armes et instruments qui ont servi à commettre le crime ou qui étaient destinés à le commettre ainsi que tout ce qui paraît avoir été le produit direct ou indirect de ce crime. Il représente les objets saisis, pour reconnaissance, aux personnes qui paraissent avoir participé au crime, si elles sont présentes.

Article 55

Dans les lieux où un crime a été commis, il est interdit, sous peine de l'amende prévue pour les contraventions de la quatrième classe, à toute personne non habilitée, de modifier avant les premières opérations de l'enquête judiciaire l'état des lieux et d'y effectuer des prélèvements quelconques. Toutefois, exception est faite lorsque ces modifications ou ces prélèvements sont commandés par les exigences de la sécurité ou de la salubrité publique, ou par les soins à donner aux victimes.

Article 55-1

L'officier de police judiciaire peut procéder, ou faire procéder sous son contrôle, sur toute personne susceptible de fournir des renseignements sur les faits en cause ou sur toute personne à l'encontre de laquelle il existe une ou plusieurs raisons plausibles de soupçonner qu'elle a commis ou tenté de commettre l'infraction, aux opérations de prélèvements externes nécessaires à la réalisation d'examens techniques et scientifiques de comparaison avec les traces et indices prélevés pour les nécessités de l'enquête. Il procède, ou fait procéder sous son contrôle, aux opérations de relevés signalétiques et notamment de prise d'empreintes digitales, palmaires ou de photographies nécessaires à l'alimentation et à la consultation des fichiers de police selon les règles propres à chacun de ces fichiers. Le refus, par une personne à l'encontre de laquelle il existe une ou plusieurs raisons plausibles de soupçonner qu'elle a commis ou tenté de commettre une infraction, de se soumettre aux opérations de prélèvement, mentionnées aux premier et deuxième alinéas ordonnées par l'officier de police judiciaire est puni d'un an d'emprisonnement et de 15 000 euros d'amende

Article 56

Si la nature du crime est telle que la preuve en puisse être acquise par la saisie des papiers, documents, données informatiques ou autres objets en la possession des personnes qui paraissent avoir participé au crime ou détenir des pièces, informations ou objets relatifs aux faits incriminés, l'officier de police judiciaire se transporte sans désemparer au domicile de ces derniers pour y procéder à une perquisition dont il dresse procès-verbal. L'officier de police judiciaire peut également se transporter en tous lieux dans lesquels sont susceptibles de se trouver des biens dont la confiscation est prévue à l'article 131-21 du Code pénal, pour y procéder à une perquisition aux fins de saisie de ces biens ; si la perquisition est effectuée aux seules fins de rechercher et de saisir des biens dont la confiscation est prévue par les cinquième et sixième alinéas de ce même article, elle doit être préalablement autorisée par le procureur de la République. Il a seul, avec les personnes désignées à l'article 57 du présent code et celles auxquelles il a éventuellement recours en application de l'article 60, le droit de prendre connaissance des papiers, documents ou données informatiques avant de procéder à leur saisie. Toutefois, sans préjudice de l'application des articles 56-1 à 56-5, il a l'obligation de provoquer préalablement toutes mesures utiles pour que soit assuré le respect du secret professionnel et des droits de la défense. Code de procédure pénale –[Dernière modification le 07 janvier 2017 - document généré le 09 janvier 2017Copyright (C) 2007-2017 Legifrance]. Tous objets et documents saisis sont immédiatement inventoriés et placés sous scellés. Cependant, si leur inventaire sur place présente des difficultés, ils font l'objet de scellés fermés provisoires jusqu'au moment de leur inventaire et de leur mise sous scellés définitifs et ce, en présence des personnes qui ont assisté à la perquisition suivant les modalités prévues à l'article 57.

Il est procédé à la saisie des données informatiques nécessaires à la manifestation de la vérité en plaçant sous main de justice soit le support physique de ces données, soit une copie réalisée en présence des personnes qui assistent à la perquisition. Si une copie est réalisée, il peut être procédé, sur instruction du procureur de la République, à l'effacement définitif, sur le support physique qui n'a pas été placé sous main de justice, des données informatiques dont la détention ou l'usage est illégal ou dangereux pour la sécurité des personnes ou des biens. Avec l'accord du procureur de la République, l'officier de police judiciaire ne maintient que la saisie des objets, documents et données informatiques utiles à la manifestation de la vérité, ainsi que des biens dont la confiscation est prévue à l'article 131-21 du Code pénal.

Le procureur de la République peut également, lorsque la saisie porte sur des espèces, lingots, effets ou valeurs dont la conservation en nature n'est pas nécessaire à la manifestation de la vérité ou à la sauvegarde des droits des personnes intéressées, autoriser leur dépôt à la Caisse des dépôts et consignations ou à la Banque de France ou sur un compte ouvert auprès d'un établissement bancaire par l'Agence de gestion et de recouvrement des avoirs saisis et confisqués. Lorsque la saisie porte sur des billets de banque ou pièces de monnaie libellés en euros contrefaisants, l'officier de police judiciaire doit transmettre, pour analyse et identification, au moins un exemplaire de chaque type de billets ou pièces suspectés faux au centre d'analyse national habilité à cette fin. Le centre d'analyse national peut procéder à l'ouverture des scellés. Il en dresse inventaire dans un rapport qui doit mentionner toute ouverture ou réouverture des scellés. Lorsque les opérations sont terminées, le rapport et les scellés sont déposés entre les mains du greffier de la juridiction compétente. Ce dépôt est constaté par procès-verbal. Les dispositions du précédent alinéa ne sont pas applicables lorsqu'il n'existe qu'un seul exemplaire d'un type de billets ou de pièces suspectés faux, tant que celui-ci est nécessaire à la manifestation de la vérité. Si elles sont susceptibles de fournir des renseignements sur les objets, documents et données informatiques saisis, les personnes présentes lors de la perquisition peuvent être retenues sur place par l'officier de police judiciaire le temps strictement nécessaire à l'accomplissement de ces opérations.

Article 56-1

Les perquisitions dans le cabinet d'un avocat ou à son domicile ne peuvent être effectuées que par un magistrat et en présence du bâtonnier ou de son délégué, à la suite d'une décision écrite et motivée prise par ce magistrat, qui indique la nature de l'infraction ou des infractions sur lesquelles portent les investigations (Code de procédure pénale – [Dernière modification le 07 janvier 2017 - document généré le 09 janvier 2017 Copyright (C) 2007-2017 Legifrance]), les raisons justifiant la perquisition et l'objet de celle-ci. Le contenu de cette décision est porté dès le début de la perquisition à la connaissance du bâtonnier ou de son délégué par le magistrat. Celui-ci et le bâtonnier ou son délégué ont seuls le droit de consulter ou de prendre connaissance des documents ou des objets se trouvant sur les lieux préalablement à leur éventuelle saisie. Aucune saisie ne peut concerner des documents ou des objets relatifs à d'autres infractions que celles mentionnées dans la décision précitée. Les dispositions du présent alinéa sont édictées à peine de nullité. Le magistrat qui effectue la perquisition veille à ce que les investigations conduites ne portent pas atteinte au libre exercice de la profession d'avocat. Le bâtonnier ou son délégué peut s'opposer à la saisie d'un document ou d'un objet s'il estime que cette saisie serait irrégulière. Le document ou l'objet doit alors être placé sous scellé fermé. Ces opérations font l'objet d'un procès-verbal mentionnant les objections du bâtonnier ou de son délégué, qui n'est pas joint au dossier de la procédure. Si d'autres documents ou d'autres objets ont été saisis au cours de la perquisition sans soulever de contestation, ce procès-verbal est distinct de celui prévu par l'article 57. Ce procès-verbal ainsi que le document ou l'objet placé sous scellé fermé sont transmis sans délai au juge des libertés et de la détention, avec l'original ou une copie du dossier de la procédure. Dans les cinq jours de la réception de ces pièces, le juge des libertés et de la détention statue sur la contestation par ordonnance motivée non susceptible de recours. À cette fin, il entend le magistrat qui a procédé à la perquisition et, le cas échéant, le procureur de la République, ainsi que l'avocat au cabinet ou au domicile duquel elle a été effectuée et le bâtonnier ou son délégué. Il peut ouvrir le scellé en présence de ces personnes. S'il estime qu'il n'y a pas lieu à saisir le document ou l'objet, le juge des libertés et de la détention ordonne sa restitution immédiate, ainsi que la destruction du procès-verbal des opérations et, le cas échéant, la cancellation de toute référence à ce document, à son contenu ou à cet objet qui figurerait dans le dossier de la procédure. Dans le cas contraire, il ordonne le versement du scellé et du procès-verbal au dossier de la procédure. Cette décision n'exclut pas la possibilité ultérieure pour les parties de demander la nullité de la saisie devant, selon les cas, la juridiction de jugement ou la chambre de l'instruction. Les dispositions du présent article sont également applicables aux perquisitions effectuées dans les locaux de l'ordre des avocats ou des caisses de règlement pécuniaire des avocats. Dans ce cas, les attributions confiées au juge des libertés et de la détention sont exercées par le président du tribunal de grande instance qui doit être préalablement avisé de la perquisition. Il en est de même en cas de perquisition au cabinet ou au domicile du bâtonnier.

Article 56-2

Les perquisitions dans les locaux d'une entreprise de presse, d'une entreprise de communication audiovisuelle, d'une entreprise de communication au public en ligne, d'une agence de presse, dans les véhicules professionnels de ces entreprises ou agences ou au domicile d'un journaliste lorsque les investigations sont liées à son activité professionnelle ne peuvent être effectuées que par un magistrat. Ces perquisitions sont réalisées sur décision écrite et motivée du magistrat qui indique la nature de l'infraction ou des infractions sur lesquelles portent les investigations, ainsi que les raisons justifiant la perquisition et l'objet de celle-ci. Le contenu de cette décision est porté dès le début de la perquisition à la connaissance de la personne présente en application de l'article 57.(Code de procédure pénale –[Dernière modification le 07 janvier 2017 – document généré le 09 janvier 2017Copyright (C) 2007-2017 Legifrance]). Le magistrat et la personne présente en application de l'article 57 ont seuls le droit de prendre connaissance des documents ou des objets découverts lors de la perquisition préalablement à leur éventuelle saisie. Aucune saisie ne peut concerner des documents ou des objets relatifs à d'autres infractions que celles mentionnées dans cette décision. Ces dispositions sont édictées à peine de nullité. Le magistrat qui effectue la perquisition veille à ce que les investigations conduites respectent le libre exercice de la profession de journaliste, ne portent pas atteinte au secret des sources en violation de l'article 2 de la loi du 29 juillet 1881 sur la liberté de la presse et ne constituent pas un obstacle ou n'entraînent pas un retard injustifié à la diffusion de l'information. La personne présente lors de la perquisition en application de l'article 57 du présent code peut s'opposer à la saisie d'un document ou de tout objet si elle estime que cette saisie serait irrégulière au regard de l'alinéa précédent. Le document ou l'objet doit alors être placé sous scellé fermé. Ces opérations font l'objet d'un procès-verbal mentionnant les objections de la personne, qui n'est pas joint au dossier de la procédure. Si d'autres documents ou objets ont été saisis au cours de la perquisition sans soulever de contestation, ce procès-verbal est distinct de celui prévu par l'article 57. Ce procès-verbal ainsi que le document ou l'objet placé sous scellé fermé sont transmis sans délai au juge des libertés et de la détention, avec l'original ou une copie du dossier de la procédure. Dans les cinq jours de la réception de ces pièces, le juge des libertés et de la détention statue sur la contestation par ordonnance motivée non susceptible de recours. À cette fin, il entend le magistrat qui a procédé à la perquisition et, le cas échéant, le procureur de la République, ainsi que la personne en présence de qui la perquisition a été effectuée. Il peut ouvrir le scellé en présence de ces personnes. Si le journaliste au domicile duquel la perquisition a été réalisée n'était pas présent lorsque celle-ci a été effectuée, notamment s'il a été fait application du deuxième alinéa de l'article57, le journaliste peut se présenter devant le juge des libertés et de la détention pour être entendu par ce magistrat et assister, si elle a lieu, à l'ouverture du scellé. S'il estime qu'il n'y a pas lieu à saisir le document ou l'objet, le juge des libertés et de la détention ordonne sa restitution immédiate, ainsi que la destruction du procès-verbal des opérations et, le cas échéant, la cancellation de toute référence à ce document, à son contenu ou à cet objet qui figurerait dans le dossier de la procédure. Dans le cas contraire, il ordonne le versement du scellé et du procès-verbal au dossier de la procédure. Cette décision n'exclut pas la possibilité ultérieure pour les parties de demander la nullité de la saisie devant, selon les cas, la juridiction de jugement ou la chambre de l'instruction.

Article 56-3

Les perquisitions dans le cabinet d'un médecin, d'un notaire ou d'un huissier sont effectuées par un magistrat et en présence de la personne responsable de l'ordre ou de l'organisation professionnelle à laquelle appartient l'intéressé ou de son représentant.

Article 56-4

I. Lorsqu'une perquisition est envisagée dans un lieu précisément identifié, abritant des éléments couverts par le secret de la défense nationale, la perquisition ne peut être réalisée que par un magistrat en présence du président de la Commission consultative du secret de la défense nationale. Ce dernier peut être représenté par (Code de procédure pénale – [Dernière modification le 07 janvier 2017 - document généré le 09 janvier 2017Copyright (C) 2007-2017 Legifrance]) un membre de la commission ou par des délégués, dûment habilités au secret de la défense nationale, qu'il désigne selon des modalités déterminées par décret en Conseil d'État. Le président ou son représentant peut être assisté de toute personne habilitée à cet effet. La liste des lieux visés au premier alinéa est établie de façon précise et limitative par arrêté du Premier ministre. Cette liste, régulièrement actualisée, est communiquée à la Commission consultative du secret de la défense nationale ainsi qu'au ministre de la Justice, qui la rendent accessible aux magistrats de façon sécurisée. Le magistrat vérifie si le lieu dans lequel il souhaite effectuer une perquisition figure sur cette liste. Les conditions de délimitation des lieux abritant des éléments couverts par le secret de la défense nationale sont déterminées par décret en Conseil d'État. Le fait de dissimuler dans les lieux visés à l'alinéa précédent des procédés, objets, documents, informations, réseaux informatiques, données informatisées ou fichiers non classifiés, en tentant de les faire bénéficier de la protection attachée au secret de la défense nationale, expose son auteur aux sanctions prévues à l'article 434-4 du Code pénal. La perquisition ne peut être effectuée qu'en vertu d'une décision écrite du magistrat qui indique au président de la Commission consultative du secret de la défense nationale les informations utiles à l'accomplissement de sa mission. Le président de la commission ou son représentant se transporte sur les lieux sans délai. Au commencement de la perquisition, le magistrat porte à la connaissance du président de la commission ou de son représentant, ainsi qu'à celle du chef d'établissement ou de son délégué, ou du responsable du lieu, la nature de l'infraction ou des infractions sur lesquelles portent les investigations, les raisons justifiant la perquisition, son objet et les lieux visés par cette perquisition. Seuls le président de la Commission consultative du secret de la défense nationale, son représentant et, s'il y a lieu, les personnes qui l'assistent peuvent prendre connaissance d'éléments classifiés découverts sur les lieux. Le magistrat ne peut saisir, parmi les éléments classifiés, que ceux relatifs aux infractions sur lesquelles portent les investigations. Si les nécessités de l'enquête justifient que les éléments classifiés soient saisis en original, des copies sont laissées à leur détenteur. Chaque élément classifié saisi est, après inventaire par le président de la commission consultative, placé sous scellé. Les scellés sont remis au président de la Commission consultative du secret de la défense nationale qui en devient gardien. Les opérations relatives aux éléments classifiés saisis ainsi que l'inventaire de ces éléments font l'objet d'un procès-verbal qui n'est pas joint au dossier de la procédure et qui est conservé par le président de la commission consultative. La décalcification et la communication des éléments mentionnés dans l'inventaire relèvent de la procédure prévue par les articles L. 2312-4 et suivants du code de la défense.

II. Lorsqu'à l'occasion d'une perquisition un lieu se révèle abriter des éléments couverts par le secret de la défense nationale, le magistrat présent sur le lieu ou immédiatement avisé par l'officier de police judiciaire en informe le président de la Commission consultative du secret de la défense nationale. Les éléments classifiés sont placés sous scellés, sans en prendre connaissance, par le magistrat ou l'officier de police judiciaire qui les a découverts, puis sont remis ou transmis, par tout moyen en conformité avec la réglementation applicable aux secrets de la défense nationale, au président de la commission afin qu'il en assure la garde. Les opérations relatives aux éléments classifiés font l'objet d'un procès-verbal qui n'est pas joint au dossier de la procédure. La décalcification et la communication des éléments ainsi placés sous scellés relèvent de la procédure prévue par les articles L. 2312-4 et suivants du Code de la défense.

III (Supprimé).

IV. Les dispositions du présent article sont édictées à peine de nullité.

Code de procédure pénale –[Dernière modification le 07 janvier 2017 - Document généré le 09 janvier 2017Copyright (C) 2007-2017 Legifrance].

Article 56-5

Les perquisitions dans les locaux d'une juridiction ou au domicile d'une personne exerçant des fonctions juridictionnelles et qui tendent à la saisie de documents susceptibles d'être couverts par le secret du délibéré ne peuvent être effectuées que par un magistrat, sur décision écrite et motivée de celui-ci, en présence du premier président de la cour d'appel ou du premier président de la Cour de cassation ou de son délégué. Cette décision indique la nature de l'infraction sur laquelle portent les investigations, les raisons justifiant la perquisition et l'objet de celle-ci. Le contenu de la décision est porté dès le début de la perquisition à la connaissance du premier président ou de son délégué par le magistrat. Celui-ci, le premier président ou son délégué ont seuls le droit de consulter ou de prendre connaissance des documents ou des objets se trouvant sur les lieux préalablement à leur éventuelle saisie. Aucune saisie ne peut concerner des documents ou des objets relatifs à d'autres infractions que celles mentionnées dans la décision précitée. Les dispositions du présent alinéa sont prévues à peine de nullité.
Le magistrat qui effectue la perquisition veille à ce que les investigations conduites ne portent pas atteinte à l'indépendance de la justice. Le premier président ou son délégué peut s'opposer à la saisie d'un document ou d'un objet s'il estime cette saisie irrégulière. Le document ou l'objet est alors placé sous scellé fermé. Ces opérations font l'objet d'un procès-verbal, qui n'est pas joint au dossier de la procédure, mentionnant les objections du premier président ou de son délégué. Si d'autres documents ou objets ont été saisis au cours de la perquisition sans soulever d'opposition, ce procès-verbal est distinct de celui prévu à l'article 57. Le procès-verbal mentionné au troisième alinéa du présent article ainsi que le document ou l'objet placé sous scellé fermé sont transmis sans délai au juge des libertés et de la détention, avec

l'original ou une copie du dossier de la procédure. Dans un délai de cinq jours à compter de la réception de ces pièces, le juge des libertés et de la détention statue sur l'opposition par ordonnance motivée non susceptible de recours. À cette fin, il entend le magistrat qui a procédé à la perquisition et, le cas échéant, le procureur de la République, ainsi que le premier président ou son délégué. Il ouvre le scellé en présence de ces personnes. S'il estime qu'il n'y a pas lieu à saisir le document ou l'objet, le juge des libertés et de la détention ordonne sa restitution immédiate, ainsi que la destruction du procès-verbal mentionné au même troisième alinéa et, le cas échéant, la cancellation de toute référence à ce document ou à son contenu ou à cet objet figurant dans le dossier de la procédure. Dans le cas contraire, il ordonne le versement du scellé et du procès-verbal au dossier de la procédure. Cette décision n'exclut pas la possibilité ultérieure pour les parties de demander la nullité de la saisie devant, selon les cas, la juridiction de jugement ou la chambre de l'instruction.

Article 57

Sous réserve des articles 56-1 à 56-5 et du respect du secret professionnel et des droits de la défense mentionné à l'article 56, les opérations prescrites par ledit article sont faites en présence de la personne au domicile de laquelle la perquisition a lieu. En cas d'impossibilité, l'officier de police judiciaire aura l'obligation de l'inviter à désigner un représentant de son choix ; à défaut, l'officier de police judiciaire choisira deux témoins requis à cet effet par lui, en dehors des personnes relevant de son autorité administrative. Le procès-verbal de ces opérations, dressé ainsi qu'il est dit à l'article 66, est signé par les personnes visées au présent article ; en cas de refus, il en est fait mention au procès-verbal. Code de procédure pénale –[Dernière modification le 07 janvier 2017 - Document généré le 09 janvier 2017Copyright (C) 2007-2017 Legifrance].

Article 57-1

Les officiers de police judiciaire ou, sous leur responsabilité, les agents de police judiciaire peuvent, au cours d'une perquisition effectuée dans les conditions prévues par le présent code, accéder par un système informatique implanté sur les lieux où se déroule la perquisition à des données intéressant l'enquête en cours et stockées dans ledit système ou dans un autre système informatique, dès lors que ces données sont accessibles à partir du système initial ou disponibles pour le système initial. Ils peuvent également, dans les conditions de perquisition prévues au présent code, accéder par un système informatique implanté dans les locaux d'un service ou d'une unité de police ou de gendarmerie à des données intéressant l'enquête en cours et stockées dans un autre système informatique, si ces données sont accessibles à partir du système initial. S'il est préalablement avéré que ces données, accessibles à partir du système initial ou disponibles pour le système initial, sont stockées dans un autre système informatique situé en dehors du territoire national, elles sont recueillies par l'officier de police judiciaire, sous réserve des conditions d'accès prévues par les engagements internationaux en vigueur. Les données auxquelles il aura été permis d'accéder dans les conditions prévues par le présent article peuvent être copiées sur tout support. Les supports de stockage informatique peuvent être saisis et placés sous scellés dans les conditions prévues par le présent code. Les officiers de police judiciaire peuvent, par tout moyen, requérir toute personne susceptible :

1° D'avoir connaissance des mesures appliquées pour protéger les données auxquelles il est permis d'accéder dans le cadre de la perquisition ;

2° De leur remettre les informations permettant d'accéder aux données mentionnées au 1°.

À l'exception des personnes mentionnées aux articles 56-1 à 56-5, le fait de s'abstenir de répondre dans les meilleurs délais à cette réquisition est puni d'une amende de 3 750 €.

Article 58

Sous réserve des nécessités des enquêtes, toute communication ou toute divulgation sans l'autorisation de la personne mise en examen ou de ses ayants droit ou du signataire ou du destinataire d'un document provenant d'une perquisition à une personne non qualifiée par la loi pour en prendre connaissance est punie de 4 500euros d'amende et de deux ans d'emprisonnement.

Article 59

Code de procédure pénale – [Dernière modification le 07 janvier 2017 - document généré le 09 janvier 2017Copyright (C) 2007-2017 Legifrance].

Sauf réclamation faite de l'intérieur de la maison ou exceptions prévues par la loi, les perquisitions et les visites domiciliaires ne peuvent être commencées avant 6 heures et après 21 heures.

Les formalités mentionnées aux articles 56, 56-1, 57 et au présent article sont prescrites à peine de nullité.

Article 60

S'il y a lieu de procéder à des constatations ou à des examens techniques ou scientifiques, l'officier de police judiciaire a recours à toutes personnes qualifiées. Sauf si elles sont inscrites sur une des listes prévues à l'article 157, les personnes ainsi appelées prêtent, par écrit, serment d'apporter leur concours à la justice en leur honneur et en leur conscience.

Les personnes désignées pour procéder aux examens techniques ou scientifiques peuvent procéder à l'ouverture des scellés. Elles en dressent inventaire et en font mention dans un rapport établi conformément aux dispositions des articles 163 et 166. Elles peuvent communiquer oralement leurs conclusions aux enquêteurs en cas d'urgence. Sur instructions du procureur de la République, l'officier de police judiciaire donne connaissance des résultats des examens techniques et scientifiques aux personnes à l'encontre desquelles il existe des indices faisant présumer qu'elles ont commis ou tenté de commettre une infraction, ainsi qu'aux victimes.

Article 60-1

Le procureur de la République ou l'officier de police judiciaire peut, par tout moyen, requérir de toute personne, de tout établissement ou organisme privé ou public ou de toute administration publique qui sont susceptibles de détenir des informations intéressant l'enquête, y compris celles issues d'un système informatique ou d'un traitement de données nominatives, de lui remettre ces informations, notamment sous forme numérique, sans que puisse lui être opposée, sans motif légitime, l'obligation au secret professionnel. Lorsque les réquisitions qui concernent l'information ne peuvent intervenir qu'avec leur accord.

À l'exception des personnes mentionnées aux articles 56-1 à 56-5, le fait de s'abstenir de répondre dans les délais pour les personnes mentionnées aux articles 56-1 à 56-5, la remise des meilleurs délais à cette réquisition est puni d'une amende de 3 750 euros.

À peine de nullité, ne peuvent être versés au dossier les éléments obtenus par une réquisition prise en violation de l'article 2 de la loi du 29 juillet 1881 sur la liberté de la presse.

Article 60-2

Code de procédure pénale –[Dernière modification le 07 janvier 2017 - document généré le 09 janvier 2017Copyright (C) 2007-2017 Legifrance]. Sur demande de l'officier de police judiciaire, intervenant par voie télématique ou informatique, les organismes publics ou les personnes morales de droit privé, à l'exception de ceux visés au deuxième alinéa du 3° du II de l'article 8 et au 2° de l'article 67 de la loi n° 78-17 du 6 janvier 1978 relative à l'informatique, aux fichiers et aux libertés, mettent à sa disposition les informations utiles à la manifestation de la vérité, à l'exception de celles protégées par un secret prévu par la loi, contenues dans le ou les systèmes informatiques ou traitements de données nominatives qu'ils administrent.

L'officier de police judiciaire, intervenant sur réquisition du procureur de la République préalablement autorisé par ordonnance du juge des libertés et de la détention, peut requérir des opérateurs de télécommunications, et notamment de ceux mentionnés au 1 du I de l'article 6 de la loi 2004-575 du 21 juin 2004 pour la confiance dans l'économie numérique, de prendre, sans délai, toutes mesures propres à assurer la préservation, pour une durée ne pouvant excéder un an, du contenu des informations consultées par les personnes utilisatrices des services fournis par les opérateurs.

Les organismes ou personnes visés au présent article mettent à disposition les informations requises par voie télématique ou informatique dans les meilleurs délais. Le fait de refuser de répondre sans motif légitime à ces réquisitions est puni d'une amende de 3 750 euros. Un décret en Conseil d'État, pris après avis de la Commission nationale de l'informatique et des libertés détermine les catégories d'organismes visés au premier alinéa ainsi que les modalités d'interrogation, de transmission et de traitement des informations requises.

Article 60-3

Lorsqu'ont été placés sous scellés des objets qui sont le support de données informatiques, le procureur de la République ou l'officier de police judiciaire peut, par tout moyen, requérir toute personne qualifiée inscrite sur une des listes prévues à l'article 157 ou ayant prêté par écrit le serment prévu à l'article 60 de procéder à l'ouverture des scellés pour réaliser une ou plusieurs copies de ces données, afin de permettre leur exploitation sans porter atteinte à leur intégrité. La personne requise fait mention des opérations effectuées dans un rapport établi conformément aux articles 163 et 166.

Article 61

L'officier de police judiciaire peut défendre à toute personne de s'éloigner du lieu de l'infraction jusqu'à la clôture de ses opérations. Il peut appeler et entendre toutes les personnes susceptibles de fournir des renseignements sur les faits ou sur les objets et documents saisis. Les personnes convoquées par lui sont tenues de comparaître. L'officier de police judiciaire peut contraindre à comparaître par la force publique les personnes visées au premier alinéa. Il peut également contraindre à comparaître par la force publique, avec l'autorisation préalable du procureur de la République, les personnes qui n'ont pas répondu à une convocation à comparaître ou dont on peut craindre qu'elles ne répondent pas à une telle convocation. Le procureur de la République peut également autoriser la comparution par la force publique sans convocation préalable en cas de risque de modification des preuves ou indices matériels, de pressions sur les témoins ou les victimes ainsi que sur leur famille ou leurs proches, ou de concertation entre les coauteurs ou complices de l'infraction. Code de procédure pénale - dernière modification le 07 janvier 2017 - Document généré le 09 janvier 2017Copyright (C) 2007-2017 Legifrance. L'officier de police judiciaire dresse un procès-verbal de leurs déclarations. Les personnes entendues procèdent elles-mêmes à sa lecture, peuvent y faire consigner leurs observations et y apposent leur signature. Si elles déclarent ne savoir lire, lecture leur en est faite par l'officier de police judiciaire préalablement à la signature. Eu cas de refus de signer le procès-verbal, mention en est faite sur celui-ci.

Les agents de police judiciaire désignés à l'article 20 peuvent également entendre, sous le contrôle d'un officier de police judiciaire, toutes personnes susceptibles de fournir des renseignements sur les faits en cause. Ils dressent à cet effet, dans les formes prescrites par le présent code, des procès-verbaux qu'ils transmettent à l'officier de police judiciaire qu'ils secondent.

Article 61-1

La personne à l'égard de laquelle il existe des raisons plausibles de soupçonner qu'elle a commis ou tenté de commettre une infraction ne peut être entendue librement sur ces faits qu'après avoir été informée :

1° De la qualification, de la date et du lieu présumés de l'infraction qu'elle est soupçonnée d'avoir commis ou tenté de commettre ;
2° Du droit de quitter à tout moment les locaux où elle est entendue ;
3° Le cas échéant, du droit d'être assistée par un interprète ;
4° Du droit de faire des déclarations, de répondre aux questions qui lui sont posées ou de se taire ;
5° Si l'infraction pour laquelle elle est entendue est un crime ou un délit puni d'une peine d'emprisonnement, du droit d'être assistée au cours de son audition ou de sa confrontation, selon les modalités prévues aux articles 63-4-3 et 63-4-4, par un avocat choisi par elle ou, à sa demande, désigné d'office par le bâtonnier de l'ordre des avocats ; elle est informée que les frais seront à sa charge sauf si elle remplit les conditions d'accès à l'aide juridictionnelle, qui lui sont rappelées par tout moyen ; elle peut accepter expressément de poursuivre l'audition hors la présence de son avocat ;
6° De la possibilité de bénéficier, le cas échéant gratuitement, de conseils juridiques dans une structure d'accès au droit. La notification des informations données en application du présent article est mentionnée au procès-verbal. Si le déroulement de l'enquête le permet, lorsqu'une convocation écrite est adressée à la personne en vue de son audition, cette convocation indique l'infraction dont elle est soupçonnée, son droit d'être assistée par un avocat ainsi que les conditions d'accès à l'aide juridictionnelle, les modalités de désignation d'un avocat d'office et les lieux où elle peut obtenir des conseils juridiques avant cette audition. Le présent article n'est pas applicable si la personne a été conduite, sous contrainte, par la force publique devant l'officier de police judiciaire.

Article 61-2

Code de procédure pénale –[Dernière modification le 07 janvier 2017 - Document généré le 09 janvier 2017Copyright (C) 2007-2017 Legifrance].
Si la victime est confrontée avec une personne entendue dans les conditions prévues à l'article 61-1 pour un crime ou un délit puni d'une peine d'emprisonnement, elle peut demander à être également assistée, selon les modalités prévues à l'article 63-4-3, par un avocat choisi par elle ou par son représentant légal, si elle est mineure, ou, à sa demande, désigné par le bâtonnier. La victime est informée de ce droit avant qu'il soit procédé à la confrontation. Elle est également informée que les frais seront à sa charge sauf si elle remplit les conditions d'accès à l'aide juridictionnelle.

Article 61-3

Toute personne à l'égard de laquelle existent une ou plusieurs raisons plausibles de soupçonner qu'elle a participé, en tant qu'auteur ou complice, à la commission d'un crime ou d'un délit puni d'emprisonnement peut demander qu'un avocat de son choix ou, si elle n'est pas en mesure d'en désigner un, qu'un avocat commis d'office par le bâtonnier : 1° L'assiste lorsqu'elle participe à une opération de reconstitution de l'infraction ; 2° Soit présent lors d'une séance d'identification des suspects dont elle fait partie. La personne est informée de ce droit avant qu'il soit procédé à ces opérations. L'avocat désigné peut, à l'issue des opérations, présenter des observations écrites qui sont jointes à la procédure. Il peut directement adresser ces observations ou copie de celles-ci au procureur de la République. Lorsque la victime ou le plaignant participe à ces opérations, un avocat peut également l'assister dans les conditions prévues à l'article 61-2.

Article 62

Les personnes à l'encontre desquelles il n'existe aucune raison plausible de soupçonner qu'elles ont commis ou tenté de commettre une infraction sont entendues par les enquêteurs sans faire l'objet d'une mesure de contrainte. Toutefois, si les nécessités de l'enquête le justifient, ces personnes peuvent être retenues sous contrainte le temps strictement nécessaire à leur audition, sans que cette durée puisse excéder quatre heures. Si, au cours de l'audition d'une personne entendue librement en application du premier alinéa du présent article, il apparaît qu'il existe des raisons plausibles de soupçonner qu'elle a commis ou tenté de commettre une infraction, cette personne doit être entendue en application de l'article 61-1 et les informations prévues aux 1° à 6° du même article lui sont alors notifiées sans délai, sauf si son placement en garde à vue est nécessité en application de l'article 62-2.Si, au cours de l'audition d'une personne retenue en application du deuxième alinéa du présent article, il apparaît qu'il existe des raisons plausibles de soupçonner qu'elle a commis ou tenté de commettre un crime ou un délit puni d'une peine d'emprisonnement, elle ne peut être maintenue sous contrainte à la disposition des enquêteurs que sous le régime de la garde à vue. Son placement en garde à vue lui est alors notifié dans les conditions prévues à l'article 63-1.

Article 62-1

Les personnels visés aux articles 16 à 29 concourant à la procédure sont autorisés à déclarer comme domicile l'adresse du siège du service dont ils dépendent. Code de procédure pénale –[Dernière modification le 07 janvier 2017 - Document généré le 09 janvier 2017Copyright (C) 2007-2017 Legifrance].

Article 62-2

La garde à vue est une mesure de contrainte décidée par un officier de police judiciaire, sous le contrôle de l'autorité judiciaire, par laquelle une personne à l'encontre de laquelle il existe une ou plusieurs raisons plausibles de soupçonner qu'elle a commis ou tenté de commettre un crime ou un délit puni d'une peine d'emprisonnement est maintenue à la disposition des enquêteurs. Cette mesure doit constituer l'unique moyen de parvenir à l'un au moins des objectifs suivants :

1° Permettre l'exécution des investigations impliquant la présence ou la participation de la personne ;

2° Garantir la présentation de la personne devant le procureur de la République afin que ce magistrat puisse apprécier la suite à donner à l'enquête ;
3° Empêcher que la personne ne modifie les preuves ou indices matériels ;
4° Empêcher que la personne ne fasse pression sur les témoins ou les victimes ainsi que sur leur famille ou leurs proches ;
5° Empêcher que la personne ne se concerte avec d'autres personnes susceptibles d'être ses coauteurs ou complices ;
6° Garantir la mise en œuvre des mesures destinées à faire cesser le crime ou le délit.

Article 62-3

La garde à vue s'exécute sous le contrôle du procureur de la République, sans préjudice des prérogatives du juge des libertés et de la détention prévues aux articles 63-4-2 et 706-88 à 706-88-2 en matière de prolongation de la mesure au-delà de la quarante-huitième heure et de report de l'intervention de l'avocat. Le procureur de la République apprécie si le maintien de la personne en garde à vue et, le cas échéant, la prolongation de cette mesure sont nécessaires à l'enquête et proportionnés à la gravité des faits que la personne est soupçonnée d'avoir commis ou tenté de commettre. Il assure la sauvegarde des droits reconnus par la loi à la personne gardée à vue. Il peut ordonner à tout moment que la personne gardée à vue soit présentée devant lui ou remise en liberté.

Article 63

I. - Seul un officier de police judiciaire peut, d'office ou sur instruction du procureur de la République, placer une personne en garde à vue.
Dès le début de la mesure, l'officier de police judiciaire informe le procureur de la République, par tout moyen, du placement de la personne en garde à vue. Il lui donne connaissance des motifs justifiant, en application de l'article 62-2, ce placement et l'avise de la qualification des faits qu'il a notifiée à la personne en application du 2° de l'article 63-1. Le procureur de la République peut modifier cette qualification ; dans ce cas, la nouvelle qualification est notifiée à la personne dans les conditions prévues au même article 63-1.
II. - La durée de la garde à vue ne peut excéder vingt-quatre heures. Toutefois, la garde à vue peut être prolongée pour un nouveau délai de vingt-quatre heures, au plus, sur autorisation écrite et motivée du procureur de la République, si l'infraction que la personne est soupçonnée d'avoir commis ou tenté de commettre est un crime ou un délit puni d'une peine d'emprisonnement (Code de procédure pénale –[dernière modification le 07 janvier 2017 - document généré le 09 janvier 2017Copyright (C) 2007-2017 Legifrance]) supérieure ou égale à un an et si la prolongation de la mesure est l'unique moyen de parvenir à l'un au moins des objectifs mentionnés aux 1° à 6° de l'article 62-2. L'autorisation ne peut être accordée qu'après présentation de la personne au procureur de la République. Cette

présentation peut être réalisée par l'utilisation d'un moyen de télécommunication audiovisuelle. Elle peut cependant, à titre exceptionnel, être accordée par une décision écrite et motivée, sans présentation préalable.
III. - Si, avant d'être placée en garde à vue, la personne a été appréhendée ou a fait l'objet de toute autre mesure de contrainte pour ces mêmes faits, l'heure du début de la garde à vue est fixée, pour le respect des durées prévues au II du présent article, à l'heure à partir de laquelle la personne a été privée de liberté. Si la personne n'a pas fait l'objet d'une mesure de contrainte préalable, mais que son placement en garde à vue est effectué dans le prolongement immédiat d'une audition, cette heure est fixée à celle du début de l'audition. Si une personne a déjà été placée en garde à vue pour les mêmes faits, la durée des précédentes périodes de garde à vue s'impute sur la durée de la mesure.

Article 63-1

La personne placée en garde à vue est immédiatement informée par un officier de police judiciaire ou, sous le contrôle de celui-ci, par un agent de police judiciaire, dans une langue qu'elle comprend, le cas échéant au moyen du formulaire prévu au treizième alinéa :

1° De son placement en garde à vue ainsi que de la durée de la mesure et de la ou des prolongations dont celle-ci peut faire l'objet ;

2° De la qualification, de la date et du lieu présumés de l'infraction qu'elle est soupçonnée d'avoir commise ou tenté de commettre ainsi que des motifs mentionnés aux 1° à 6° de l'article 62-2 justifiant son placement en garde à vue ;

3° Du fait qu'elle bénéficie :

- du droit de faire prévenir un proche et son employeur ainsi que, si elle est de nationalité étrangère, les autorités consulaires de l'État dont elle est ressortissante, et, le cas échéant, de communiquer avec ces personnes, conformément à l'article 63-2 ;
- du droit d'être examinée par un médecin, conformément à l'article 63-3 ;
- du droit d'être assistée par un avocat, conformément aux articles 63-3-1 à 63-4-3 ;
- s'il y a lieu, du droit d'être assistée par un interprète ;
- du droit de consulter, dans les meilleurs délais et au plus tard avant l'éventuelle prolongation de la garde à vue, les documents mentionnés à l'article 63-4-1 ; Code de procédure pénale – [Dernière modification le 07 janvier 2017 - Document généré le 09 janvier 2017Copyright (C) 2007-2017 Legifrance] ;
- du droit de présenter des observations au procureur de la République ou, le cas échéant, au juge des libertés et de la détention, lorsque ce magistrat se prononce sur l'éventuelle prolongation de la garde à vue, tendant à ce qu'il soit mis fin à cette mesure. Si la personne n'est pas présentée devant le magistrat, elle peut faire connaître oralement ses observations dans un

procès-verbal d'audition, qui est communiqué à celui-ci avant qu'il ne statue sur la prolongation de la mesure ;
- du droit, lors des auditions, après avoir décliné son identité, de faire des déclarations, de répondre aux questions qui lui sont posées ou de se taire. Si la personne est atteinte de surdité et qu'elle ne sait ni lire, ni écrire, elle doit être assistée par un interprète en langue des signes ou par toute personne qualifiée maîtrisant un langage ou une méthode permettant de communiquer avec elle. Il peut également être recouru à tout dispositif technique permettant de communiquer avec une personne atteinte de surdité. Si la personne ne comprend pas le français, ses droits doivent lui être notifiés par un interprète, le cas échéant après qu'un formulaire lui a été remis pour son information immédiate. Mention de l'information donnée en application du présent article est portée au procès-verbal de déroulement de la garde à vue et émargée par la personne gardée à vue. En cas de refus d'émargement, il en est fait mention. En application de l'article 803-6, un document énonçant ces droits est remis à la personne lors de la notification de sa garde à vue.

Article 63-2

I. - Toute personne placée en garde à vue peut, à sa demande, faire prévenir, par téléphone, une personne avec laquelle elle vit habituellement ou l'un de ses parents en ligne directe, l'un de ses frères et sœurs ou son curateur ou son tuteur de la mesure dont elle est l'objet. Elle peut en outre faire prévenir son employeur. Lorsque la personne gardée à vue est de nationalité étrangère, elle peut faire contacter les autorités consulaires de son pays. Sauf en cas de circonstance insurmontable, qui doit être mentionnée au procès-verbal, les diligences incombant aux enquêteurs en application du premier alinéa doivent intervenir au plus tard dans un délai de trois heures à compter du moment où la personne a formulé la demande. Le procureur de la République peut, à la demande de l'officier de police judiciaire, décider que l'avis prévu au premier alinéa du présent I sera différé ou ne sera pas délivré si cette décision est, au regard des circonstances, indispensable afin de permettre le recueil ou la conservation des preuves ou de prévenir une atteinte grave à la vie, à la liberté ou à l'intégrité physique d'une personne.
 Si la garde à vue est prolongée au-delà de quarante-huit heures, le report de l'avis peut être maintenu, pour les mêmes raisons, par le juge des libertés et de la détention ou le juge d'instruction, sauf lorsque l'avis concerne les autorités consulaires.

II. - L'officier de police judiciaire peut autoriser la personne en garde à vue qui en fait la demande à communiquer, par écrit, par téléphone ou lors d'un entretien, avec un des tiers mentionnés au I du présent article, s'il lui apparaît que cette communication n'est pas incompatible avec les objectifs mentionnés à l'article 62-2 et qu'elle ne risque pas de permettre une infraction. Afin d'assurer le bon ordre, la sûreté et la sécurité des locaux dans lesquels s'effectue la garde à vue, l'officier ou l'agent de police judiciaire détermine le moment, les modalités et la durée de cette communication, qui ne peut excéder trente minutes et intervient sous son contrôle, le cas échéant en sa présence ou en la présence d'une personne qu'il désigne. Si la demande de communication concerne les autorités consulaires, l'officier de police judiciaire ne peut s'y opposer au-delà de la quarante-huitième heure de la garde à vue. Le présent II n'est pas applicable en cas de demande de communication avec un tiers dont il a été décidé en application des deux derniers alinéas du I du présent article qu'il ne pouvait être avisé de la garde à vue.

Article 63-3

Toute personne placée en garde à vue peut, à sa demande, être examinée par un médecin désigné par le procureur de la République ou l'officier de police judiciaire. En cas de prolongation, elle peut demander à être examinée une seconde fois. Le médecin se prononce sur l'aptitude au maintien en garde à vue et procède à toutes constatations utiles. Sauf en cas de circonstance insurmontable, les diligences incombant aux enquêteurs en application du présent alinéa doivent intervenir au plus tard dans un délai de trois heures à compter du moment où la personne a formulé la demande. Sauf décision contraire du médecin, l'examen médical doit être pratiqué à l'abri du regard et de toute écoute extérieurs afin de permettre le respect de la dignité et du secret professionnel. À tout moment, le procureur de la République ou l'officier de police judiciaire peut d'office désigner un médecin pour examiner la personne gardée à vue. En l'absence de demande de la personne gardée à vue, du procureur de la République ou de l'officier de police judiciaire, un examen médical est de droit si un membre de sa famille le demande ; le médecin est désigné par le procureur de la République ou l'officier de police judiciaire. Le médecin examine sans délai la personne gardée à vue. Le certificat médical est versé au dossier. Les dispositions du présent article ne sont pas applicables lorsqu'il est procédé à un examen médical en application de règles particulières.

Article 63-3-1

Dès le début de la garde à vue, la personne peut demander à être assistée par un avocat. Si elle n'est pas en mesure d'en désigner un ou si l'avocat choisi ne peut être contacté, elle peut demander qu'il lui en soit commis un d'office par le bâtonnier. Code de procédure pénale –[Dernière modification le 07 janvier 2017 - document généré le 09 janvier 2017Copyright (C) 2007-2017 Legifrance].

Le bâtonnier ou l'avocat de permanence commis. L'avocat peut également être désigné par la ou les personnes prévenues en application du premier alinéa du I d'office par le bâtonnier est informé de cette demande par tous moyens et sans délai.de l'article 63-2. Cette désignation doit toutefois être confirmée par la personne. L'avocat désigné est informé par l'officier de police judiciaire ou, sous le contrôle de celui-ci, par un agent de police judiciaire de la nature et de la date présumée de l'infraction sur laquelle porte l'enquête. S'il constate un conflit d'intérêts, l'avocat fait demander la désignation d'un autre avocat. En cas de divergence d'appréciation entre l'avocat et l'officier de police judiciaire ou le procureur de la République sur l'existence d'un conflit d'intérêts, l'officier de police judiciaire ou le procureur de la République saisit le bâtonnier qui peut désigner un autre défenseur. Le procureur de la République, d'office ou saisi par l'officier de police judiciaire ou l'agent de police judiciaire, peut également saisir le bâtonnier afin qu'il soit désigné plusieurs avocats lorsqu'il est nécessaire de procéder à l'audition simultanée de plusieurs personnes placées en garde à vue.

Article 63-4

L'avocat désigné dans les conditions prévues à l'article 63-3-1 peut communiquer avec la personne gardée à vue dans des conditions qui garantissent la confidentialité de l'entretien. La durée de l'entretien ne peut excéder trente minutes. Lorsque la garde à vue fait l'objet d'une prolongation, la personne peut, à sa demande, s'entretenir à nouveau avec un avocat dès le début de la prolongation, dans les conditions et pour la durée prévues aux deux premiers alinéas.

Article 63-4-1

À sa demande, l'avocat peut consulter le procès-verbal établi en application de l'avant-dernier alinéa de l'article 63-1 constatant la notification du placement en garde à vue et des droits y étant attachés, le certificat médical établi en application de l'article 63-3, ainsi que les procès-verbaux d'audition de la personne qu'il assiste. Il ne peut en demander ou en réaliser une copie. Il peut toutefois prendre des notes. La personne gardée à vue peut également consulter les documents mentionnés au premier alinéa du présent article ou une copie de ceux-ci.

Article 63-4-2

La personne gardée à vue peut demander que l'avocat assiste à ses auditions et confrontations. Dans ce cas, la première audition, sauf si elle porte uniquement sur les éléments d'identité, ne peut débuter sans la présence (Code de procédure pénale –[Dernière modification le 07 janvier 2017 - Document généré le 09 janvier 2017Copyright (C) 2007-2017 Legifrance]) de l'avocat choisi ou commis d'office avant l'expiration d'un délai de deux heures suivant l'avis adressé dans les conditions prévues à l'article 63-3-1 de la demande formulée par la personne gardée à vue d'être assistée par un avocat. Au cours des auditions ou confrontations, l'avocat peut prendre des notes. Si l'avocat se présente après l'expiration du délai prévu au premier alinéa alors qu'une audition ou une confrontation est en cours, celle-ci est interrompue à la demande de la personne gardée à vue afin de lui permettre de s'entretenir avec son avocat dans les conditions prévues à l'article 63-4 et que celui-ci prenne connaissance des documents prévus à l'article 63-4-1. Si la personne gardée à vue ne demande pas à s'entretenir avec son avocat,

celui-ci peut assister à l'audition en cours dès son arrivée dans les locaux du service de police judiciaire ou à la confrontation.
Lorsque les nécessités de l'enquête exigent une audition immédiate de la personne, le procureur de la République peut autoriser, par décision écrite et motivée, sur demande de l'officier de police judiciaire, que l'audition débute sans attendre l'expiration du délai prévu au premier alinéa. À titre exceptionnel, sur demande de l'officier de police judiciaire, le procureur de la République ou le juge des libertés et de la détention, selon les distinctions prévues par l'alinéa suivant, peut autoriser, par décision écrite et motivée, le report de présence de l'avocat lors des auditions ou confrontations, si cette mesure apparaît indispensable pour des raisons impérieuses tenant aux circonstances particulières de l'enquête, soit pour permettre le bon déroulement d'investigations urgentes tendant au recueil ou à la conservation des preuves, soit pour prévenir une atteinte grave et imminente à la vie, à la liberté ou à l'intégrité physique d'une personne. Le procureur de la République ne peut différer la présence de l'avocat que pendant une durée maximale de douze heures. Lorsque la personne est gardée à vue pour un crime ou un délit puni d'une peine d'emprisonnement supérieure ou égale à cinq ans, le juge des libertés et de la détention peut, sur requête du procureur de la République, autoriser à différer la présence de l'avocat, au-delà de la douzième heure, jusqu'à la vingt-quatrième heure. Les autorisations du procureur de la République et du juge des libertés et de la détention sont écrites et motivées par référence aux conditions prévues à l'alinéa précédent au regard des éléments précis et circonstanciés résultant des faits de l'espèce.
Lorsque, conformément aux dispositions des deux alinéas qui précèdent, le procureur de la République ou le juge des libertés et de la détention a autorisé à différer la présence de l'avocat lors des auditions ou confrontations, il peut également, dans les conditions et selon les modalités prévues par ces mêmes alinéas, décider que l'avocat ne peut, pour une durée identique, consulter les procès-verbaux d'audition de la personne gardée à vue.

Article 63-4-3

L'audition ou la confrontation est menée sous la direction de l'officier ou de l'agent de police judiciaire qui peut à tout moment, en cas de difficulté, y mettre un terme et en aviser immédiatement le procureur de la République qui informe, s'il y a lieu, le bâtonnier aux fins de désignation d'un autre avocat. À l'issue de chaque audition ou confrontation à laquelle il assiste, l'avocat peut poser des questions. L'officier ou l'agent de police judiciaire ne peut s'opposer aux questions que si celles-ci sont de nature à nuire au bon déroulement de l'enquête. Mention de ce refus est portée au procès-verbal. À l'issue de chaque entretien avec la personne gardée à vue et de chaque audition ou confrontation à laquelle il a assisté, l'avocat peut présenter des observations écrites dans lesquelles il peut consigner les questions (Code de procédure pénale –[Dernière modification le 07 janvier 2017 - Document généré le 09 janvier 2017Copyright (C) 2007-2017 Legifrance]) refusées en application du deuxième alinéa. Celles-ci sont jointes à la procédure. L'avocat peut adresser ses observations, ou copie de celles-ci, au procureur de la République pendant la durée de la garde à vue

Article 63-4-3-1

Si la personne gardée à vue est transportée sur un autre lieu, son avocat en est informé sans délai.

Article 63-4-4

Sans préjudice de l'exercice des droits de la défense, l'avocat ne peut faire état auprès de quiconque pendant la durée de la garde à vue ni des entretiens avec la personne qu'il assiste, ni des informations qu'il a recueillies en consultant les procès-verbaux et en assistant aux auditions et aux confrontations.

Article 63-4-5

Si la victime est confrontée avec une personne gardée à vue, elle peut demander à être également assistée par un avocat choisi par elle ou par son représentant légal si elle est mineure ou, à sa demande, désigné par le bâtonnier. La victime est informée de ce droit avant qu'il soit procédé à la confrontation. À sa demande, l'avocat peut consulter les procès-verbaux d'audition de la personne qu'il assiste. L'article 63-4-3 est applicable.

Article 63-5

La garde à vue doit s'exécuter dans des conditions assurant le respect de la dignité de la personne.

Seules peuvent être imposées à la personne gardée à vue les mesures de sécurité strictement nécessaires.

Article 63-6

Les mesures de sécurité ayant pour objet de s'assurer que la personne gardée à vue ne détient aucun objet dangereux pour elle-même ou pour autrui sont définies par arrêté de l'autorité ministérielle compétente. Elles ne peuvent consister en une fouille intégrale. La personne gardée à vue dispose, au cours de son audition, des objets dont le port ou la détention sont nécessaires au respect de sa dignité. Le présent article est également applicable en cas de retenue intervenant en application des articles 141-4,709-1-1, 716-5 et 803-3.

Article 63-7

Code de procédure pénale –[Dernière modification le 07 janvier 2017 - Document généré le 09 janvier 2017 Copyright (C) 2007-2017 Legifrance]. Lorsqu'il est indispensable pour les nécessités de l'enquête de procéder à une fouille intégrale d'une personne gardée à vue, celle-ci doit être décidée par un officier de police judiciaire et réalisée dans un espace fermé par une personne de même sexe que la personne faisant l'objet de la fouille. La fouille intégrale n'est possible que si la fouille par palpation ou l'utilisation des moyens de détection électronique ne peuvent être réalisées. Lorsqu'il est indispensable pour les nécessités de l'enquête de procéder à des investigations corporelles internes sur une personne gardée à vue, celles-ci ne peuvent être réalisées que par un médecin requis à cet effet.

Article 63-8

À l'issue de la garde à vue, la personne est, sur instruction du procureur de la République, sous la direction duquel l'enquête est menée, soit remise en liberté, soit déférée devant ce magistrat. Si la personne est remise en liberté à l'issue de la garde à vue sans qu'aucune décision n'ait été prise par le procureur de la République sur l'action publique, les dispositions de l'article 77-2 sont portées à sa connaissance.

Article 63-9

Le procureur de la République compétent pour être avisé des placements en garde à vue, en contrôler le déroulement, en ordonner la prolongation et décider de l'issue de la mesure est celui sous la direction duquel l'enquête est menée. Toutefois, le procureur de la République du lieu où est exécutée la garde à vue est également compétent pour la contrôler et en ordonner la prolongation.

Article 64

I. L'officier de police judiciaire établit un procès-verbal mentionnant :

1° Les motifs justifiant le placement en garde à vue, conformément aux 1° à 6° de l'article 62-2 ;

2° La durée des auditions de la personne gardée à vue et des repos qui ont séparé ces auditions, les heures auxquelles elle a pu s'alimenter, le jour et l'heure à partir desquels elle a été gardée à vue, ainsi que le jour et l'heure à partir desquels elle a été soit libérée, soit déférée devant le magistrat compétent ;

3° Le cas échéant, les auditions de la personne gardée à vue effectuées dans une autre procédure pendant la durée de la garde à vue ;

4° Les informations données et les demandes faites en application des articles 63-2 à 63-3-1 et les suites qui leur ont été données ;

5° S'il a été procédé à une fouille intégrale ou à des investigations corporelles internes.

Ces mentions doivent être spécialement émargées par la personne gardée à vue. En cas de refus, il en est fait mention.

II.- Les mentions et émargements prévus aux 2° et 5° du I concernant les dates et heures du début et de fin de garde à vue et la durée des auditions et des repos séparant ces auditions ainsi que le recours à des fouilles intégrales ou des investigations corporelles internes figurent également sur un registre spécial, tenu à cet effet (Code de procédure pénale –[Dernière modification le 07 janvier 2017 - Document généré le 09 janvier 2017Copyright (C) 2007-2017 Legifrance]) dans tout local de police ou de gendarmerie susceptible de recevoir une personne gardée à vue. Ce registre peut être tenu sous forme dématérialisée.

Dans les corps ou services où les officiers de police judiciaire sont astreints à tenir un carnet de déclarations, les mentions et émargements prévus au premier alinéa du présent II sont également portés sur ce carnet. Seules les mentions sont reproduites au procès-verbal qui est transmis à l'autorité judiciaire.

Article 64-1

Les auditions des personnes placées en garde à vue pour crime, réalisées dans les locaux d'un service ou d'une unité de police ou de gendarmerie exerçant une mission de police judiciaire font l'objet d'un enregistrement audiovisuel. L'enregistrement ne peut être consulté, au cours de l'instruction ou devant la juridiction de jugement, qu'en cas de contestation du contenu du procès-verbal d'audition, sur décision du juge d'instruction ou de la juridiction de jugement, à la demande du ministère public ou d'une des parties. Les huit derniers alinéas de l'article 114 ne sont pas applicables. Lorsqu'une partie demande la consultation de l'enregistrement, cette demande est formée et le juge d'instruction statue conformément aux deux premiers alinéas de l'article 82-1. Le fait, pour toute personne, de diffuser un enregistrement réalisé en application du présent article est puni d'un an d'emprisonnement et de 15 000 euros d'amende. À l'expiration d'un délai de cinq ans à compter de la date de l'extinction de l'action publique, l'enregistrement est détruit dans le délai d'un mois. Lorsque le nombre de personnes gardées à vue devant être simultanément interrogées, au cours de la même procédure ou de procédures distinctes, fait obstacle à l'enregistrement de toutes les auditions, l'officier de police judiciaire en réfère sans délai au procureur de la République qui désigne, par décision écrite versée au dossier, au regard des nécessités de l'enquête, la ou les personnes dont les auditions ne seront pas enregistrées. Lorsque l'enregistrement ne peut être effectué en raison d'une impossibilité technique, il en est fait mention dans le procès-verbal d'audition qui précise la nature de cette impossibilité. Le procureur de la République en est immédiatement avisé. Un décret précise en tant que de besoin les modalités d'application du présent article.

Article 65

Si, au cours de sa garde à vue, la personne est entendue dans le cadre d'une procédure suivie du chef d'une autre infraction et qu'il existe des raisons plausibles de soupçonner qu'elle a commis ou tenté de commettre cette infraction, elle doit faire l'objet des informations prévues aux 1°, 3° et 4° de l'article 61-1 et être avertie qu'elle a le droit d'être assistée par un avocat conformément aux articles 63-3-1 à 63-4-3.

Article 66

Les procès-verbaux dressés par l'officier de police judiciaire en exécution des articles 54 à 62 sont rédigés sur-le-champ et signés par lui sur chaque feuillet du procès-verbal.

Article 67
Les dispositions des articles 54 à 66, à l'exception de celles de l'article 64-1, sont applicables, en cas de délit flagrant, dans tous les cas où la loi prévoit une peine d'emprisonnement.
Article 68
L'arrivée du procureur de la République sur les lieux dessaisit l'officier de police judiciaire.
Le procureur de la République accomplit alors tous actes de police judiciaire prévus au présent chapitre. Il peut aussi prescrire à tous officiers de police judiciaire de poursuivre les opérations.
Article 69
Si les nécessités de l'enquête l'exigent, le procureur de la République ou le juge d'instruction lorsqu'il procède comme il est dit au présent chapitre peut se transporter dans les ressorts des tribunaux limitrophes de celui où il exerce ses fonctions, à l'effet d'y poursuivre ses investigations. Il doit aviser, au préalable, le procureur de la République du ressort du tribunal dans lequel il se transporte. Il mentionne sur son procès-verbal les motifs de son transport.
Article 70
Si les nécessités de l'enquête portant sur un crime flagrant ou un délit flagrant puni d'au moins trois ans d'emprisonnement l'exigent, le procureur de la République peut, sans préjudice de l'application des dispositions de l'article 73, décerner mandat de recherche contre toute personne à l'encontre de laquelle il existe une ou plusieurs raisons plausibles de soupçonner qu'elle a commis ou tenté de commettre l'infraction.
Pour l'exécution de ce mandat, les dispositions de l'article 134 sont applicables. La personne découverte en vertu de ce mandat est placée en garde à vue par l'officier de police judiciaire du lieu de la découverte, qui peut procéder à son audition, sans préjudice de l'application de l'article 43 et de la possibilité pour les enquêteurs déjà saisis des faits de se transporter sur place afin d'y procéder eux-mêmes, après avoir si nécessaire bénéficié d'une extension de compétence en application de l'article 18. Le procureur de la République ayant délivré le mandat de recherche en est informé dès le début de la mesure ; ce magistrat peut ordonner que, pendant la durée de la garde à vue, la personne soit conduite dans les locaux du service d'enquête saisi des faits. Code de procédure pénale –[Dernière modification le 07 janvier 2017 - Document généré le 09 janvier 2017Copyright (C) 2007-2017 Legifrance].
Si la personne ayant fait l'objet du mandat de recherche n'est pas découverte au cours de l'enquête et si le procureur de la République requiert l'ouverture d'une information contre personne non dénommée, le mandat de recherche demeure valable pour le déroulement de l'information, sauf s'il est rapporté par le juge d'instruction.

Article 72
Lorsque le procureur de la République et le juge d'instruction sont simultanément sur les lieux, le procureur de la République peut requérir l'ouverture d'une information régulière dont est saisi le juge d'instruction présent, par dérogation, le cas échéant, aux dispositions de l'article 83.
Article 73
Dans les cas de crime flagrant ou de délit flagrant puni d'une peine d'emprisonnement, toute personne a qualité pour en appréhender l'auteur et le conduire devant l'officier de police judiciaire le plus proche. Lorsque la personne est présentée devant l'officier de police judiciaire, son placement en garde à vue, lorsque les conditions de cette mesure prévues par le présent code sont réunies, n'est pas obligatoire dès lors qu'elle n'est pas tenue sous la contrainte de demeurer à la disposition des enquêteurs et qu'elle a été informée qu'elle peut à tout moment quitter les locaux de police ou de gendarmerie. Le présent alinéa n'est toutefois pas applicable si la personne a été conduite, sous contrainte, par la force publique devant l'officier de police judiciaire.
Article 74
En cas de découverte d'un cadavre, qu'il s'agisse ou non d'une mort violente, mais si la cause en est inconnue ou suspecte, l'officier de police judiciaire qui en est avisé informe immédiatement le procureur de la République, se transporte sans délai sur les lieux et procède aux premières constatations. Le procureur de la République se rend sur place s'il le juge nécessaire et se fait assister de personnes capables d'apprécier la nature des circonstances du décès. Il peut, toutefois, déléguer aux mêmes fins, un officier de police judiciaire de son choix.
Sauf si elles sont inscrites sur une des listes prévues à l'article 157, les personnes ainsi appelées prêtent, par écrit, serment d'apporter leur concours à la justice en leur honneur et en leur conscience. Sur instructions du procureur de la République, une enquête aux fins de recherche des causes de la mort est ouverte. Dans ce cadre et à ces fins, il peut être procédé aux actes prévus par les articles 56 à 62, dans les conditions prévues par ces dispositions. À l'issue d'un délai de huit jours à compter des instructions de ce magistrat, ces investigations peuvent se poursuivre dans les formes de l'enquête préliminaire. Le procureur de la République peut aussi requérir information pour recherche des causes de la mort. Les dispositions des quatre premiers alinéas sont également applicables en cas de découverte d'une personne grièvement blessée lorsque la cause de ses blessures est inconnue ou suspecte. Code de procédure pénale –[Dernière modification le 07 janvier 2017 - Document généré le 09 janvier 2017Copyright (C) 2007-2017 Légifrance].
Article 74-1
Lorsque la disparition d'un mineur ou d'un majeur protégé vient d'intervenir ou d'être constatée, les officiers de police judiciaire, assistés le cas échéant

des agents de police judiciaire, peuvent, sur instructions du procureur de la République, procéder aux actes prévus par les articles 56 à 62, aux fins de découvrir la personne disparue. À l'issue d'un délai de huit jours à compter des instructions de ce magistrat, ces investigations peuvent se poursuivre dans les formes de l'enquête préliminaire. Le procureur de la République peut également requérir l'ouverture d'une information pour recherche des causes de la disparition. Les dispositions du présent article sont également applicables en cas de disparition d'un majeur présentant un caractère inquiétant ou suspect eu égard aux circonstances, à l'âge de l'intéressé ou à son état de santé.

Article 74-2

Les officiers de police judiciaire, assistés le cas échéant des agents de police judiciaire, peuvent, sur instructions du procureur de la République, procéder aux actes prévus par les articles 56 à 62 aux fins de rechercher et de découvrir une personne en fuite dans les cas suivants :1° Personne faisant l'objet d'un mandat d'arrêt délivré par le juge d'instruction, le juge des libertés et de la détention, la chambre de l'instruction ou son président ou le président de la cour d'assises, alors qu'elle est renvoyée devant une juridiction de jugement ;

2° Personne faisant l'objet d'un mandat d'arrêt délivré par une juridiction de jugement ou par le juge de l'application des peines ;

3° Personne condamnée à une peine privative de liberté sans sursis supérieure ou égale à un an ou à une peine privative de liberté supérieure ou égale à un an résultant de la révocation d'un sursis assorti ou non d'une mise à l'épreuve, lorsque cette condamnation est exécutoire ou passée en force de chose jugée ;

4° Personne inscrite au fichier judiciaire national automatisé des auteurs d'infractions terroristes ayant manqué aux obligations prévues à l'article 706-25-7 ;

5° Personne inscrite au fichier judiciaire national automatisé des auteurs d'infractions sexuelles ou violentes ayant manqué aux obligations prévues à l'article 706-53-5 ;

6° Personne ayant fait l'objet d'une décision de retrait ou de révocation d'un aménagement de peine ou d'une libération sous contrainte, ou d'une décision de mise à exécution de l'emprisonnement prévu par la juridiction de jugement en cas de violation des obligations et interdictions résultant d'une peine, dès lors que cette décision a pour conséquence la mise à exécution d'un quantum ou d'un reliquat de peine d'emprisonnement supérieur à un an. Si les nécessités de l'enquête pour rechercher la personne en fuite l'exigent, le juge des libertés et de la détention du tribunal de grande instance peut, à la requête du procureur de la République, autoriser l'interception, l'enregistrement et la transcription de correspondances émises par la voie des télécommunications selon les modalités prévues par les articles 100, 100-1 et 100-3 à 100-7, pour une durée maximale de deux mois renouvelable dans les

mêmes conditions de forme et de durée, dans la limite de six mois en matière correctionnelle. Ces opérations sont faites sous l'autorité et le contrôle du juge des libertés et de la détention. Code de procédure pénale –[Dernière modification le 07 janvier 2017 - Document généré le 09 janvier 2017Copyright (C) 2007-2017 Legifrance].
Pour l'application des dispositions des articles 100-3 à 100-5, les attributions confiées au juge d'instruction ou à l'officier de police judiciaire commis par lui sont exercées par le procureur de la République ou l'officier de police judiciaire requis par ce magistrat. Le juge des libertés et de la détention est informé sans délai des actes accomplis en application de l'alinéa précédent.

Chapitre II : De l'enquête préliminaire
Article 75
Les officiers de police judiciaire et, sous le contrôle de ceux-ci, les agents de police judiciaire désignés à l'article 20 procèdent à des enquêtes préliminaires soit sur les instructions du procureur de la République, soit d'office. Ces opérations relèvent de la surveillance du procureur général.
Article 75-1
Lorsqu'il donne instruction aux officiers de police judiciaire de procéder à une enquête préliminaire, le procureur de la République fixe le délai dans lequel cette enquête doit être effectuée. Il peut le proroger au vu des justifications fournies par les enquêteurs.
Lorsque l'enquête est menée d'office, les officiers de police judiciaire rendent compte au procureur de la République de son état d'avancement lorsqu'elle est commencée depuis plus de six mois.
Article 75-2
L'officier de police judiciaire qui mène une enquête préliminaire concernant un crime ou un délit avise le procureur de la République dès qu'une personne à l'encontre de laquelle existent des indices faisant présumer qu'elle a commis ou tenté de commettre l'infraction est identifiée.
Article 76
Les perquisitions, visites domiciliaires et saisies de pièces à conviction ou de biens dont la confiscation est prévue à l'article 131-21 du Code pénal ne peuvent être effectuées sans l'assentiment exprès de la personne chez laquelle l'opération a lieu.
Cet assentiment doit faire l'objet d'une déclaration écrite de la main de l'intéressé ou, si celui-ci ne sait écrire, il en est fait mention au procès-verbal ainsi que de son assentiment. Code de procédure pénale –[Dernière modification le 07 janvier 2017 - Document généré le 09 janvier 2017Copyright (C) 2007-2017 Legifrance].
Les dispositions prévues par les articles 56 et 59 (premier alinéa) du présent code sont applicables. Si les nécessités de l'enquête relative à un crime ou à un délit puni d'une peine d'emprisonnement d'une durée égale ou supérieure à cinq ans l'exigent ou si la recherche de biens dont la confiscation est

prévue à l' article131-21 du Code pénal le justifie, le juge des libertés et de la détention du tribunal de grande instance peut, à la requête du procureur de la République, décider, par une décision écrite et motivée, que les opérations prévues au présent article seront effectuées sans l'assentiment de la personne chez qui elles ont lieu. À peine de nullité, la décision du juge des libertés et de la détention précise la qualification de l'infraction dont la preuve est recherchée ainsi que l'adresse des lieux dans lesquels ces opérations peuvent être effectuées ; cette décision est motivée par référence aux éléments de fait et de droit justifiant que ces opérations sont nécessaires. Les opérations sont effectuées sous le contrôle du magistrat qui les a autorisées, et qui peut se déplacer sur les lieux pour veiller au respect des dispositions légales. Ces opérations ne peuvent, à peine de nullité, avoir un autre objet que la recherche et la constatation des infractions visées dans la décision du juge des libertés et de la détention ou la saisie des biens dont la confiscation est prévue à l'article 131-21 du Code pénal. Toutefois, le fait que ces opérations révèlent des infractions autres que celles visées dans la décision ne constitue pas une cause de nullité des procédures incidentes. Pour l'application des dispositions de l'alinéa précédent, est compétent le juge des libertés et de la détention du tribunal de grande instance dont le procureur de la République dirige l'enquête, quelle que soit la juridiction dans le ressort de laquelle la perquisition doit avoir lieu. Le juge des libertés et de la détention peut alors se déplacer sur les lieux quelle que soit leur localisation sur le territoire national. Le procureur de la République peut également saisir le juge des libertés et de la détention du tribunal de grande instance dans le ressort duquel la perquisition doit avoir lieu, par l'intermédiaire du procureur de la République de cette juridiction.

Article 76-1

L'article 61-3 est applicable à l'enquête préliminaire.

Article 76-2

Le procureur de la République ou, sur autorisation de celui-ci, l'officier de police judiciaire peut faire procéder aux opérations de prélèvements externes prévues par l'article 55-1. Les dispositions des deuxième et troisième alinéas de l'article 55-1 sont applicables.

Article 76-3

L'officier de police peut, pour les nécessités de l'enquête, dans les conditions prévues à l'article 76, recourir aux opérations prévues par l'article 57-1.

Article 77

Les dispositions des articles 61-1 et 61-2 relatives à l'audition d'une personne soupçonnée ou d'une victime ainsi que celles des articles 62-2 à 64-1 relatives à la garde à vue sont applicables lors de l'enquête préliminaire.

Article 77-1

S'il y a lieu de procéder à des constatations ou à des examens techniques ou scientifiques, le procureur de la République ou, sur autorisation de celui-ci, l'officier de police judiciaire, a recours à toutes personnes qualifiées. Les dispositions des deuxième, troisième et quatrième alinéas de l'article 60 sont applicables.

Article 77-1-1

Le procureur de la République ou, sur autorisation de celui-ci, l'officier de police judiciaire, peut, partout moyen, requérir de toute personne, de tout établissement ou organisme privé ou public ou de toute administration publique qui sont susceptibles de détenir des informations intéressant l'enquête, y compris celles issues d'un système informatique ou d'un traitement de données nominatives, de lui remettre ces informations, notamment sous forme numérique, sans que puisse lui être opposée, sans motif légitime, l'obligation au secret professionnel. Lorsque les réquisitions concernent des personnes mentionnées aux articles 56-1 à 56-5, la remise des informations ne peut intervenir qu'avec leur accord. En cas d'absence de réponse de la personne aux réquisitions, les dispositions du second alinéa de l'article 60-1 sont applicables. Le dernier alinéa de l'article 60-1 est également applicable.

Article 77-1-2

Sur autorisation du procureur de la République, l'officier de police judiciaire peut procéder aux réquisitions prévues par le premier alinéa de l'article 60-2. Sur autorisation du juge des libertés et de la détention saisi à cette fin par le procureur de la République, l'officier de police peut procéder aux réquisitions prévues par le deuxième alinéa de l'article 60-2. Les organismes ou personnes concernés mettent à disposition les informations requises par voie télématique ou informatique dans les meilleurs délais. Le fait de refuser de répondre sans motif légitime à ces réquisitions est puni conformément aux dispositions du quatrième alinéa de l'article 60-2 (Code de procédure pénale –[Dernière modification le 07 janvier 2017 - Document généré le 09 janvier 2017Copyright (C) 2007-2017 Legifrance]).

Article 77-1-3

Sur autorisation du procureur de la République, l'officier de police judiciaire peut procéder aux réquisitions prévues à l'article 60-3.

Article 77-2

I.-Toute personne contre laquelle il existe une ou plusieurs raisons plausibles de soupçonner qu'elle a commis ou tenté de commettre une infraction punie d'une peine privative de liberté et qui a fait l'objet d'un des actes prévus aux articles 61-1 et 62-2 peut, un an après l'accomplissement du premier de ces actes, demander au procureur de la République, par lettre recommandée avec demande d'avis de réception ou par déclaration au greffe contre récépissé, de consulter le dossier de la procédure afin de formuler ses observations. Dans le cas où une telle demande lui a été présentée, le procureur de la République

doit, lorsque l'enquête lui paraît terminée et s'il envisage de poursuivre la personne par citation directe ou selon la procédure prévue à l'article 390-1, aviser celle-ci, ou son avocat, de la mise à la disposition de son avocat, ou d'elle-même si elle n'est pas assistée par un avocat, d'une copie de la procédure et de la possibilité de formuler des observations ainsi que des demandes d'actes utiles à la manifestation de la vérité dans un délai d'un mois, selon les formes mentionnées au premier alinéa du présent I. Lorsqu'une victime a porté plainte dans le cadre de cette enquête et qu'une demande de consultation du dossier de la procédure a été formulée par la personne mise en cause, le procureur de la République avise cette victime qu'elle dispose des mêmes droits dans les mêmes conditions. Pendant ce délai d'un mois, le procureur de la République ne peut prendre aucune décision sur l'action publique, hors l'ouverture d'une information, l'application de l'article 393 ou le recours à la procédure de comparution sur reconnaissance de culpabilité prévue aux articles 495-7 à 495-13.
II.-A tout moment de la procédure, même en l'absence de demande prévue au premier alinéa du I, le procureur de la République peut communiquer tout ou partie de la procédure à la personne mise en cause ou à la victime pour recueillir leurs éventuelles observations ou celles de leur avocat.III. Dans les cas mentionnés aux I et II, les observations ou demandes d'actes de la personne ou de son avocat sont versées au dossier de la procédure. Le procureur de la République apprécie les suites devant être apportées à ces observations et demandes. Il en informe les personnes concernées.

Article 77-3

La demande mentionnée au premier alinéa du I de l'article 77-2 est faite au procureur de la République sous la direction duquel l'enquête est menée. À défaut, si cette information n'est pas connue de la personne, elle peut être adressée au procureur de la République du tribunal de grande instance dans le ressort duquel l'un des actes mentionnés au même article a été réalisé, qui la transmet sans délai au procureur de la République qui dirige l'enquête.

Article 77-4

Code de procédure pénale – [Dernière modification le 07 janvier 2017 - document généré le 09 janvier 2017Copyright (C) 2007-2017 Legifrance]. Si les nécessités de l'enquête portant sur un crime ou un délit puni d'au moins trois ans d'emprisonnement l'exigent, le procureur de la République peut décerner mandat de recherche contre toute personne à l'encontre de laquelle il existe une ou plusieurs raisons plausibles de soupçonner qu'elle a commis ou tenté de commettre l'infraction. Les dispositions des deuxième et troisième alinéas de l'article 70 sont alors applicables.

Article 78

Les personnes convoquées par un officier de police judiciaire pour les nécessités de l'enquête sont tenues de comparaître. L'officier de police judiciaire peut contraindre à comparaître par la force publique, avec l'autorisation préalable du procureur de la République, les personnes qui n'ont pas répondu à une convocation à comparaître ou dont on peut craindre qu'elles ne répondent pas à une telle convocation. Le procureur de la République peut également autoriser la comparution par la force publique sans convocation préalable en cas de risque de modification des preuves ou indices matériels, de pressions sur les témoins ou les victimes ainsi que sur leur famille ou leurs proches, ou de concertation entre les coauteurs ou complices de l'infraction. L'article 62 est applicable. L'officier de police judiciaire dresse procès-verbal de leurs déclarations. Les agents de police judiciaire désignés à l'article 20 peuvent également, sous le contrôle d'un officier de police judiciaire, entendre les personnes convoquées. Les procès-verbaux sont dressés dans les conditions prévues par les articles 61 et 62-1.

Chapitre III : Des contrôles, des vérifications et des relevés d'identité

Article 78-1

L'application des règles prévues par le présent chapitre est soumise au contrôle des autorités judiciaires mentionnées aux articles 12 et 13. Toute personne se trouvant sur le territoire national doit accepter de se prêter à un contrôle d'identité effectué dans les conditions et par les autorités de police visées aux articles suivants.

Article 78-2

Les officiers de police judiciaire et, sur l'ordre et sous la responsabilité de ceux-ci, les agents de police judiciaire et agents de police judiciaire adjoints mentionnés aux articles 20 et 21-1° peuvent inviter à justifier, par tout moyen, de son identité toute personne à l'égard de laquelle existe une ou plusieurs raisons plausibles de soupçonner :

- qu'elle a commis ou tenté de commettre une infraction ; Code de procédure pénale –[Dernière modification le 07 janvier 2017 - Document généré le 09 janvier 2017Copyright (C) 2007-2017 Legifrance] ;
- ou qu'elle se prépare à commettre un crime ou un délit ;
- ou qu'elle est susceptible de fournir des renseignements utiles à l'enquête en cas de crime ou de délit ;
- ou qu'elle a violé les obligations ou interdictions auxquelles elle est soumise dans le cadre d'un contrôle judiciaire, d'une mesure d'assignation à résidence avec surveillance électronique, d'une peine ou d'une mesure suivie par le juge de l'application des peines ;
- ou qu'elle fait l'objet de recherches ordonnées par une autorité judiciaire.

Sur réquisitions écrites du procureur de la République aux fins de recherche et de poursuite d'infractions qu'il précise, l'identité de toute personne peut être également contrôlée, selon les mêmes modalités, dans les lieux et pour une période de temps déterminés par ce magistrat. Le fait que le contrôle d'identité révèle des infractions autres que celles visées dans les réquisitions du procureur de la République ne constitue pas une cause de nullité des procédures incidentes.

L'identité de toute personne, quel que soit son comportement, peut également être contrôlée, selon les modalités prévues au premier alinéa, pour prévenir une atteinte à l'ordre public, notamment à la sécurité des personnes ou des biens. Dans une zone comprise entre la frontière terrestre de la France avec les États parties à la convention signée à Schengen le 19 juin 1990 et une ligne tracée à 20 kilomètres en deçà, ainsi que dans les zones accessibles au public des ports, aéroports et gares ferroviaires ou routières ouverts au trafic international et désignés par arrêté, pour la prévention et la recherche des infractions liées à la criminalité transfrontalière, l'identité de toute personne peut également être contrôlée, selon les modalités prévues au premier alinéa, en vue de vérifier le respect des obligations de détention, de port et de présentation des titres et documents prévues par la loi. Lorsque ce contrôle a lieu à bord d'un train effectuant une liaison internationale, il peut être opéré sur la portion du trajet entre la frontière et le premier arrêt qui se situe au-delà des vingt kilomètres de la frontière. Toutefois, sur celles des lignes ferroviaires effectuant une liaison internationale et présentant des caractéristiques particulières de desserte, le contrôle peut également être opéré entre cet arrêt et un arrêt situé dans la limite des cinquante kilomètres suivants. Ces lignes et ces arrêts sont désignés par arrêté ministériel. Lorsqu'il existe une section autoroutière démarrant dans la zone mentionnée à la première phrase du présent alinéa et que le premier péage autoroutier se situe au-delà de la ligne des 20 kilomètres, le contrôle peut en outre avoir lieu jusqu'à ce premier péage sur les aires de stationnement ainsi que sur le lieu de ce péage et les aires de stationnement attenantes. Les péages concernés par cette disposition sont désignés par arrêté. Le fait que le contrôle d'identité révèle une infraction autre que celle de non-respect des obligations susvisées ne constitue pas une cause de nullité des procédures incidentes. Pour l'application du présent alinéa, le contrôle des obligations de détention, de port et de présentation des titres et documents prévus par la loi ne peut être pratiqué que pour une durée n'excédant pas six heures consécutives dans un même lieu et ne peut consister en un contrôle systématique des personnes présentes ou circulant dans les zones ou lieux mentionnés au même alinéa. Dans une zone comprise entre les frontières terrestres ou le littoral du département de la Guyane et une ligne tracée à vingt kilomètres en deçà, et sur une ligne tracée à cinq kilomètres de part et d'autre, ainsi que sur la route nationale 2 sur le territoire de la commune de Régina, l'identité de toute personne peut être contrôlée, selon les modalités prévues au premier alinéa, en vue de vérifier le respect des obligations de détention, de port et de présentation des titres et documents prévus par la loi. L'identité de toute personne peut également être contrôlée, selon les modalités prévues au premier alinéa du présent article, en vue de vérifier le respect des obligations de détention, de port et de présentation des titres et documents prévus par la loi (Code de procédure pénale –[Dernière modification le 07 janvier 2017 - Document généré le 09 janvier 2017Copyright (C) 2007-2017 Legifrance]) :

1° En Guadeloupe, dans une zone comprise entre le littoral et une ligne tracée à un kilomètre en deçà, ainsi que dans une zone d'un kilomètre de part et d'autre, d'une part, de la route nationale 1 sur le territoire des communes de Basse-Terre, Gourbeyre et Trois-Rivières et, d'autre part, de la route nationale 4 sur le territoire des communes du Gosier et de Sainte-Anne et Saint-François ;

2° A Mayotte, dans une zone comprise entre le littoral et une ligne tracée à un kilomètre en deçà ;

3° A Saint-Martin, dans une zone comprise entre le littoral et une ligne tracée à un kilomètre en deçà ;

4° A Saint-Barthélemy, dans une zone comprise entre le littoral et une ligne tracée à un kilomètre en deçà ;

5° En Martinique, dans une zone comprise entre le littoral et une ligne tracée à un kilomètre en deçà, ainsi que dans une zone d'un kilomètre de part et d'autre de la route nationale 1 qui traverse les communes de Sainte-Marie, La Trinité, Le Robert et Le Lamentin, de la route nationale 2 qui traverse les communes de Saint-Pierre, Le Carbet, Le Morne-Rouge, l'Ajoupa-Bouillon et Basse-Pointe, de la route nationale 3 qui traverse les communes de Le Morne-Rouge, l'Ajoupa-Bouillon, Basse-Pointe, Fonds-Saint-Denis et Fort-de-France, de la route nationale 5 qui traverse les communes de Le Lamentin, Ducos, Rivière-Salée, Sainte-Luce, Rivière-Pilote et Le Marin, de la route nationale 6 qui traverse les communes de Ducos, Le Lamentin, Le Robert, Le François et Le Vauclin, Rivière-Salée, Sainte-Luce, Rivière-Pilote et Le Marin et de la route départementale 1 qui traverse les communes de Le Robert, Le François et Le Vauclin.

Article 78-2-1

Sur réquisitions du procureur de la République, les officiers de police judiciaire et, sur l'ordre ou la responsabilité de ceux-ci, les agents de police judiciaire et agents de police judiciaire adjoints mentionnés aux articles 20 et 21 (1°) sont habilités à entrer dans les lieux à usage professionnel, ainsi que dans leurs annexes et dépendances, sauf s'ils constituent un domicile, où sont en cours des activités de construction, de production, de transformation, de réparation, de prestation de services ou de commercialisation, en vue :-de s'assurer que ces activités ont donné lieu à l'immatriculation au répertoire des métiers ou au registre du commerce et des sociétés lorsqu'elle est obligatoire, ainsi qu'aux déclarations exigées par les organismes de protection sociale et l'administration fiscale ;

- de se faire présenter le registre unique du personnel et les documents attestant que les déclarations préalables à l'embauche ont été effectuées ;
- de contrôler l'identité des personnes occupées, dans le seul but de vérifier qu'elles figurent sur le registre ou qu'elles ont fait l'objet des déclarations mentionnées à l'alinéa précédent. Les réquisitions du procureur de la

République sont écrites et précisent les infractions, parmi celles visées aux articles L. 5221-8, L. 5221-11, L. 8221-1, L. 8221-2, L. 8251-1 du code du travail, qu'il entend faire rechercher et poursuivre, ainsi que les lieux dans lesquels l'opération de contrôle se déroulera. Ces réquisitions sont prises pour une durée maximum d'un mois et sont présentées à la personne disposant des lieux ou à celle qui la représente. Les mesures prises en application des dispositions prévues au présent article font l'objet d'un procès-verbal remis à l'intéressé.

Article 78-2-2

Code de procédure pénale –[Dernière modification le 07 janvier 2017 - Document généré le 09 janvier 2017Copyright (C) 2007-2017 Legifrance].

I.-Sur réquisitions écrites du procureur de la République, dans les lieux et pour la période de temps que ce magistrat détermine et qui ne peut excéder vingt-quatre heures, renouvelables sur décision expresse et motivée selon la même procédure, les officiers de police judiciaire et, sur l'ordre et sous la responsabilité de ceux-ci, les agents de police judiciaire et les agents de police judiciaire adjoints mentionnés aux 1°, 1° bis et 1° ter de l'article 21 du présent code, peuvent procéder aux contrôles d'identité prévus au septième alinéa de l'article 78-2, aux fins de recherche et de poursuite des infractions suivantes :

1° Actes de terrorisme mentionnés aux articles 421-1 à 421-6 du Code pénal ;

2° Infractions en matière de prolifération des armes de destruction massive et de leurs vecteurs mentionnées aux 1° et 2° du I de l'article L. 1333-9, à l'article L. 1333-11, au II des articles L. 1333-13-3 et L. 1333-13-4et aux articles L. 1333-13-5, L. 2339-14, L. 2339-15, L. 2341-1, L. 2341-2, L. 2341-4, L. 2342-59 et L.2342-60 du code de la défense ;

3° Infractions en matière d'armes mentionnées à l'article 222-54 du Code pénal et à l'article L. 317-8 du code de la sécurité intérieure ;

4° Infractions en matière d'explosifs mentionnées à l'article 322-11-1 du Code pénal et à l'article L. 2353-4 du code de la défense ;

5° Infractions de vol mentionnées aux articles 311-3 à 311-11 du Code pénal ;

6° Infractions de recel mentionnées aux articles 321-1 et 321-2 du même code ;

7° Faits de trafic de stupéfiants mentionnés aux articles 222-34 à 222-38 dudit code.

II.-Dans les mêmes conditions et pour les mêmes infractions que celles prévues au I, les officiers de police judiciaire, assistés, le cas échéant, des agents de police judiciaire et des agents de police judiciaire adjoints mentionnés aux 1°, 1° bis et 1° ter de l'article 21 du présent code peuvent procéder à la visite des véhicules circulant, arrêtés ou stationnant sur la voie publique ou dans des lieux accessibles au public. Les véhicules en circulation ne peuvent être immobilisés que le temps strictement nécessaire

au déroulement de la visite qui doit avoir lieu en présence du conducteur. Lorsqu'elle porte sur un véhicule à l'arrêt ou en stationnement, la visite se déroule en présence du conducteur ou du propriétaire du véhicule ou, à défaut, d'une personne requise à cet effet par l'officier ou l'agent de police judiciaire et qui ne relève pas de son autorité administrative. La présence d'une personne extérieure n'est toutefois pas requise si la visite comporte des risques graves pour la sécurité des personnes et des biens. En cas de découverte d'une infraction ou si le conducteur ou le propriétaire du véhicule le demande ainsi que dans le cas où la visite se déroule en leur absence, il est établi un procès-verbal mentionnant le lieu et les dates et heures de début et de fin de ces opérations. Un exemplaire en est remis à l'intéressé et un autre exemplaire est transmis sans délai au procureur de la République (Code de procédure pénale –[Dernière modification le 07 janvier 2017 – Document généré le 09 janvier 2017Copyright (C) 2007-2017 Legifrance]).
Toutefois, la visite des véhicules spécialement aménagés à usage d'habitation et effectivement utilisés comme résidence ne peut être faite que conformément aux dispositions relatives aux perquisitions et visites domiciliaires.
III.-Dans les mêmes conditions et pour les mêmes infractions que celles prévues au I, les officiers de police judiciaire, assistés, le cas échéant, des agents de police judiciaire et des agents de police judiciaire adjoints mentionnés aux 1°, 1° bis et 1° ter de l'article 21 du présent code peuvent procéder à l'inspection visuelle de bagages ou à leur fouille. Les propriétaires des bagages ne peuvent être retenus que le temps strictement nécessaire au déroulement de l'inspection visuelle ou de la fouille des bagages, qui doit avoir lieu en présence du propriétaire. En cas de découverte d'une infraction ou si le propriétaire du bagage le demande, il est établi un procès-verbal mentionnant le lieu et les dates et heures de début et de fin de ces opérations. Un exemplaire en est remis à l'intéressé et un autre exemplaire est transmis sans délai au procureur de la République.
IV. Le fait que ces opérations révèlent des infractions autres que celles visées dans les réquisitions du procureur de la République ne constitue pas une cause de nullité des procédures incidentes.

Article 78-2-3

Les officiers de police judiciaire, assistés, le cas échéant, des agents de police judiciaire et des agents de police judiciaire adjoints mentionnés aux 1°, 1° bis et 1° ter de l'article 21, peuvent procéder à la visite des véhicules circulant ou arrêtés sur la voie publique ou dans des lieux accessibles au public lorsqu'il existe à l'égard du conducteur ou d'un passager une ou plusieurs raisons plausibles de soupçonner qu'il a commis, comme auteur ou comme complice, un crime ou un délit flagrant ; ces dispositions s'appliquent également à la tentative. Le II de l'article 78-2-2 est applicable au présent article.

Article 78-2-4

I. - Pour prévenir une atteinte grave à la sécurité des personnes et des biens, les officiers de police judiciaire et, sur l'ordre et sous la responsabilité de ceux-ci, les agents de police judiciaire et les agents de police judiciaire adjoints mentionnés aux 1°, 1° bis et 1° ter de l'article 21 peuvent procéder non seulement aux contrôles d'identité prévus au huitième alinéa de l'article 78-2, mais aussi, avec l'accord du conducteur ou du propriétaire du bagage ou, à défaut, sur instructions du procureur de la République communiquées par tous moyens, à : 1° La visite des véhicules circulant, arrêtés ou stationnant sur la voie publique ou dans des lieux accessibles au public ;

2° L'inspection visuelle des bagages ou leur fouille.

II. - Pour l'application du 1° du I du présent article, le II de l'article 78-2-2 est applicable. Code de procédure pénale – [Dernière modification le 07 janvier 2017 - document généré le 09 janvier 2017 Copyright (C) 2007-2017 Legifrance]. Dans l'attente des instructions du procureur de la République, le véhicule peut être immobilisé pour une durée qui ne peut excéder trente minutes.

III. - Pour l'application du 2° du I du présent article, le III de l'article 78-2-2 est applicable. Dans l'attente des instructions du procureur de la République, le propriétaire du bagage peut être retenu pour une durée qui ne peut excéder trente minutes.

Article 78-3

Si l'intéressé refuse ou se trouve dans l'impossibilité de justifier de son identité, il peut, en cas de nécessité, être retenu sur place ou dans le local de police où il est conduit aux fins de vérification de son identité. Dans tous les cas, il est présenté immédiatement à un officier de police judiciaire qui le met en mesure de fournir par tout moyen les éléments permettant d'établir son identité et qui procède, s'il y a lieu, aux opérations de vérification nécessaires. Il est aussitôt informé par celui-ci de son droit de faire aviser le procureur de la République de la vérification dont il fait l'objet et de prévenir à tout moment sa famille ou toute personne de son choix. Si des circonstances particulières l'exigent, l'officier de police judiciaire prévient lui-même la famille ou la personne choisie. Lorsqu'il s'agit d'un mineur de dix-huit ans, le procureur de la République doit être informé dès le début de la rétention. Sauf impossibilité, le mineur doit être assisté de son représentant légal. La personne qui fait l'objet d'une vérification ne peut être retenue que pendant le temps strictement exigé par l'établissement de son identité. La rétention ne peut excéder quatre heures, ou huit heures à Mayotte, à compter du contrôle effectué en application de l'article 78-2 et le procureur de la République peut y mettre fin à tout moment. Si la personne interpellée maintient son refus de justifier de son identité ou fournit des éléments d'identité manifestement inexacts, les opérations de vérification peuvent donner lieu, après autorisation du procureur de la République ou du juge d'instruction, à la prise d'empreintes digitales ou de photographies lorsque celle-ci constitue l'unique moyen d'établir l'identité de l'intéressé. La prise d'empreintes ou de photographies doit être mentionnée et spécialement motivée dans le procès-verbal prévu ci-après. L'officier de police judiciaire mentionne, dans un procès-verbal, les motifs qui justifient le contrôle ainsi que la vérification d'identité, et les conditions dans lesquelles la personne a été présentée devant lui, informée de ses droits et mise en mesure de les exercer. Il précise le jour et l'heure à partir desquels le contrôle a été effectué, le jour et l'heure de la fin de la rétention et la durée de celle-ci. Ce procès-verbal est présenté à la signature de l'intéressé. Si ce dernier refuse de le signer, mention est faite du refus et des motifs de celui-ci. Le procès-verbal est transmis au procureur de la République, copie en ayant été remise à l'intéressé dans le cas prévu par l'alinéa suivant. Si elle n'est suivie à l'égard de la personne qui a été retenue d'aucune procédure d'enquête ou d'exécution adressée à l'autorité judiciaire, la vérification d'identité ne peut donner lieu à une mise en mémoire sur fichiers et le procès-verbal ainsi que toutes les pièces se rapportant à la vérification sont détruits dans un délai de six mois sous le contrôle du procureur de la République (Code de procédure pénale – [Dernière modification le 07 janvier 2017 - document généré le 09 janvier 2017Copyright (C) 2007-2017 Legifrance]). Dans le cas où il y a lieu à procédure d'enquête ou d'exécution adressée à l'autorité judiciaire et assortie du maintien en garde à vue, la personne retenue doit être aussitôt informée de son droit de faire aviser le procureur de la République de la mesure dont elle fait l'objet. Les prescriptions énumérées au présent article sont imposées à peine de nullité.

Article 78-3-1

I. - Toute personne faisant l'objet d'un contrôle ou d'une vérification d'identité prévus au présent chapitre peut, lorsque ce contrôle ou cette vérification révèle qu'il existe des raisons sérieuses de penser que son comportement peut être lié à des activités à caractère terroriste, faire l'objet d'une retenue sur place ou dans le local de police où elle est conduite pour une vérification de sa situation par un officier de police judiciaire permettant de consulter les traitements automatisés de données à caractère personnel relevant de l'article 26 de la loi n° 78-17 du 6 janvier 1978 relative à l'informatique, aux fichiers et aux libertés, selon les règles propres à chacun de ces traitements et, le cas échéant, d'interroger les services à l'origine du signalement de l'intéressé ainsi que des organismes de coopération internationale en matière de police judiciaire ou des services de police étrangers. La retenue ne peut donner lieu à audition. Le procureur de la République territorialement compétent est informé dès le début de la retenue.

II. - La personne retenue est immédiatement informée par l'officier de police judiciaire ou, sous le contrôle de celui-ci, par un agent de police judiciaire, dans une langue qu'elle comprend :

1° Du fondement légal de son placement en retenue ;

2° De la durée maximale de la mesure ;

3° Du fait que la retenue dont elle fait l'objet ne peut donner lieu à audition et qu'elle a le droit de garder le silence ;
4° Du fait qu'elle bénéficie du droit de faire prévenir par l'officier de police judiciaire toute personne de son choix ainsi que son employeur. Si l'officier de police judiciaire estime, en raison des nécessités liées à la retenue, ne pas devoir faire droit à cette demande, il en réfère sans délai au procureur de la République qui décide, s'il y a lieu, d'y faire droit. Sauf en cas de circonstance insurmontable, qui doit être mentionnée au procès-verbal, les diligences incombant à l'officier de police judiciaire en application du premier alinéa du présent 4° doivent intervenir, au plus tard, dans un délai de deux heures à compter du moment où la personne a formulé sa demande.
III. - Lorsqu'il s'agit d'un mineur de dix-huit ans, la retenue fait l'objet d'un accord exprès du procureur de la République. Le mineur doit être assisté de son représentant légal, sauf impossibilité dûment justifiée.
IV. - La personne faisant l'objet d'une vérification de situation ne peut être retenue que pendant le temps strictement nécessaire à l'accomplissement des vérifications mentionnées au premier alinéa du I, pour une durée qui ne peut excéder quatre heures à compter du début du contrôle effectué. Le procureur de la République peut mettre fin à tout moment à la retenue.
L'officier de police judiciaire mentionne dans un procès-verbal les motifs qui justifient la vérification de situation administrative et les conditions dans lesquelles la personne a été présentée devant lui, informée de ses droits et mise en mesure de les exercer. Il précise le jour et l'heure à partir desquels la vérification a été effectuée, le jour et l'heure de la fin de la retenue et la durée de celle-ci. Ce procès-verbal est présenté à la signature de la personne. Si cette dernière refuse de le signer, mention est faite du refus et des motifs de celui-ci. Le procès-verbal est transmis sans délai au procureur de la République, copie en ayant été remise à la personne.
V. - Les prescriptions énumérées au présent article sont imposées à peine de nullité.
Code de procédure pénale –[Dernière modification le 07 janvier 2017 - document généré le 09 janvier 2017Copyright (C) 2007-2017 Legifrance].

Article 78-4

La durée de la rétention prévue aux articles 78-3 et 78-3-1 s'impute, s'il y a lieu, sur celle de la garde à vue.

Article 78-5

Seront punis de trois mois d'emprisonnement et de 3 750 euros d'amende ceux qui auront refusé de se prêter aux prises d'empreintes digitales ou de photographies autorisées par le procureur de la République ou le juge d'instruction, conformément aux dispositions de l'article 78-3.

Article 78-6

Les agents de police judiciaire adjoints mentionnés aux 1° bis, 1° ter, 1° quater et 2° de l'article 21 sont habilités à relever l'identité des contrevenants pour dresser les procès-verbaux concernant des contraventions aux arrêtés de police du maire, des contraventions au Code de la route que la loi et les règlements les autorisent à verbaliser ou des contraventions qu'ils peuvent constater en vertu d'une disposition législative expresse. Si le contrevenant refuse ou se trouve dans l'impossibilité de justifier de son identité, l'agent de police judiciaire adjoint mentionné au premier alinéa en rend compte immédiatement à tout officier de police judiciaire de la police nationale ou de la gendarmerie nationale territorialement compétent, qui peut alors lui ordonner sans délai de lui présenter sur le champ le contrevenant. À défaut de cet ordre, l'agent de police judiciaire adjoint mentionné au premier alinéa ne peut retenir le contrevenant. Lorsque l'officier de police judiciaire décide de procéder à une vérification d'identité, dans les conditions prévues à l'article 78-3, le délai prévu au troisième alinéa de cet article court à compter du relevé d'identité.

Article 78-7

Sans préjudice des prérogatives des procureurs territorialement compétents, le procureur de la République du lieu où se situe la gare de départ d'un véhicule de transport ferroviaire de voyageurs peut, en vue des contrôles et des vérifications mis en œuvre dans ce véhicule sur son trajet, prendre les réquisitions et les instructions prévues au sixième alinéa de l'article 78-2 et à l'article 78-2-2. Lorsque la gare de départ se situe hors du territoire national, sans préjudice des prérogatives des procureurs territorialement compétents, les réquisitions et les instructions mentionnées au premier alinéa du présent article peuvent être prises par le procureur de la République du lieu où se situe la gare d'arrivée. Les procureurs des lieux où le train marque un arrêt en sont informés. Lorsque les gares de départ et d'arrivée se situent hors du territoire national, sans préjudice des prérogatives des procureurs territorialement compétents, les réquisitions et les instructions mentionnées au même premier alinéa peuvent être prises par le procureur de la République du lieu du premier arrêt du train en France. Les procureurs des autres lieux où le train marque un arrêt en sont informés (Code de procédure pénale – [Dernière modification le 07 janvier 2017 – Document généré le 09 janvier 2017 Copyright (C) 2007-2017 Legifrance]).

Livre Ier : De la conduite de la politique pénale, de l'exercice de l'action publique et de l'instruction

Titre III : Des juridictions d'instruction

Chapitre Ier : Du juge d'instruction : juridiction d'instruction du premier degré

Section 1 : Dispositions générales

Article 79

L'instruction préparatoire est obligatoire en matière de crime ; sauf dispositions spéciales, elle est facultative en matière de délit ; elle peut également avoir lieu en matière de contravention si le procureur de la République le requiert en application de l'article 44.

Article 80
I.- Le juge d'instruction ne peut informer qu'en vertu d'un réquisitoire du procureur de la République. Le réquisitoire peut être pris contre personne dénommée ou non dénommée. Lorsque des faits, non visés au réquisitoire, sont portés à la connaissance du juge d'instruction, celui-ci doit immédiatement communiquer au procureur de la République les plaintes ou les procès-verbaux qui les constatent. Le procureur de la République peut alors soit requérir du juge d'instruction, par réquisitoire supplétif, qu'il informe sur ces nouveaux faits, soit requérir l'ouverture d'une information distincte, soit saisir la juridiction de jugement, soit ordonner une enquête, soit décider d'un classement sans suite ou de procéder à l'une des mesures prévues aux articles 41-1 à 41-3, soit transmettre les plaintes ou les procès-verbaux au procureur de la République territorialement compétent. Si le procureur de la République requiert l'ouverture d'une information distincte, celle-ci peut être confiée au même juge d'instruction, désigné dans les conditions prévues au premier alinéa de l'article 83. En cas de plainte avec constitution de partie civile, il est procédé comme il est dit à l'article 86. Toutefois, lorsque de nouveaux faits sont dénoncés au juge d'instruction par la partie civile en cours d'information, il est fait application des dispositions de l'alinéa qui précède.
II.-En matière criminelle, ainsi que lorsqu'il requiert une cosaisine, le procureur de la République près le tribunal de grande instance au sein duquel il n'y a pas de pôle de l'instruction est compétent pour requérir l'ouverture d'une information devant les magistrats du pôle territorialement compétents pour les infractions (Code de procédure pénale –[Dernière modification le 07 janvier 2017 - Document généré le 09 janvier 2017Copyright (C) 2007-2017 Legifrance]) relevant de sa compétence en application de l'article 43, y compris en faisant déférer devant eux les personnes concernées. Dans les cas prévus au premier alinéa, le réquisitoire introductif peut également être pris par le procureur de la République près le tribunal de grande instance au sein duquel se trouve le pôle, qui est à cette fin territorialement compétent sur l'ensemble du ressort de compétence de ce pôle, y compris pour diriger et contrôler les enquêtes de police judiciaire. Le procureur de la République près ce tribunal de grande instance est seul compétent pour suivre le déroulement des informations visées aux alinéas précédents jusqu'à leur règlement. En cas de renvoi devant la juridiction de jugement, l'affaire est renvoyée, selon le cas, devant la juridiction de proximité, le tribunal de police, le tribunal correctionnel, le tribunal pour enfants ou la cour d'assises initialement compétents.
III.- Si le procureur de la République près le tribunal de grande instance dans lequel il y a un pôle de l'instruction constate qu'une personne est déférée devant lui en vue de l'ouverture d'une information en application du deuxième alinéa du II et qu'il estime qu'aucune information relevant de la compétence du pôle ne doit être ouverte, il peut, avant de transmettre le

dossier de la procédure au procureur de la République territorialement compétent, requérir le placement sous contrôle judiciaire ou en détention provisoire de la personne selon les modalités prévues par le troisième alinéa de l'article 394 et l'article 396. Si la personne est placée en détention provisoire, elle doit comparaître devant le procureur de la République territorialement compétent au plus tard le troisième jour ouvrable suivant. À défaut, elle est mise d'office en liberté.

Article 80-1

À peine de nullité, le juge d'instruction ne peut mettre en examen que les personnes à l'encontre desquelles il existe des indices graves ou concordants rendant vraisemblable qu'elles aient pu participer, comme auteures ou comme complices, à la commission des infractions dont il est saisi.

Il ne peut procéder à cette mise en examen qu'après avoir préalablement entendu les observations de la personne ou l'avoir mise en mesure de les faire, en étant assistée par son avocat, soit dans les conditions prévues par l'article 116 relatif à l'interrogatoire de première comparution, soit en tant que témoin assisté conformément aux dispositions des articles 113-1 à 113-8. Le juge d'instruction ne peut procéder à la mise en examen de la personne que s'il estime ne pas pouvoir recourir à la procédure de témoin assisté.

Article 80-1-1

Sans préjudice de son droit de demander l'annulation de la mise en examen dans les six mois de sa première comparution, conformément aux articles 173,173-1 et 174-1, la personne mise en examen peut au cours de l'information, selon les modalités prévues par l'avant-dernier alinéa de l'article 81, demander au juge d'instruction de revenir sur sa décision et de lui octroyer le statut de témoin assisté si elle estime que les conditions prévues par les premier et troisième alinéas de l'article 80-1 ne sont plus remplies. Cette demande peut être faite à l'issue d'un délai de six mois après la mise en examen et tous les six mois suivants (Code de procédure pénale – [Dernière modification le 07 janvier 2017 - Document généré le 09 janvier 2017Copyright (C) 2007-2017 Legifrance]). Cette demande peut également être faite dans les dix jours qui suivent la notification d'une expertise ou un interrogatoire au cours duquel la personne est entendue sur les résultats d'une commission rogatoire ou sur les déclarations de la partie civile, d'un témoin, d'un témoin assisté ou d'une autre personne mise en examen. Le juge d'instruction statue sur cette demande après avoir sollicité les réquisitions du ministère public. Si le juge d'instruction fait droit à la demande, il informe la personne qu'elle bénéficie du statut de témoin assisté. Si la personne est détenue, le juge ordonne sa mise en liberté d'office. Si le juge d'instruction estime que la personne doit rester mise en examen, il statue par ordonnance motivée faisant état des indices graves ou concordants justifiant sa décision.

Article 80-2

Le juge d'instruction peut informer une personne par lettre recommandée qu'elle est convoquée, dans un délai qui ne peut être inférieur à dix jours ni supérieur à deux mois, pour qu'il soit procédé à sa première comparution dans les conditions prévues par l'article 116. Cette lettre indique la date et l'heure de la convocation. Elle donne connaissance à la personne de chacun des faits dont ce magistrat est saisi et pour lesquels la mise en examen est envisagée, tout en précisant leur qualification juridique. Elle fait connaître à la personne qu'elle a le droit de choisir un avocat ou de demander qu'il lui en soit désigné un d'office, ce choix ou cette demande devant être adressé au greffe du juge d'instruction. Elle précise que la mise en examen ne pourra intervenir qu'à l'issue de la première comparution de la personne devant le juge d'instruction. Le juge d'instruction peut également faire notifier cette convocation par un officier de police judiciaire. Cette notification comprend les mentions prévues à l'alinéa précédent ; elle est constatée par un procès-verbal signé par la personne qui en reçoit copie. L'avocat choisi ou désigné est convoqué dans les conditions prévues par l'article 114 ; il a accès au dossier de la procédure dans les conditions prévues par cet article.

Article 80-3

Dès le début de l'information, le juge d'instruction doit avertir la victime d'une infraction de l'ouverture d'une procédure, de son droit de se constituer partie civile et des modalités d'exercice de ce droit. Si la victime est mineure, l'avis est donné à ses représentants légaux. L'avis prévu à l'alinéa précédent indique à la victime qu'elle a le droit, si elle souhaite se constituer partie civile, d'être assistée d'un avocat qu'elle pourra choisir ou qui, à sa demande, sera désigné par le bâtonnier de l'ordre des avocats, en précisant que les frais seront à sa charge, sauf si elle remplit les conditions d'accès à l'aide juridictionnelle ou si elle bénéficie d'une assurance de protection juridique. Lorsque le juge d'instruction est informé par la victime qu'elle se constitue partie civile et qu'elle demande la désignation d'un avocat, il en informe sans délai le bâtonnier de l'ordre des avocats.

Article 80-4

Pendant le déroulement de l'information pour recherche des causes de la mort ou des causes d'une disparition mentionnée aux articles 74 et 74-1, le juge d'instruction procède conformément aux dispositions du chapitre Ier du titre III du livre Ier. Les interceptions des correspondances émises par la voie des télécommunications sont effectuées sous son autorité et son contrôle dans les conditions prévues au deuxième alinéa de l'article 100 et aux articles 100-1 à 100-7. Les interceptions ne peuvent excéder une durée de deux mois renouvelable. Les membres de la famille ou les proches de la personne décédée ou disparue peuvent se constituer partie civile à titre incident. Toutefois, en cas de découverte de la personne disparue, l'adresse de cette dernière et les pièces permettant d'avoir directement ou indirectement connaissance de cette adresse ne peuvent être communiquées à la partie civile qu'avec l'accord de l'intéressé s'il s'agit d'un majeur et qu'avec l'accord du juge d'instruction s'il s'agit d'un mineur ou d'un majeur protégé

Article 81

Le juge d'instruction procède, conformément à la loi, à tous les actes d'information qu'il juge utiles à la manifestation de la vérité. Il instruit à charge et à décharge.

Il est établi une copie de ces actes ainsi que de toutes les pièces de la procédure ; chaque copie est certifiée conforme par le greffier ou l'officier de police judiciaire commis mentionné à l'alinéa 4. Toutes les pièces du dossier sont cotées par le greffier au fur et à mesure de leur rédaction ou de leur réception par le juge d'instruction. Toutefois, si les copies peuvent être établies à l'aide de procédés photographiques ou similaires, elles sont exécutées à l'occasion de la transmission du dossier. Il en est alors établi autant d'exemplaires qu'il est nécessaire à l'administration de la justice. Le greffier certifie la conformité du dossier reproduit avec le dossier original. Si le dessaisissement momentané a pour cause l'exercice d'une voie de recours, l'établissement des copies doit être effectué immédiatement pour qu'en aucun cas ne soit retardée la mise en état de l'affaire prévue à l'article 194. Si le juge d'instruction est dans l'impossibilité de procéder lui-même à tous les actes d'instruction, il peut donner commission rogatoire aux officiers de police judiciaire afin de leur faire exécuter tous les actes d'information nécessaires dans les conditions et sous les réserves prévues aux articles 151 et 152. Le juge d'instruction doit vérifier les éléments d'information ainsi recueillis. Le juge d'instruction procède ou fait procéder, soit par des officiers de police judiciaire, conformément à l'alinéa 4, soit par toute personne habilitée dans des conditions déterminées par décret en Conseil d'État, à une enquête sur la personnalité des personnes mises en examen, ainsi que sur leur situation matérielle, familiale ou sociale. Toutefois, en matière de délit, cette enquête est facultative. Le juge d'instruction peut également commettre une personne habilitée en application du sixième alinéa ou, en cas d'impossibilité matérielle, le service pénitentiaire d'insertion et de probation à l'effet de vérifier la situation matérielle, familiale et sociale d'une personne mise en examen et de l'informer sur les mesures propres à favoriser l'insertion sociale de l'intéressée. À moins qu'elles n'aient été déjà prescrites par le ministère public, ces diligences doivent être prescrites par le juge d'instruction chaque fois qu'il envisage de placer en détention provisoire un majeur âgé de moins de vingt et un ans au moment de la commission de l'infraction lorsque la peine encourue n'excède pas cinq ans d'emprisonnement (Code de procédure pénale –[Dernière modification le 07 janvier 2017 – Document généré le 09 janvier 2017Copyright (C) 2007-2017 Legifrance]). Le juge d'instruction peut prescrire un examen médical, un examen psychologique ou ordonner toutes mesures utiles. S'il est saisi par une partie d'une demande écrite et motivée tendant à ce qu'il soit procédé à l'un des examens ou à toutes autres mesures utiles prévus par l'alinéa qui précède, le juge d'instruction doit, s'il n'entend pas y faire droit, rendre une ordonnance motivée au plus tard dans le délai d'un mois à compter de la réception de la demande. La demande mentionnée à l'alinéa précédent doit faire l'objet d'une déclaration au greffier du juge d'instruction saisi du dossier. Elle est constatée et datée par le greffier qui la signe ainsi que le demandeur ou son avocat. Si le demandeur ne peut signer, il en est fait mention par le greffier. Lorsque le demandeur ou son avocat ne réside pas dans le ressort de la juridiction compétente, la déclaration au greffier peut être faite au moyen d'une lettre recommandée avec demande d'avis de réception. Lorsque la personne mise en examen est détenue, la demande peut également être faite au moyen d'une déclaration auprès du chef de l'établissement pénitentiaire. Cette déclaration est constatée et datée par le chef de l'établissement pénitentiaire qui la signe, ainsi que le demandeur. Si celui-ci ne peut signer, il en est fait mention par le chef de l'établissement. Ce document est adressé sans délai, en original ou copie et par tout moyen, au greffier du juge d'instruction. Faute par le juge d'instruction d'avoir statué dans le délai d'un mois, la partie peut saisir directement le président de la chambre de l'instruction, qui statue et procède conformément aux troisième, quatrième et cinquième alinéas de l'article 186-1.

Article 81-1

Le juge d'instruction peut, d'office, sur réquisition du parquet ou à la demande de la partie civile, procéder, conformément à la loi, à tout acte lui permettant d'apprécier la nature et l'importance des préjudices subis par la victime ou de recueillir des renseignements sur la personnalité de celle-ci.

Article 82

Dans son réquisitoire introductif, et à toute époque de l'information par réquisitoire supplétif, le procureur de la République peut requérir du magistrat instructeur tous actes lui paraissant utiles à la manifestation de la vérité et toutes mesures de sûreté nécessaires. Il peut également demander à assister à l'accomplissement des actes qu'il requiert. Il peut, à cette fin, se faire communiquer la procédure, à charge de la rendre dans les vingt-quatre heures. S'il requiert le placement ou le maintien en détention provisoire de la personne mise en examen, ses réquisitions doivent être écrites et motivées par référence aux seules dispositions de l'article 144. Si le juge d'instruction ne suit pas les réquisitions du procureur de la République, il doit, sans préjudice de l'application des dispositions de l'article 137-4, rendre une ordonnance motivée dans les cinq jours de ces réquisitions (Code de procédure pénale – [Dernière modification le 07 janvier 2017 - document généré le 09 janvier 2017Copyright (C) 2007-2017 Legifrance]). À défaut d'ordonnance du juge d'instruction, le procureur de la République peut, dans les dix jours, saisir directement la chambre de l'instruction. Il en est de même si le juge des libertés et de la détention, saisi par le juge d'instruction, ne rend pas d'ordonnance dans le délai de dix jours à compter de sa saisine.

Article 82-1

Les parties peuvent, au cours de l'information, saisir le juge d'instruction d'une demande écrite et motivée tendant à ce qu'il soit procédé à leur audition ou à leur interrogatoire, à l'audition d'un témoin, à une confrontation ou à un transport sur les lieux, à ce qu'il soit ordonné la production par l'une d'entre elles d'une pièce utile à l'information, ou à ce qu'il soit procédé à tous autres actes qui leur paraissent nécessaires à la manifestation de la vérité. À peine de nullité, cette demande doit être formée conformément aux dispositions du dixième alinéa de l'article 81 ; elle doit porter sur des actes déterminés et, lorsqu'elle concerne une audition, préciser l'identité de la personne dont l'audition est souhaitée. Le juge d'instruction doit, s'il n'entend pas y faire droit, rendre une ordonnance motivée au plus tard dans le délai d'un mois à compter de la réception de la demande. Les dispositions du dernier alinéa de l'article 81 sont applicables. À l'expiration d'un délai de quatre mois depuis sa dernière comparution, la personne mise en examen qui en fait la demande écrite doit être entendue par le juge d'instruction. Le juge d'instruction procède à son interrogatoire dans les trente jours de la réception de la demande, qui doit être formée conformément aux dispositions du dixième alinéa de l'article 81.

Article 82-2

Lorsque la personne mise en examen saisit le juge d'instruction, en application des dispositions de l'article82-1, d'une demande tendant à ce que ce magistrat procède à un transport sur les lieux, à l'audition d'un témoin, d'une partie civile ou d'une autre personne mise en examen, elle peut demander que cet acte soit effectué en présence de son avocat. La partie civile dispose de ce même droit s'agissant d'un transport sur les lieux, de l'audition d'un témoin ou d'une autre partie civile ou de l'interrogatoire de la personne mise en examen. Le juge d'instruction statue sur ces demandes conformément aux dispositions du deuxième alinéa de l'article 82-1. S'il fait droit à la demande, le juge d'instruction convoque l'avocat au plus tard dans les deux jours ouvrables avant la date du transport, de l'audition ou de l'interrogatoire, au cours desquels celui-ci peut intervenir dans les conditions prévues à l'article 120.

Article 82-3

Lorsque le juge d'instruction conteste le bien-fondé d'une demande des parties tendant à constater la prescription de l'action publique, il doit rendre une ordonnance motivée dans le délai d'un mois à compter de la réception de la demande. Les dispositions des avant-dernier et dernier alinéas de l'article 81 sont applicables (Code de procédure pénale –[Dernière modification le 07 janvier 2017 - Document généré le 09 janvier 2017Copyright (C) 2007-2017 Legifrance]). À peine d'irrecevabilité, la personne soutenant que la prescription de l'action publique était acquise au moment de sa mise en examen ou de sa première audition comme témoin assisté doit formuler sa demande dans les six mois suivant cet acte.

Article 83
Lorsqu'il existe dans un tribunal plusieurs juges d'instruction, le président du tribunal ou, en cas d'empêchement, le magistrat qui le remplace, désigne, pour chaque information, le juge qui en sera chargé. Il peut établir, à cette fin, un tableau de roulement. Les désignations prévues au présent article sont des mesures d'administration judiciaire non susceptibles de recours.
Article 83-1
Lorsque la gravité ou la complexité de l'affaire le justifie, l'information peut faire l'objet d'une cosaisine selon les modalités prévues par le présent article. Le président du tribunal de grande instance dans lequel il existe un pôle de l'instruction ou, en cas d'empêchement, le magistrat qui le remplace désigne, dès l'ouverture de l'information, d'office ou si le procureur de la République le requiert dans son réquisitoire introductif, un ou plusieurs juges d'instruction pour être adjoints au juge d'instruction chargé de l'information. À tout moment de la procédure, le président du tribunal de grande instance peut désigner un ou plusieurs juges d'instruction cosaisis soit à la demande du juge chargé de l'information, soit, si ce juge donne son accord, d'office ou sur réquisition du ministère public ou sur requête des parties déposée conformément aux dispositions de l'avant-dernier alinéa de l'article 81. Les parties ne peuvent pas renouveler leur demande avant six mois. Dans un délai d'un mois à compter de la réception de la demande, le président désigne un ou plusieurs juges d'instruction pour être adjoints au juge chargé de l'information. Pour l'application du présent alinéa, lorsque l'information a été ouverte dans un tribunal où il n'y a pas de pôle de l'instruction, le président du tribunal de grande instance où se trouve le pôle territorialement compétent désigne le juge d'instruction chargé de l'information ainsi que le ou les juges d'instruction cosaisis, après que le juge d'instruction initialement saisi s'est dessaisi au profit du pôle ; ce dessaisissement prend effet à la date de désignation des juges du pôle. Lorsqu'elle n'est pas ordonnée selon les modalités prévues par l'alinéa qui précède, en l'absence d'accord du juge chargé de l'information ou, à défaut, de désignation par le président du tribunal de grande instance dans le délai d'un mois, la cosaisine peut être ordonnée par le président de la chambre de l'instruction agissant d'office, à la demande du président du tribunal, sur réquisition du ministère public ou sur requête des parties. Le président statue dans un délai d'un mois à compter de la réception de la demande qui est déposée conformément à l'avant-dernier alinéa de l'article 81 si elle émane d'une partie. Lorsque l'information a été ouverte dans un tribunal où il n'y a pas de pôle de l'instruction, le président de la chambre de l'instruction saisit la chambre de l'instruction aux fins de cosaisine. Dans un délai d'un mois à compter de sa saisine, la chambre décide alors soit, s'il n'y a pas lieu à cosaisine, de renvoyer le dossier au magistrat instructeur, soit, si cette décision est indispensable à la manifestation de la vérité et à la bonne administration de la justice (Code de procédure pénale –[Dernière modification le 07 janvier 2017 - Document

généré le 09 janvier 2017Copyright (C) 2007-2017 Legifrance]), de procéder au dessaisissement du juge d'instruction et à la désignation, aux fins de poursuite de la procédure, de plusieurs juges d'instruction. Les décisions du président du tribunal de grande instance, du président de la chambre de l'instruction et de cette dernière prévues par le présent article sont des mesures d'administration judiciaire non susceptibles de recours.

Article 83-2

En cas de cosaisine, le juge d'instruction chargé de l'information coordonne le déroulement de celle-ci. Il a seul qualité pour saisir le juge des libertés et de la détention, pour ordonner une mise en liberté d'office et pour rendre l'avis de fin d'information prévu par l'article 175 et l'ordonnance de règlement. Toutefois, cet avis et cette ordonnance peuvent être cosignés par le ou les juges d'instruction cosaisis.

Article 84

Sous réserve de l'application des articles 657 et 663, le dessaisissement du juge d'instruction au profit d'un autre juge d'instruction peut être demandé au président du tribunal, dans l'intérêt d'une bonne administration de la justice, par requête motivée du procureur de la République, agissant soit spontanément, soit à la demande des parties

Le président du tribunal doit statuer dans les huit jours par une ordonnance qui ne sera pas susceptible de voies de recours. En cas d'empêchement du juge chargé de l'information, par suite de congé, de maladie ou pour toute autre cause, de même qu'en cas de nomination à un autre poste, le président désigne le juge d'instruction chargé de le remplacer. Toutefois, en cas d'urgence et pour des actes isolés, tout juge d'instruction peut suppléer un autre juge d'instruction du même tribunal. Dans les cas prévus par l'article 83-1, le juge désigné ou, s'ils sont plusieurs, le premier dans l'ordre de désignation, peut remplacer ou suppléer le juge chargé de l'information sans qu'il y ait lieu à application des alinéas qui précèdent.

Article 84-1

Lors de la première comparution de la personne mise en examen ou de la première audition de la partie civile ou du témoin assisté et à tout moment au cours de la procédure, le juge d'instruction peut demander à la partie, en présence de son avocat ou celui-ci dûment convoqué et après avoir porté à sa connaissance les articles 161-1 et 175, si elle déclare renoncer au bénéfice de ces articles (Code de procédure pénale – [Dernière modification le 07 janvier 2017 - document généré le 09 janvier 2017Copyright (C) 2007-2017 Legifrance]). La personne peut déclarer ne renoncer au bénéfice de l'article 161-1 que pour certaines catégories d'expertises qu'elle précise.

Elle peut déclarer ne renoncer au bénéfice de l'article 175 qu'en ce qui concerne le droit de faire des observations sur les réquisitions qui lui ont été communiquées. La renonciation au bénéfice de l'article 175 n'est toutefois valable que si elle a été faite par l'ensemble des parties à la procédure.

Section 2 : De la constitution de la partie civile et de ses effets

Article 85

Toute personne qui se prétend lésée par un crime ou un délit peut en portant plainte se constituer partie civile devant le juge d'instruction compétent en application des dispositions des articles 52, 52-1 et 706-42. Toutefois, la plainte avec constitution de partie civile n'est recevable qu'à condition que la personne justifie soit que le procureur de la République lui a fait connaître, à la suite d'une plainte déposée devant lui ou un service de police judiciaire, qu'il n'engagera pas lui-même des poursuites, soit qu'un délai de trois mois s'est écoulé depuis qu'elle a déposé plainte devant ce magistrat, contre récépissé ou par lettre recommandée avec demande d'avis de réception, ou depuis qu'elle a adressé, selon les mêmes modalités, copie à ce magistrat de sa plainte déposée devant un service de police judiciaire. Cette condition de recevabilité n'est pas requise s'il s'agit d'un crime ou s'il s'agit d'un délit prévu par la loi du 29 juillet 1881 sur la liberté de la presse ou par les articles L. 86, L. 87, L. 91 à L. 100, L. 102 à L. 104, L. 106 à L. 108 et L. 113 du code électoral. La prescription de l'action publique est suspendue, au profit de la victime, du dépôt de la plainte jusqu'à la réponse du procureur de la République ou, au plus tard, une fois écoulé le délai de trois mois. Lorsque la plainte avec constitution de partie civile est formée par une personne morale à but lucratif, elle n'est recevable qu'à condition que la personne morale justifie de ses ressources en joignant son bilan et son compte de résultat.

Article 86

Le juge d'instruction ordonne communication de la plainte au procureur de la République pour que ce magistrat prenne ses réquisitions. Le réquisitoire peut être pris contre personne dénommée ou non dénommée. Lorsque la plainte n'est pas suffisamment motivée ou justifiée, le procureur de la République peut, avant de prendre ses réquisitions et s'il n'y a pas été procédé d'office par le juge d'instruction, demander à ce magistrat d'entendre la partie civile et, le cas échéant, d'inviter cette dernière à produire toute pièce utile à l'appui de sa plainte. Le procureur de la République ne peut saisir le juge d'instruction de réquisitions de non informer que si, pour des causes affectant l'action publique elle-même, les faits ne peuvent légalement comporter une poursuite (Code de procédure pénale –[Dernière modification le 07 janvier 2017 - document généré le 09 janvier 2017Copyright (C) 2007-2017 Legifrance]) ou si, à supposer ces faits démontrés, ils ne peuvent admettre aucune qualification pénale. Le procureur de la République peut également prendre des réquisitions de non-lieu dans le cas où il est établi de façon manifeste, le cas échéant au vu des investigations qui ont pu être réalisées à la suite du dépôt de la plainte ou en application du troisième alinéa, que les faits dénoncés par la partie civile n'ont pas été commis. Dans le cas où le juge d'instruction passe outre, il doit statuer par une ordonnance motivée. Lorsque le juge d'instruction rend une ordonnance de refus d'informer, il peut faire application des dispositions des articles 177-2 et 177-3.

Article 87

La constitution de partie civile peut avoir lieu à tout moment au cours de l'instruction.

Elle peut être contestée par le procureur de la République ou par une partie. En cas de contestation, ou s'il déclare irrecevable la constitution de partie civile, le juge d'instruction statue, après communication du dossier au ministère public, par ordonnance motivée dont l'intéressé peut interjeter appel. Si la contestation d'une constitution de partie civile est formée après l'envoi de l'avis de fin d'information prévu à l'article 175, elle ne peut être examinée ni par le juge d'instruction, ni, en cas d'appel, par la chambre de l'instruction, sans préjudice de son examen, en cas de renvoi, par la juridiction de jugement.

Article 88

Le juge d'instruction constate, par ordonnance, le dépôt de la plainte. En fonction des ressources de la partie civile, il fixe le montant de la consignation que celle-ci doit, si elle n'a obtenu l'aide juridictionnelle, déposer au greffe et le délai dans lequel elle devra être faite sous peine de non-recevabilité de la plainte. Il peut dispenser de consignation la partie civile.

Article 88-1

La consignation fixée en application de l'article 88 garantit le paiement de l'amende civile susceptible d'être prononcée en application de l'article 177-2. La somme consignée est restituée lorsque cette amende n'a pas été prononcée par le juge d'instruction ou, en cas d'appel du parquet ou de la partie civile, par la chambre de l'instruction.

Article 88-2

Le juge d'instruction peut, en cours de procédure, ordonner à la partie civile qui demande la réalisation d'une expertise de verser préalablement un complément de la consignation prévue par l'article 88 afin de garantir le paiement des frais susceptibles d'être mis à sa charge en application du second alinéa de l'article 800-1. Cette décision est prise par ordonnance motivée susceptible d'appel devant la chambre de l'instruction. Elle peut également être prise par la chambre de l'instruction saisie après que le juge d'instruction a refusé d'ordonner l'expertise demandée. Le complément de consignation est restitué s'il n'est pas fait application du second alinéa de l'article 800-1.

Article 89

Toute partie civile doit déclarer au juge d'instruction une adresse qui doit être située, si l'information se déroule en métropole, dans un département métropolitain ou, si l'information se déroule dans un département d'outre-mer, dans ce département. Elle peut déclarer soit une adresse personnelle, soit, avec l'accord de celui-ci, qui peut être recueilli par tout moyen, celle d'un tiers chargé de recevoir les actes qui lui sont destinés. Elle est avisée qu'elle doit signaler au juge d'instruction jusqu'à la clôture de l'information, par nouvelle déclaration ou par lettre recommandée avec demande d'avis de réception, tout changement de l'adresse déclarée. Elle est également avisée que toute notification faite à la dernière adresse déclarée sera réputée faite à sa personne. Faute par elle d'avoir déclaré une adresse, la partie civile ne peut opposer le défaut de notification des actes qui auraient dû lui être notifiés aux termes de la loi.

Article 89-1

Lors de sa première audition, la partie civile est avisée de son droit de formuler une demande d'acte ou de présenter une requête en annulation sur le fondement des articles 81, neuvième alinéa, 82-1, 156, premier alinéa, et 173, troisième alinéa, durant le déroulement de l'information et au plus tard le vingtième jour suivant l'envoi de l'avis prévu par le premier alinéa de l'article 175, sous réserve des dispositions de l'article173-1.S'il estime que le délai prévisible d'achèvement de l'information est inférieur à un an en matière correctionnelle ou à dix-huit mois en matière criminelle, le juge d'instruction donne connaissance de ce délai à la partie civile et l'avise qu'à l'expiration dudit délai elle pourra demander la clôture de la procédure en application des dispositions de l'article 175-1. Dans le cas contraire, il indique à la partie civile qu'elle pourra demander, en application de ce même article, la clôture de la procédure à l'expiration d'un délai d'un an en matière correctionnelle ou de dix-huit mois en matière criminelle. Les avis prévus au présent article peuvent également être faits par lettre recommandée.

Article 90

Code de procédure pénale –[Dernière modification le 07 janvier 2017 - Document généré le 09 janvier 2017Copyright (C) 2007-2017 Legifrance]. Dans le cas où le juge d'instruction n'est pas compétent aux termes de l'article 52, il rend, après réquisitions du ministère public, une ordonnance renvoyant la partie civile à se pourvoir devant telle juridiction qu'il appartiendra.

Article 90-1

En matière criminelle, lorsqu'il s'agit d'un délit contre les personnes prévu par le livre II du Code pénal ou lorsqu'il s'agit d'un délit contre les biens prévu par le livre III du même code et accompagné d'atteintes à la personne, le juge d'instruction avise tous les six mois la partie civile de l'état d'avancement de l'information. Cet avis peut être donné par lettre simple adressée à la partie civile et à son avocat, ou à l'occasion de l'audition de la partie civile. Lorsqu'une association regroupant plusieurs victimes s'est constituée partie civile en application des dispositions du second alinéa de l'article 2-9 ou du premier alinéa de l'article 2-15, l'avis est donné à cette seule association, à charge pour elle d'en informer les victimes regroupées en son sein, sauf si ces victimes se sont également constituées parties civiles à titre individuel. Si la partie civile le demande, l'information relative à l'évolution de la procédure prévue par le présent article intervient tous les quatre mois, et la partie civile est convoquée et entendue à cette fin par le juge d'instruction.

Article 91

Quand, après une information ouverte sur constitution de partie civile, une décision de non-lieu a été rendue, la personne mise en examen et toutes personnes visées dans la plainte, et sans préjudice d'une poursuite pour dénonciation calomnieuse, peuvent, si elles n'usent de la voie civile, demander des dommages-intérêts au plaignant dans les formes indiquées ci-après. L'action en dommages-intérêts doit être introduite dans les trois mois du jour où l'ordonnance de non-lieu est devenue définitive. Elle est portée par voie de citation devant le tribunal correctionnel où l'affaire a été instruite. Ce tribunal est immédiatement saisi du dossier de l'information terminée par une ordonnance de non-lieu, en vue de sa communication aux parties. Les débats ont lieu en chambre du conseil : les parties, ou leurs conseils, et le ministère public sont entendus. Le jugement est rendu en audience publique. En cas de condamnation, le tribunal peut ordonner la publication intégrale ou par extraits de son jugement dans un ou plusieurs journaux qu'il désigne, aux frais du condamné. Il fixe le coût maximum de chaque insertion. L'opposition et l'appel sont recevables dans les délais de droit commun en matière correctionnelle. L'appel est porté devant la chambre des appels correctionnels statuant dans les mêmes formes que le tribunal. L'arrêt de la cour d'appel peut être déféré à la Cour de cassation comme en matière pénale (Code de procédure pénale –[Dernière modification le 07 janvier 2017 - document généré le 09 janvier 2017Copyright (C) 2007-2017 Legifrance]). Lorsqu'une décision définitive rendue en application de l'article 177-2 a déclaré que la constitution de partie civile était abusive ou dilatoire, cette décision s'impose au tribunal correctionnel saisi dans les conditions prévues aux alinéas précédents.

Article 91-1

En matière criminelle, lorsqu'il s'agit d'un délit contre les personnes prévu par le livre II du Code pénal ou lorsqu'il s'agit d'un délit contre les biens prévu par le livre III du même code et accompagné d'atteintes à la personne, le juge d'instruction peut décider que la partie civile est assimilée au témoin en ce qui concerne le paiement des indemnités.

Section 3 : Des transports, des perquisitions, des saisies et des interceptions de correspondances émises par la voie des télécommunications

Sous-section 1 : Des transports, des perquisitions et des saisies

Article 92

Le juge d'instruction peut se transporter sur les lieux pour y effectuer toutes constatations utiles ou procéder à des perquisitions. Il en donne avis au procureur de la République, qui a la faculté de l'accompagner. Le juge d'instruction est toujours assisté d'un greffier. Il dresse un procès-verbal de ses opérations.

Article 93

Si les nécessités de l'information l'exigent, le juge d'instruction peut, après en avoir donné avis au procureur de la République de son tribunal, se transporter avec son greffier dans toute l'étendue du territoire national, à effet d'y procéder à tous actes d'instruction, à charge par lui d'aviser, au préalable, le procureur de la République du tribunal dans le ressort duquel il se transporte. Il mentionne sur son procès-verbal les motifs de son transport.

Article 93-1

Code de procédure pénale - Dernière modification le 07 janvier 2017 - Document généré le 09 janvier 2017Copyright (C) 2007-2017 Legifrance. Si les nécessités de l'instruction l'exigent, le juge d'instruction peut, dans le cadre d'une commission rogatoire adressée à un État étranger et avec l'accord des autorités compétentes de l'État concerné, se transporter avec son greffier sur le territoire de cet État aux fins de procéder à des auditions. Il en donne préalablement avis au procureur de la République de son tribunal.

Article 94

Les perquisitions sont effectuées dans tous les lieux où peuvent se trouver des objets ou des données informatiques dont la découverte serait utile à la manifestation de la vérité, ou des biens dont la confiscation est prévue à l'article 131-21 du Code pénal.

Article 95

Si la perquisition a lieu au domicile de la personne mise en examen, le juge d'instruction doit se conformer aux dispositions des articles 57 et 59.

Article 96

Si la perquisition a lieu dans un domicile autre que celui de la personne mise en examen, la personne chez laquelle elle doit s'effectuer est invitée à y assister. Si cette personne est absente ou refuse d'y assister, la perquisition a lieu en présence de deux de ses parents ou alliés présents sur les lieux, ou à défaut, en présence de deux témoins. Le juge d'instruction doit se conformer aux dispositions des articles 57 (alinéa 2) et 59. Toutefois, il a l'obligation de provoquer préalablement toutes mesures utiles pour que soit assuré le respect du secret professionnel et des droits de la défense. Les dispositions des articles 56 et 56-1 à 56-5 sont applicables aux perquisitions effectuées par le juge d'instruction.

Article 97

Lorsqu'il y a lieu, en cours d'information, de rechercher des documents ou des données informatiques et sous réserve des nécessités de l'information et du respect, le cas échéant, de l'obligation stipulée par l'alinéa 3 de l'article précédent, le juge d'instruction ou l'officier de police judiciaire peut procéder à une perquisition

Loi n° 1-63 du 13 janvier 1963 portant code de procédure pénale (République du Congo)

L'Assemblée nationale a délibéré et adopté ;

Le Président de la République promulgue la loi dont la teneur suit :

TITRE PRÉLIMINAIRE : DE L'ACTION PUBLIQUE ET DE L'ACTION CIVILE

Article 1

1° L'action publique pour l'application des peines est mise en mouvement et exercée par les magistrats et fonctionnaires auxquels elle est confiée par la loi.

2° Cette action peut aussi être mise en mouvement par la partie lésée, dans les conditions déterminées par le présent code.

Article 2

L'action civile en réparation du dommage causé par un crime, un délit ou une contravention appartient à tous ceux qui ont personnellement souffert du dommage directement causé par les faits objets de la prévention.

Article 3

1° L'action civile peut être exercée en même temps que l'action publique et devant la même juridiction.

2° Elle sera recevable pour les chefs de dommage aussi bien matériels que corporels ou moraux, qui découleront des faits objets de la poursuite.

Article 4

1° L'action civile peut être aussi exercée séparément à l'action publique.

2° Toutefois, il sera sursis au jugement de cette action exercée devant la juridiction civile tant qu'il n'aura pas été prononcé définitivement sur l'action publique lorsque celle-ci aura été mise en mouvement.

Article 5

La partie qui a exercé son action devant la juridiction civile compétente ne peut la porter devant la juridiction répressive. Il n'en est autrement que lorsque celle-ci a été saisie par le ministère public avant qu'un jugement sur le fond ait été rendu par la juridiction civile.

Article 6

1° L'action publique pour l'application de la peine s'éteint par la mort du prévenu, la prescription, l'amnistie, l'abrogation de la loi pénale, la transaction lorsque la loi en dispose spécialement et le retrait de la plainte lorsque celle-ci est une condition nécessaire de la poursuite.

2° Toutefois, si des poursuites ayant entraîné condamnation ont révélé la fausseté du jugement ou de l'arrêt qui a déclaré l'action publique éteinte, l'action publique pourra être reprise : la prescription doit alors être considérée comme suspendue le jour où le jugement ou arrêt était devenu définitif jusqu'à celui de la condamnation du coupable de faux ou usage de faux.

3° La renonciation de l'action civile ne peut arrêter ni suspendre l'exercice de l'action publique sous réserve des deux derniers cas visés au premier alinéa du présent article.

Article 7

1° En matière de crime, l'action publique se prescrit par dix années révolues à compter du jour où le crime a été commis, si dans cet intervalle, il n'a été fait aucun acte d'instruction ou de poursuite.

2° S'il en a été effectué, dans cet intervalle, elle ne se prescrit qu'après dix années révolues à compter du dernier acte. Il en est ainsi de même à l'égard des personnes qui ne seraient pas impliquées dans cet acte d'instruction ou de poursuite.

Article 8

En matière de délit, la prescription de l'action publique est de trois années révolues ; elle s'accomplit selon les distinctions spécifiées à l'article précédent.

Article 9

En matière de contravention, la prescription de l'action publique est d'une année révolue ; elle s'accomplit selon les distinctions spécifiées à l'article 7.

Article 10

1° L'action civile ne peut être engagée après l'expiration du délai de prescription de l'action publique.

2° Lorsqu'il a été définitivement statué sur l'action publique et si une condamnation pénale a été prononcée, l'action civile mise en mouvement dans les délais prévus par les précédents articles se prescrit par trente ans.

LIVRE PREMIER : DE L'EXERCICE DE L'ACTION PUBLIQUE ET DE L'INSTRUCTION

TITRE PREMIER : DES AUTORITÉS CHARGÉES DE L'ACTION PUBLIQUE ET DE L'INSTRUCTION

Article 11

Sauf dans les cas où la loi en dispose autrement et sans préjudice des droits de la défense, la procédure au cours de l'enquête et de l'instruction est secrète.

Toute personne qui concourt à cette procédure est tenue au secret professionnel dans les conditions et sous les peines de l'article 378 du Code pénal.

CHAPITRE PREMIER : DE LA POLICE JUDICIAIRE : DISPOSITIONS GÉNÉRALES

Article 12

La police judiciaire est exercée sous la direction du procureur de la République, par les officiers, fonctionnaires et agents désignés au présent titre.

Article 13

Elle est placée, dans le ressort de la cour d'appel, sous la surveillance du procureur général et sous le contrôle de la chambre judiciaire de la Cour suprême.

Article 14

1° Elle est chargée, suivant les distinctions établies au présent titre de constater les infractions à la loi pénale, d'en rassembler les preuves et d'en rechercher les autres tant qu'une information n'est pas ouverte.

2° Lorsqu'une information est ouverte, elle exécute les délégations des juridictions d'instruction et défère à leurs réquisitions.

Article 15

La police judiciaire comprend :

1° Les officiers de police judiciaire ;

2° Les fonctionnaires et agents auxquels sont attribuées par la loi certaines fonctions de police judiciaire.

Article 16

Ont qualité d'officier de police judiciaire :

1° Les commissaires de police, les officiers de police et les inspecteurs principaux titulaires de l'examen technique d'officier de police judiciaire ;

2° Les officiers de gendarmerie ; les sous-officiers de gendarmerie exerçant les fonctions du commandant de section, de brigade et de peloton ;

3° Les préfets et sous-préfets.

Article 17

1° Les officiers de police judiciaire ont compétence dans les limites territoriales où ils exercent leurs fonctions habituelles.

2° Toutefois, les sous-officiers de gendarmerie, officiers de police judiciaires peuvent, en cas d'urgence opérer sur l'étendue du territoire des circonscriptions limitrophes.

3° Dans toute circonscription urbaine divisée en arrondissement de police, les commissaires, officiers de police et inspecteurs principaux officiers de police judiciaire, exerçant leurs fonctions dans l'un d'eux, ont néanmoins compétence sur toute l'étendue de la circonscription.

4° Les officiers de police judiciaire peuvent, en cas de crime ou délit flagrant, se transporter dans tout le ressort du tribunal de grande instance où ils exercent leurs fonctions, ainsi que le ressort des tribunaux limitrophes à l'effet d'y poursuivre leurs investigations et de procéder à des auditions, perquisitions et saisies.

5° Les officiers de police judiciaire peuvent, sur commission rogatoire expresse du juge d'instruction ou sur réquisition du procureur de la République prises au cours d'une enquête de flagrant délit, procéder aux opérations prescrites par ces magistrats sur toute l'étendue du territoire national. Le procureur de la République de cette circonscription est immédiatement informé par le magistrat ayant prescrit ces opérations.

Article 18

Les fonctionnaires et agents des administrations et services publics auxquels des lois spéciales attribuent certains pouvoirs de police judiciaire exercent ces pouvoirs dans les conditions et dans les limites fixées par les lois.

CHAPITRE II : DU MINISTÈRE PUBLIC

Section 1 : Dispositions générales

Article 19

Le ministère public exerce l'action publique et requiert l'application de la loi.

Article 20

1° Il est représenté auprès de chaque juridiction répressive

2° Il assiste aux débats des juridictions de jugement ; toutes les décisions sont prononcées en sa présence.

3° Il assure l'exécution des décisions de justice.

4° Toutefois, dans les sections de tribunaux de grande instance et dans les tribunaux d'instance les débats peuvent avoir lieu et les décisions prononcées hors de la présence du ministère public.

Article 21

Il est tenu de prendre des réquisitions écrites conformes aux instructions qui lui sont données dans les conditions prévues aux articles 24 et 25. Il développe librement les observations orales qu'il croit convenables au bien de la justice.

Section 2 : Des attributions du procureur général près la Cour d'appel

Article 22

Le procureur général représente en personne ou par ses substituts le ministère public auprès de la Cour d'appel et auprès de la Cour criminelle instituée au siège de la Cour d'appel. Il peut, dans les mêmes conditions, représenter le ministère public auprès de toutes autres juridictions du ressort de la Cour d'appel.

Article 23

1° Le procureur général est chargé de veiller à l'application de la loi pénale dans toute l'étendue du ressort de la Cour d'appel.

2° A cette fin, il lui est adressé tous les mois par chaque procureur de la République, un état des affaires de son ressort.

3° Les juges de section et d'instance transmettent le même état par l'intermédiaire du procureur de la République dans le ressort duquel ils sont établis.

4° Le procureur général a, dans l'exercice de ses fonctions, le droit de requérir directement la force publique.

Article 24

Le ministre de la Justice peut dénoncer au procureur général les infractions à la loi pénale dont il a connaissance, lui enjoindre d'engager ou faire engager des poursuites ou de saisir la juridiction compétente de telles réquisitions écrites que le ministre juge opportunes.

Article 25

1° Le procureur général a autorité sur tous les officiers du ministère public du ressort de la Cour d'appel.

2° A l'égard de ces magistrats, il a les mêmes prérogatives que celles reconnues au ministre de la Justice à l'article précédent.

Article 26

Les officiers de police judiciaire sont placés sous la surveillance du procureur général. Il peut les charger de recueillir tous renseignements qu'il estime utiles à une bonne administration de la justice.

Section 3 : Des attributions du procureur de la République

Article 27

1° Le procureur de la République représente en personne ou par ses substituts le ministère public près le tribunal de grande instance, les sections du tribunal de grande instance de son siège ou les tribunaux d'instance de son ressort.

2° II peut également représenter en personne ou par ses substituts le ministère public auprès de la Cour criminelle transportée hors du siège de la Cour d'appel.

3° II occupe le siège du ministère public devant tous les tribunaux de son ressort.

Article 28

1° Le procureur de la République reçoit les plaintes et les dénonciations et apprécie la suite à leur donner.

2° Toute autorité constituée, tout officier public ou fonctionnaire qui, dans l'exercice de ses fonctions, acquiert la connaissance d'un crime ou d'un délit est tenu d'en donner avis sans délai au procureur de la République et de transmettre à ce magistrat tous les renseignements, procès-verbaux et actes qui y sont relatifs.

Article 29

1° Le procureur de la République procède ou fait procéder à tous actes nécessaires à la recherche et à la poursuite des infractions à la loi pénale.

2° A cette fin, il dirige l'activité des officiers de police judiciaire.

3° En cas d'infractions flagrantes, il exerce les pouvoirs qui lui sont attribués par l'article 53.

Article 30

Le procureur de la République a, dans l'exercice de ses fonctions, le droit de requérir directement la force publique.

Article 31

Sont compétents le procureur de la République du lieu de l'infraction, celui de la résidence de l'une des personnes soupçonnées d'avoir participé à l'infraction, celui du lieu de détention ou d'arrestation d'une de ces personnes, même lorsque cette arrestation a été opérée pour une autre cause.

Article 32

Dans le ressort de leur juridiction, les juges de section et éventuellement d'instance sont investis des pouvoirs reconnus par la loi aux procureurs de la République.

Article 33

En cas d'absence ou d'empêchement du procureur de la République, ou lorsque l'effectif des magistrats d'un tribunal de grande instance est insuffisant, le juge d'instruction exerce cumulativement avec ses fonctions celles du ministère public près cette juridiction.

Chapitre III : Des juges d'instruction

Article 34

1° Le juge d'instruction est chargé de procéder aux informations.

2° Il est nommé par arrêté du garde des sceaux.

3° Si le juge d'instruction est provisoirement empêché pour quelque cause que ce soit, il est remplacé par le président du tribunal de grande instance ou celui des juges du tribunal que le président désigne.

4° Le juge d'instruction est assisté d'un greffier.

Cependant en cas d'empêchement du greffier, il peut instrumenter seul.

Cet empêchement devra être constaté dans l'acte.

Article 35

1° Le juge d'instruction ne peut informer qu'après avoir été saisi par un réquisitoire du Procureur de la République ou une plainte avec constitution de partie civile dans les conditions prévues aux articles 70 et suivants.

2° En cas de crimes ou délits flagrants, il exerce les pouvoirs prévus par les articles 58 et suivants.

3° Le juge d'instruction, dans l'exercice de ses fonctions, a le droit de requérir directement la force publique.

4° Sont compétents le juge d'instruction du lieu de l'infraction, celui de la résidence de l'une des personnes soupçonnées d'avoir participé à l'infraction, celui du lieu de détention ou de l'arrestation d'une des ces personnes, même lorsque cette arrestation a été opérée pour une autre cause.

Article 36

Les juges de section et d'instance sont investis des fonctions de juge d'instruction dans le ressort de leur juridiction.

TITRE II :
DES ENQUÊTES

Chapitre premier : des crimes et délits flagrants

Article 37

1° Est qualifié crime ou délit flagrant, le crime ou le délit qui se commet actuellement, ou qui vient de se commettre. Il y a aussi crime ou délit flagrant lorsque, dans un temps voisin de l'action, la personne soupçonnée est poursuivie par la clameur publique, ou est trouvé en possession d'objets,

ou présente des traces ou indices, laissant penser qu'elle a participé au crime ou au délit.
2° Est assimilé au crime ou délit flagrant tout crime ou délit qui même non commis dans les circonstances prévues à l'alinéa précédent a été commis dans une maison dont le chef requiert le procureur de la République ou un officier de police judiciaire de le constater.
3° La procédure relative au flagrant délit prescrite aux articles 328-332 pourra également être suivie, lorsque, quel que soit le temps de l'infraction, le délit est établi à la charge du prévenu soit par des dépositions de plusieurs témoins soit par son propre aveu corroboré par des témoignages ou des indices graves et concordants.

Article 38

1° En cas de crime flagrant, l'officier de police judiciaire qui en est avisé informe immédiatement le procureur de la République et, en tant que de besoin, le juge de section ou d'instance, se transporte sans délai sur le lieu du crime et procède à toutes constations utiles.
2° Il veille à la conservation des indices susceptibles de disparaître et de tout ce qui peut servir à la manifestation de la vérité.
3° Il saisit les armes et instruments qui ont servi à commettre le crime ou qui étaient destinés à le commettre, ainsi que tout ce qui paraît avoir été le produit de ce crime.
4° Il représente les objets saisis, pour reconnaissance, aux personnes qui paraissent avoir participé au crime, si elles sont présentes.

Article 39

1° Dans les lieux où un crime a été commis, il est interdit, sous peine d'une amende de 3 000 à 36 000 francs à toute personne non habilitée, de modifier, avant les premières opérations de l'enquête judiciaire, l'état des lieux et d'y effectuer des prélèvements quelconques.
2° Toutefois, exception est faite lorsque ces modifications ou ces prélèvements sont commandés par les exigences de la sécurité ou de la salubrité publique, ou par les moins à donner aux victimes.
3° Si les destructions des traces ou si les prélèvements sont effectués en vue d'entraver le fonctionnement de la justice, la peine est de trois mois à trois ans d'emprisonnement et une amende de 36 000 à 360 000 francs ou de l'une des deux peines seulement.

Article 40

1° Si la nature du crime est telle que la preuve en puisse être acquise par la saisie des papiers, documents ou autres objets en la possession des personnes qui paraissent avoir participé au crime ou détenir des pièces ou objets relatifs aux faits incriminés, l'officier de police judiciaire se transporte sans désemparer au domicile de ces derniers pour y procéder à une perquisition dont il dresse procès-verbal.

2° Il a seul, avec les personnes désignées à l'article 41 et celles auxquelles il a éventuellement recours en application de l'article 46 le droit de prendre connaissance des papiers ou documents avant de procéder à leur saisie.
3° Tous objets et documents saisis sont immédiatement inventoriés et placés sous scellés.
4° Cependant, si leur inventaire sur place présente des difficultés, ils font l'objet de scellés fermés provisoires jusqu'au moment de leur inventaire et de leur mise sous scellés définitifs et ce, en présence des personnes qui ont assisté à la perquisition suivant les modalités prévues à l'article 41.
5° Avec l'accord du Procureur de la République ou de l'une des autorités judiciaires mentionnées à l'article 32, l'officier de police judiciaire ne maintient que la saisie des objets et documents utiles à la manifestation de la vérité.

Article 41

1° Les opérations prescrites par l'article précédent sont faites en présence de la personne au domicile de laquelle la perquisition a lieu.
2° En cas d'impossibilité, l'officier de police judiciaire aura l'obligation de l'inviter à désigner un représentant de son choix ; à défaut, l'officier de police judiciaire choisira deux témoins requis à cet effet par lui, en dehors des personnes relevant de son autorité administrative.
3° Le procès-verbal de ces opérations, dressé ainsi qu'il est dit à l'article 52, est signé par les personnes visées au présent article ; en cas d'impossibilité ou de refus, il en est fait mention au procès-verbal.

Article 42

Sous réserve des nécessités des enquêtes, toute communication ou toute divulgation sans l'autorisation de l'inculpé ou de ses ayants droit ou du signataire ou du destinataire d'un document provenant d'une perquisition à une personne non qualifiée par la loi pour en prendre connaissance est punie d'une amende de 36 000 à 360 000 francs et d'un emprisonnement de deux mois à deux ans ou de l'une de ces deux peines seulement.

Article 43

1° Sauf réclamation faite de l'intérieur de la maison ou exceptions, prévues par la loi ou lorsque l'état de siège est déclaré, les perquisitions et les visites domiciliaires ne peuvent être commencées avant 5 heures et après 19 heures.
2° Toutefois, les magistrats du ministère public, les juges d'instruction et les officiers de police judiciaire peuvent entrer, à toute heure du jour et de la nuit, en vue d'y constater toutes infractions à l'intérieur de tout hôtel, maison meublée, pension, débit de boisson, club, dancing, cercle, lieu de spectacle et leurs annexes et en tout autre lieu ouvert au public ou utilisé par le public.
3° Les formalités mentionnées aux articles 40, 41 et au premier alinéa du présent article sont prescrites à peine de nullité.

Article 44

1° S'il y a lieu de procéder à des constatations qui ne puissent être différées, l'officier de police judiciaire a recours à toutes personnes qualifiées.

2° Les personnes ainsi appelées prêtent, par écrit, serment de donner leur avis en leurs honneur et conscience.

Article 45

1° L'officier de police judiciaire peut défendre à toute personne de s'éloigner du lieu de l'infraction jusqu'à la clôture de ces opérations.

2° Toute personne dont il apparaît nécessaire, au cours des recherches judiciaires, d'établir ou de vérifier l'identité doit, à la demande de l'officier de police judiciaire, se prêter aux opérations qu'exige cette mesure.

3° Tout contrevenant aux dispositions des alinéas précédents est passible d'une peine qui ne peut excéder dix jours d'emprisonnement et 36 000 francs d'amende ou de l'une de ces deux peines seulement.

Article 46

1° L'officier de police judiciaire peut appeler et entendre toutes personnes susceptibles de fournir des renseignements sur les faits ou sur les objets et documents saisis.

2° Les personnes convoquées par lui sont tenues de comparaître et de déposer. Si elles ne satisfont pas à cette obligation, avis est donné au Procureur de la République qui peut les contraindre à comparaître par la force publique.

3° Il dresse un procès-verbal de leurs déclarations. Les personnes entendues procèdent elles-mêmes à sa lecture, peuvent y faire consigner leurs observations et y apposent leur signature. Si elles déclarent ne savoir lire, lecture leur est faite par l'officier de police judiciaire préalablement à la signature. Au cas d'impossibilité ou de refus de signer, mention en est faite au procès-verbal.

Article 47

Si pour les nécessités de l'enquête, les officiers de police judiciaire sont amenés à garder à leur disposition une ou plusieurs personnes visées à l'alinéa précédent, ils ne peuvent les retenir sans encourir les peines de la détention arbitraire que pendant les durées ci-après et sous conditions fixées aux articles qui suivent.

Article 48

1° Dans les circonstances urbaines où siège un tribunal de grande instance, s'il existe contre une personne des indices graves et concordants de nature à motiver son inculpation, les officiers de police judiciaire doivent la conduire devant le Procureur de la République sans pouvoir la garder à leur disposition plus de 72 heures.

2° Le délai de l'alinéa précédent peut être prolongé d'un nouveau délai de 48 heures par autorisation écrite du Procureur de la République ou du juge d'instruction dûment renseigné.

3° Au siège des sections des tribunaux de grande instance et des tribunaux d'instance, la prolongation des délais prévus ci-dessus est accordée selon le cas par le juge de section ou par le juge d'instance.

Article 49

1° En dehors des circonscriptions urbaines où siège un tribunal d'instance ou de grande instance ou de section, les délais prévus à l'article précédent sont doublés.

2° Les officiers de police judiciaire qui opèrent en dehors du siège des tribunaux transmettront au Procureur de la République ou au magistrat territorialement compétent les premiers procès-verbaux et un exposé des faits justifiant la demande de prolongation de délai.

3° A l'expiration des délais prévus aux alinéas susvisés, les personnes gardées à vue ne peuvent plus faire l'objet d'interrogatoire même si lesdites personnes ne peuvent être conduites immédiatement devant le Procureur de la République ou le juge d'instruction en raison d'un cas de force majeure résultant notamment de l'absence de moyens de transport.

4° Le cas de force majeure devra être constaté par l'officier de police judiciaire et mentionné aux procès-verbaux.

Article 50

1° Tout officier de police judiciaire doit mentionner sur le procès-verbal d'audition de toute personne gardée à vue le jour et l'heure à partir desquels elle a été gardée à vue ainsi que le jour et l'heure à partir desquels elle a été soit libérée soit amenée devant le magistrat compétent, soit écrouée en vertu d'un mandat d'arrêt.

2° Cette mention doit être spécialement émargée par les personnes intéressées et en cas de refus ou d'impossibilité, il en est fait mention.

3° Le procès-verbal comportera les motifs de la garde à vue.

4° Les autorisations de prolongation seront expressément visées dans les procès-verbaux d'audition auxquels elles seront jointes.

Article 51

Les dispositions des articles précédents sont applicables aux cas de flagrant délit dans tous les cas où la loi prévoit une peine d'emprisonnement.

Article 52

Les procès-verbaux dressés par l'officier de police judiciaire sont rédigés sur le champ et signés par lui sur chaque feuillet du procès- verbal.

Article 53

1° L'arrivée du Procureur de la République sur les lieux dessaisit l'officier de police judiciaire.

2° Le Procureur de la République accomplit alors tous les actes de police judiciaire prévus au présent chapitre.

3° II peut aussi prescrire à tous officiers de police judiciaire de poursuivre les opérations.

Article 54

1° Si les nécessités de l'enquête l'exigent, le Procureur de la République ou le juge d'instruction lorsqu'il procède comme il est dit au présent chapitre, peut se transporter dans les ressorts des tribunaux limitrophes de celui où il exerce ses fonctions, à l'effet d'y poursuivre ses investigations.

2° Il doit aviser, au préalable, le Procureur de la République du ressort du tribunal dans lequel il se transporte.
3° Il mentionne sur son procès-verbal les motifs de son transport.

Article 55

1° En cas de crime flagrant, et si le juge d'instruction n'est pas encore saisi, le Procureur de la République peut décerner mandat d'amener contre toute personne soupçonnée d'avoir participé à l'infraction.
2° Il peut, au résultat de l'enquête, placer l'accusé sous mandat de dépôt après l'avoir interrogé et transmettre le dossier au Procureur général près la Cour d'appel qui, s'il le juge opportun, saisit directement la Cour criminelle.
3° L'accusé est avisé de ce renvoi. Il n'est pas procédé dans ce cas à l'interrogatoire prévu à l'article 240, et le tirage au sort des jurés peut être effectué sans que le délai prescrit à l'article 251 soit observé.
4° L'accusé doit être traduit devant la cour criminelle au plus tôt 48 heures après son interrogation par le Procureur de la République et au plus tard à la plus prochaine session ordinaire.
5° Si l'accusé n'a pas fait choix d'un conseil, il lui en est désigné un d'office par ordonnance du président de la Cour criminelle.

Article 56

1° En cas de délit flagrant, lorsque le fait est puni d'une peine d'emprisonnement, et si le juge d'instruction n'est pas saisi, le Procureur de la République peut mettre l'inculpé sous mandat de dépôt.
2° Il saisit alors le tribunal dans les conditions définies au livre II du présent code relatif à la procédure devant les juridictions de jugement.

Article 57

1° En cas de flagrant délit, lorsque le prévenu ne peut être transféré avant l'expiration des délais de garde à vue prévus aux articles 48 et suivants, le Procureur de la République ou le magistrat investi de ses attributions saisit des procès-verbaux le tribunal qui, au vu de l'enquête, peut décerner mandat d'arrêt.
2° Le tribunal, s'il n'ordonne pas le transfèrement du prévenu, fixe le jour et le lieu où celui-ci sera jugé suivant la procédure de flagrant délit.

Article 58

1° Lorsque le juge d'instruction est présent sur les lieux, le Procureur de la République ainsi que les officiers de la police judiciaire sont dessaisis de plein droit à son profit.
2° Le juge d'instruction accomplit alors tous actes de police judiciaire prévus au présent chapitre.
3° Il peut aussi prescrire à tous les officiers de police judiciaire de poursuivre les opérations.
4° Ces opérations terminées, le juge d'instruction transmet les pièces de l'enquête au Procureur de la République à toutes fins utiles.

5° Lorsque le Procureur de la République et le juge d'instruction sont simultanément sur les lieux, le Procureur peut requérir l'ouverture d'une information régulière dont est saisi le juge d'instruction.

Article 59

Dans le cas de crime flagrant ou de délit flagrant puni d'une peine d'emprisonnement, toute personne a qualité pour en appréhender l'auteur et le conduire devant l'officier de la police judiciaire le plus proche.

Article 60

1° En cas de découverte d'un cadavre, qu'il s'agisse ou non d'une mort violente, mais si la cause en est inconnue ou suspecte, l'officier de police judiciaire qui en est avisé informe immédiatement le Procureur de la République, se transporte sans délai sur les lieux et procède aux premières constatations.

2° Le Procureur de la République se rend sur place s'il le juge nécessaire et se fait assister de personnes capables d'apprécier la nature des circonstances du décès. Il peut, déléguer aux mêmes fins un officier de police judiciaire de son choix.

3° Les personnes ainsi appelées prêtent, par écrit, serment de donner leur avis en leur honneur et conscience.

4° Le Procureur de la République peut aussi requérir information pour rechercher les causes de la mort.

Chapitre ii : de l'enquête préliminaire

Article 61

1° Les officiers de police judiciaire procèdent à des enquêtes préliminaires soit sur les instructions du Procureur de la République, soit d'office.

2° Ces opérations relèvent de la surveillance du Procureur général.

Article 62

Les perquisitions, visites domiciliaires et saisies de pièces à conviction ne peuvent être effectuées sans l'assentiment exprès de la personne chez laquelle l'opération a lieu.

La mention de cet assentiment doit être consignée au procès-verbal.

Article 63

Lorsque pour les nécessités de l'enquête préliminaire, l'officier de police judiciaire est amené à retenir une personne pour les besoins de ladite enquête, les dispositions des articles 48, 49 et 50 du présent code sur la garde à vue sont applicables.

TITRE III : DE L'INFORMATION

Chapitre premier : du juge d'instruction

Section 1 : Dispositions générales

Article 64

1° Sauf dispositions spéciales, l'instruction préparatoire est facultative pour les crimes, les délits et contraventions.

2° A l' exclusion des juges de session et des juges d'instance qui se saisissent d'office, le juge d'instruction ne peut informer qu'en vertu d'un réquisitoire du Procureur de la République même s'il a procédé en matière de crime ou de délit flagrant.
3° Le réquisitoire est pris contre personne dénommée ou non dénommée.
4° Le juge d'instruction à le pouvoir d'inculper toute personne ayant pris part comme auteur ou complice, aux faits qui lui sont déférés.
5° Lorsque des faits non visés au réquisitoire sont portés à la connaissance du juge d'instruction, celui-ci doit immédiatement communiquer au Procureur de la République les plaintes ou procès-verbaux qui les constatent.

Article 65

1° Le juge d'instruction procède, conformément à la loi, à tous les actes d'information, qu'il juge utile à la manifestation de la vérité.
2° Les juges de section ou d'instance agissant comme juges d'instruction établiront une copie de ces actes ainsi que de toutes les pièces de la procédure ; chaque copie est certifiée conforme par le greffier ou l'officier de police judiciaire commis.
3° Toutes les pièces du dossier sont cotées et inventoriées par le greffier au fur et à mesure de leur rédaction ou de leur réception par le juge d'instruction.

Article 66

1° Il procède ou fait procéder soit par les officiers de police judiciaire, soit par toute personne habilitée par le ministre de la Justice, à une enquête sur la personnalité des inculpés, sur leurs situations matérielle, familiale ou sociale.
2° Cette enquête est facultative.
3° Il peut prescrire un examen médical ou médico-psychologique ou ordonner toutes autres mesures utiles.

Article 67

À toute époque de l'information le Procureur de la République peut demander au magistrat instructeur la communication de la procédure et requérir tous actes lui paraissant utiles à la manifestation de la vérité. L'avocat constitué peut également conclure par écrit à toute mesure qui paraîtra utile.

Article 68

Si le juge d'instruction ne croit pas devoir procéder aux actes demandés, il doit rendre dans les cinq jours des réquisitions du ministère public ou des conclusions de l'avocat une ordonnance motivée.

Article 69

Le dessaisissement du juge d'instruction au profit d'un autre juge d'instruction peut être demandé dans l'intérêt d'une bonne administration de la justice, par requête motivée du Procureur de la République, agissant soit spontanément, soit à la demande de l'inculpé ou de la partie civile.

Section 2 : De la constitution de la partie civile et de ses effets

Article 70
Toute personne qui se prétend lésée par un crime ou un délit ou une contravention peut, en portant plainte, se constituer partie civile devant le magistrat instructeur.
Article 71
1° Le juge d'instruction ordonne communication de la plainte au Procureur de la République, lequel prend ses réquisitions contre personne dénommée ou non dénommée.
2° Le Procureur de la République ne peut saisir le juge d'instruction de réquisitions de non-informer que si les faits ne peuvent légalement comporter une poursuite pénale.
3° Si le juge d'instruction passe outre, il statue par ordonnance motivée.
4° Les juges de section et les juges d'instance agissant comme juges d'instruction ne sont pas tenus d'observer les prescriptions des alinéas 1 et 2 du présent article.
Article 72
1° La constitution de partie civile peut avoir lieu à tout moment au cours de l'instruction.
2° Elle peut être contestée soit par le ministère public, soit par l'inculpé, soit par une partie civile.
3° Le magistrat instructeur statue après communication au ministère public, sauf lorsque le magistrat instructeur est juge de section ou d'instance.
Article 73
La partie civile qui met en mouvement l'action publique doit, si elle n'a obtenu l'assistance judiciaire, et sous peine de non - recevabilité de sa plainte, consigner au greffe la somme présumée nécessaire pour les frais de la procédure, dans le délai imparti par le juge d'instruction qui en fixe le montant par ordonnance.
Article 74
1° Toute partie civile qui ne demeure pas dans le ressort du tribunal où se fait l'instruction est tenue d'y élire domicile, par déclaration enregistrée par le greffier d'instruction.
2° à défaut d'élection de domicile, la partie civile ne peut opposer le défaut de notification des actes qui auraient dû lui être notifiés aux termes de la loi.
Article 75
Dans le cas où le juge d'instruction n'est pas compétent aux termes de l'article 35-4 il rend, après réquisitions du ministère public une ordonnance renvoyant la partie civile à se pouvoir devant telle juridiction qu'il appartiendra.
Article 76
1° Quand, après une information ouverte sur constitution de la partie civile, une décision de non-lieu a été rendue, l'inculpé et toutes personnes visées dans la plainte, et sans préjudice d'une poursuite pour dénonciation

calomnieuse, peuvent, s'ils usent de la voie civile, demander des dommages-intérêts au plaignant dans les formes indiquées ci-après.
2° L'action en dommages-intérêts doit être introduite dans les trois mois à partir du jour où l'ordonnance de non-lieu est devenue définitive. Elle est portée par voie de citation devant le tribunal correctionnel où l'affaire a été instruite. Ce tribunal est immédiatement saisi du dossier de l'information terminée par l'ordonnance de non-lieu, en vue de sa communication aux parties. Les débats ont lieu en chambre du conseil ; les parties ou leurs conseils et le ministère public sont entendus. Le jugement est rendu en audience publique.
3° En cas de condamnation, le tribunal peut ordonner la publication intégrale ou par extraits de son jugement dans un ou plusieurs journaux qu'il désigne, aux frais du condamné. Il fixe le coût maximum de chaque insertion.
4° L'opposition, s'il échet, et l'appel sont recevables dans les délais de droit commun en matière correctionnelle..
5° L'appel est porté devant la chambre des appels correctionnels statuant dans les mêmes formes que le tribunal.
6° L'arrêt de la cour d'appel peut être déféré à la Cour suprême comme en matière pénale.

Section 3 : Des transports, perquisitions et saisies

Article 77

1° Le juge d'instruction peut se transporter sur les lieux pour y effectuer toutes constatations utiles ou procéder à des perquisitions. Il en donne avis au Procureur de la République, qui a la faculté de l'accompagner.
2° Le juge d'instruction est assisté d'un greffier :
en cas d'empêchement du greffier, il est procédé comme il est prescrit à l'article 34 - 4.
3° Il dresse un procès-verbal de ses opérations.

Article 78

Si les nécessités de l'information l'exigent, le juge d'instruction peut, après en avoir donné avis au Procureur de la République près son tribunal, se transporter avec son greffier dans les ressorts des tribunaux limitrophes de celui où il exerce ses fonctions, à l'effet d'y procéder à tous actes d'instruction, à charge par lui d'aviser, au préalable, le Procureur de la République du ressort du tribunal dans lequel il se transporte. Il mentionne sur un procès-verbal les motifs de son transport.

Article 79

Les perquisitions sont effectuées dans tous les lieux où peuvent se trouver des objets dont la découverte serait utile à la manifestation de la vérité.

Article 80

Si la perquisition a lieu au domicile de l'inculpé, le juge d'instruction doit se conformer aux dispositions des articles 41 et 43.

Article 81

1° Si la perquisition a lieu dans un domicile autre que celui de l'inculpé, la personne chez laquelle elle doit s'effectuer est invitée à y assister. Si cette personne est absente ou refuse d'y assister, la perquisition a lieu en présence de deux de ses parents ou alliés présents sur les lieux, à défaut en présence de deux témoins.

2° Le juge d'instruction doit se conformer aux dispositions des articles 41 et 43.

Article 82

1° Lorsqu'il y a lieu en cours d'information, de rechercher des documents, le juge d'instruction ou l'officier de police judiciaire par lui commis a seul le droit d'en prendre connaissance avant de procéder à la saisie.

2° Tous objets et documents sont immédiatement inventoriés et placés sous scellés.

3° Lorsque ces scellés sont fermés, ils ne peuvent être ouverts et les documents dépouillés qu'en présence de l'inculpé ou de lui appelé.

4° Le juge d'instruction ne maintient que la saisie des objets et documents utiles à la manifestation de la vérité ou dont la communication serait de nature à nuire à l'instruction.

5° Si la saisie porte sur des espèces, lingots, effets ou valeurs dont la conservation en nature n'est pas nécessaire à la manifestation de la vérité ou à la sauvegarde des droits des parties, il peut autoriser le greffier à en faire dépôt à la banque.

Article 83

Sous réserve des nécessités de l'information judiciaire, toute communication ou toute divulgation sans l'autorisation de l'inculpé ou dès ses ayants droit ou du signataire ou du destinataire d'un document provenant d'une perquisition, à une personne non qualifiée par la loi pour en prendre connaissance, est punie d'une amende de 36 000 à 360 000 Frs et d'un emprisonnement de deux mois à deux ans ou de l'une des deux peines seulement.

Article 84

1° L'inculpé, la partie civile ou toute autre personne qui prétend avoir droit sur un objet placé sous la main de la justice peut en réclamer la restitution au juge d'instruction.

2° Si la demande émane de l'inculpé ou de la partie civile, elle est communiquée à l'autre partie, ainsi qu'au ministère public. Si elle émane d'un tiers elle est communiquée à l'inculpé, à la partie civile et au ministère public.

3° Les observations qu'elle peut comporter doivent être produites dans les trois jours de cette communication.

4° La décision du juge d'instruction peut être déférée à la chambre d'accusation, sur simple requête, dans les dix jours de sa notification aux parties intéressées, sans toutefois que l'information puisse s'en trouver retardée.

Article 85

Après décision de non-lieu, le juge d'instruction demeure compétent pour statuer sur la restitution des objets saisis. Ses décisions peuvent être déférées à la chambre d'accusation comme il est dit à l'alinéa 4 de l'article précédent.

Section 4 : Des auditions de témoins

Article 86

1° Le juge d'instruction fait citer devant lui toutes personnes dont la déposition lui paraît utile dans les formes prévues aux articles ci-après.

2° Le juge d'instruction peut faire appel à un interprète âgé de 21 ans au moins.

3° Celui-ci, s'il n'est pas assermenté, prête serment de traduire fidèlement les dépositions.

Article 87

1° Les témoins prêteront serment de dire toute la vérité, rien que la vérité. Ce serment pourra être suivi des formes et rites non contraires à l'ordre public, en usage dans la religion ou dans la coutume de celui qui le prête.

2° Le juge d'instruction leur demandera leurs nom, prénoms, âge, état, profession, domicile, s'ils sont domestiques, parents ou alliés des parties et à quel degré. Il sera fait mention de la demande et des réponses des témoins.

Article 88

Toute personne nommément visée par une plainte assortie d'une constitution de partie civile, peut refuser d'être entendue comme témoin. Le juge d'instruction l'en avertit après lui avoir donné connaissance de la plainte. Mention en est faite au procès-verbal. En cas de refus, il ne peut l'entendre que comme inculpé.

Article 89

Chaque page des procès-verbaux est signée du juge, du greffier et du témoin. Ce dernier est alors invité à relire sa déposition telle qu'elle vient d'être transcrite, puis à la signer s'il déclare y persister. Si le témoin ne sait pas lire, lecture lui en est faite par le greffier. Si le témoin ne veut ou ne peut signer, mention en est portée sur le procès-verbal. Chaque page est également signée par l'interprète s'il y a lieu.

Article 90

1° Les procès-verbaux ne peuvent comporter aucun interligne. Les ratures et les renvois sont approuvés par le juge d'instruction, le greffier et le témoin et, s'il y a lieu, par l'interprète.

2° Toutefois, l'inobservation de ces prescriptions n'entraîne pas la nullité des procès-verbaux mais seulement celle des mentions irrégulières lorsqu'elles sont contestées.

Article 91

Les enfants au-dessous de l'âge de 15 ans sont entendus sans prestation de serment.

Article 92
1° Toute personne citée pour être entendue comme témoin est tenue de comparaître, de prêter serment et de déposer.
2° Si le témoin ne comparaît pas, le juge d'instruction peut décerner contre lui mandat d'amener et sur les réquisitions du Procureur de la République le condamner à une amende de 1000 à 10 000 francs.
3° S'il comparaît ultérieurement, il peut toutefois, sur production de ses excuses et justifications, être déchargé de cette peine par le juge d'instruction, après réquisition du Procureur de la République.
4° La même peine peut, sur les réquisitions de ce magistrat, être prononcée contre le témoin qui, bien que comparaissant, refuse de prêter serment et de faire sa déposition.
Article 93
Le témoin arrêté en vertu d'un mandat d'amener est conduit directement et sans délai devant le magistrat instructeur qui procède à son audition immédiatement.
Article 94
Toute personne qui déclare publiquement connaître les auteurs d'un crime ou d'un délit et qui refuse de répondre aux questions qui lui sont posées à cet égard par le juge d'instruction sera punie d'un emprisonnement de 11 jours à 1 an et d'une amende de 36 000 francs ou de l'une de ces deux peines seulement.
Article 95
Si un témoin est dans l'impossibilité de comparaître, le juge d'instruction se transporte pour l'entendre, ou délivre à cette fin commission rogatoire dans les formes prévues aux articles 142 et suivants.
Article 96
Si un témoin entendu dans les conditions prévues à l'article précédent n'était pas dans l'impossibilité de comparaître sur la citation, le juge d'instruction peut prononcer contre ce témoin l'amende prévue à l'article 92.
Section 5 : Des interrogatoires et confrontations
Article 97
1° Lors de la première comparution de l'inculpé, le juge d'instruction constate son identité, lui fait connaître les faits qui lui sont imputés, reçoit ses déclarations et procède à son interrogatoire s'il le juge utile.
2° Si l'inculpation est maintenue, le magistrat donne avis à l'inculpé de son droit de choisir un conseil parmi les avocats - défenseurs du ressort de la cour d'appel où les avocats admis à assister les parties selon les conditions et formes prévues aux conventions internationales.
3° La partie civile régulièrement constituée a le droit de se faire assister d'un conseil.
Article 98
L'inculpé détenu peut, aussitôt après la première comparution, communiquer librement avec son conseil.

Article 99

1° Lorsque le juge d'instruction croit devoir prescrire, à l'égard d'un inculpé, une interdiction de communiquer, il ne peut le faire que pour une période de dix jours.

2° Il peut la renouveler, pour deux nouvelles périodes de dix jours.

3° En aucun cas, l'interdiction de communiquer ne saurait s'appliquer au conseil de l'inculpé.

Article 100

1° Dans les affaires qui concernent particulièrement l'ordre public ou les intérêts de l'Etat, le Procureur de la République peut assister aux interrogatoires et confrontations de l'inculpé et aux auditions de la partie civile.

2° Lorsque dans ces affaires, le Procureur de la République a fait connaître au juge d'instruction son intention d'y assister, le greffier du juge d'instruction doit l'avertir par simple note au plus tard la veille de l'interrogatoire ou de l'audition.

Article 101

Le conseil de l'inculpé peut assister aux interrogatoires et confrontations de l'inculpé, celui de la partie civile peut assister à toutes les auditions et confrontations de la partie civile. Les conseils des parties s'informeront de la date et de l'heure des interrogatoires, des auditions et confrontations.

Article 102

Le Procureur de la République et les conseils de l'inculpé et de la partie civile ne peuvent prendre la parole que pour poser des questions après y avoir été autorisés par le juge d'instruction.

Si cette autorisation leur est refusée, le texte des questions sera reproduit ou joint au procès-verbal.

Article 103

1° Les procès-verbaux d'interrogatoire et de confrontation sont établis dans les formes prévues aux articles 89 et 90.

2° S'il est fait appel à un interprète, les dispositions de l'article 86 sont applicables.

Section 6 : Des mandats et de leur exécution

Article 104

1° Le juge d'instruction peut, selon les cas, décerner mandat de comparution, d'amener, de dépôt ou d'arrêt.

2° Le mandat de comparution a pour objet de mettre l'inculpé en demeure de se présenter devant le juge d'instruction à la date et à l'heure indiquées par ce mandat.

3° Le mandat d'amener est l'ordre donné par le juge à la force publique de conduire immédiatement devant lui l'inculpé ou le témoin défaillant.

4° Le mandat de dépôt est l'ordre donné par le juge au régisseur de la maison d'arrêt de recevoir et de détenir l'inculpé.

5° Ce mandat permet également de rechercher ou de transférer l'inculpé lorsqu'il lui a été précédemment notifié.
6° Le mandat d'arrêt est l'ordre donné à la force publique de rechercher l'inculpé, de procéder à son arrestation et de le conduire à la maison d'arrêt indiquée sur le mandat, où il sera reçu et détenu.

Article 105

1° Tout mandat précise l'identité de la personne qui en fait l'objet ; il est daté et signé par le magistrat qui l'a décerné et est revêtu de son sceau.
2° Les mandats de dépôt et d'arrêt mentionnent, en outre, la nature de l'inculpation et les articles de la loi applicables.
3° Le mandat de comparution est notifié à celui qui en est l'objet.
4° Le mandat d'amener ou d'arrêt est notifié et exécuté par un officier de police judiciaire ou par un agent de la force publique, lequel en fait l'exhibition à l'inculpé ou au témoin et lui en délivre copie.
5° Si l'individu est déjà détenu pour une autre cause, la notification lui est faite comme il est dit à l'alinéa précédent, ou, sur instruction du Procureur de la République, par le régisseur de la maison d'arrêt qui en délivre également une copie.
6° Les mandats d'amener ou d'arrêt peuvent, en cas d'urgence, être diffusés par tous moyens.
7° Dans ce cas, les mentions essentielles de l'original et spécialement l'identité de celui qui en fait l'objet, éventuellement la nature de l'inculpation, le nom et la qualité du magistrat mandant doivent être précisés. L'original du mandat doit être transmis à l'agent chargé d'en assurer l'exécution dans les délais les plus rapides.
8° Le mandat de dépôt est notifié à l'inculpé par le juge d'instruction ; mention de cette notification doit être faite au procès-verbal de l'interrogatoire.

Article 106

Les mandats sont exécutoires dans toute l'étendue du territoire de la République.

Article 107

1° Le juge d'instruction interroge immédiatement l'inculpé qui fait l'objet d'un mandat de comparution.
2° Il est procédé dans les mêmes conditions à l'interrogatoire de l'inculpé ou à l'audition du témoin arrêté en vertu d'un mandat d'amener. Toutefois, si l'interrogatoire ne peut être immédiat, l'inculpé est conduit à la maison d'arrêt où il ne peut être détenu plus de 72 heures.
3° A l'expiration de ce délai, il est conduit d'office, par les soins du régisseur, devant le Procureur de la République qui requiert le juge d'instruction, ou à son défaut le président du tribunal ou un juge désigné par celui-ci, de procéder immédiatement à l'interrogatoire, à défaut de quoi l'inculpé est mis en liberté.

Article 108
1° Toute personne arrêtée en vertu d'un mandat d'amener, qui a été maintenue pendant plus de 72 heures dans la maison d'arrêt sans avoir été entendue est considérée comme arbitrairement détenue.
2° Tous magistrats ou fonctionnaires qui ont ordonné ou sciemment toléré cette détention arbitraire sont punis de peines portées aux articles 119 et 120 du Code pénal.
Article 109
Si l'inculpé ou le témoin recherché en vertu d'un mandat d'amener est trouvé dans le ressort d'une juridiction autre que celle du siège du juge ayant décerné le mandat, il est conduit devant le Procureur de la République ou le magistrat investi de ses fonctions du lieu de l'arrestation.
Article 110
Ce magistrat l'interroge sur son identité, et reçoit ses déclarations, il est conduit dans la maison d'arrêt et avis immédiat est donné au juge d'instruction compétent. Le procès-verbal de la comparution contenant un signalement complet est transmis sans délai à ce magistrat avec toutes les indications propres à faciliter la reconnaissance d'identité.
Article 111
Le juge d'instruction saisi de l'affaire décide, aussitôt après la réception de ses pièces, s'il y a lieu d'ordonner le transfèrement ou s'il y a lieu à dessaisissement au profit du juge d'instruction du lieu d'arrestation.
Article 112
1° Si l'inculpé ou le témoin contre lequel a été décerné un mandat d'amener ne peut être découvert, ce mandat est présenté au commissaire de police ou au commandant de brigade de gendarmerie ou en leur absence à l'officier de police judiciaire dans le ressort duquel se trouve sa résidence.
2° Le commissaire de police ou le commandant de brigade de gendarmerie ou l'officier de police judiciaire appose son visa sur le mandat qui est renvoyé au magistrat mandant avec un procès-verbal de recherches infructueuses.
3° L'inculpé ou le témoin qui refuse d'obtempérer au mandat d'amener ou qui après avoir déclaré qu'il est prêt à obéir tente de s'évader doit être contraint par la force publique. Le porteur du mandat d'amener emploie dans ce cas la force publique du lieu le plus voisin. Celle-ci est tenue de déférer à la réquisition contenue dans ce mandat.
Article 113
Si l'inculpé est en fuite ou s'il réside hors du territoire de la République le juge d'instruction peut décerner contre lui un mandat d'arrêt si le fait comporte une peine d'emprisonnement correctionnelle ou une peine plus grave.
Article 114
1° L'inculpé saisi en vertu d'un mandat d'arrêt est conduit sans délai dans la maison d'arrêt indiquée sur le mandat, sous réserve des dispositions de l'article 115, alinéa 2.

2° Le régisseur délivre à l'agent chargé de l'exécution une reconnaissance de la remise de l'inculpé.

Article 115

1° Hors le cas prévu à l'article 57, il doit être procédé, dans les 72 heures de son incarcération, à l'interrogation de l'inculpé. Faute de quoi les dispositions de l'article 107, alinéa 3, et 108 relatives à la détention arbitraire sont applicables.

2° Si l'inculpé est arrêté hors du ressort du juge d'instruction qui a délivré le mandat, il est conduit immédiatement devant le Procureur de la République du lieu de l'arrestation ou du juge de section ou d'instance investi de ses attributions qui reçoit ses déclarations et en dresse procès-verbal.

3° Le Procureur de la République informe sans délai le magistrat qui a délivré le mandat et celui-ci procède comme il est dit à l'article 111.

Article 116

1° L'agent chargé de l'exécution d'un mandat d'arrêt ne peut s'introduire dans le domicile d'un citoyen avant 5 heures et après 19 heures.

2° Il peut se faire accompagner d'une force suffisante pour que l'inculpé ne puisse se soustraire à la loi. Cette force est prise dans le lieu le plus proche de celui où le mandat d'arrêt doit être exécuté et elle est tenue de déférer dans le mandat.

3° Si l'inculpé ne peut être saisi, le mandat d'arrêt est notifié à sa dernière habitation et il est dressé procès-verbal de perquisition.

4° Ce procès-verbal est dressé en présence des deux plus proches voisins du prévenu que le porteur du mandat peut trouver.

5° Ils le signent ou s'ils ne savent ou ne veulent pas signer il en est fait mention ainsi que de l'interpellation qui leur a été faite.

6° Le porteur du mandat fait ensuite viser son procès-verbal par le commissaire de police ou le commandant de brigade de gendarmerie ou l'officier de police judiciaire du lieu et lui en laisse copie.

7° Le mandat d'arrêt et le procès-verbal sont ensuite transmis au juge mandant ou au greffe du tribunal.

Article 117

1° Le juge d'instruction ne peut délivrer un mandat de dépôt qu'après interrogatoire et si l'infraction comporte une peine d'emprisonnement correctionnelle ou une peine plus grave.

2° L'agent chargé de l'exécution du mandat de dépôt remet l'inculpé au régisseur de la maison d'arrêt, qui lui en délivre reconnaissance.

Article 118

1° L'inobservation des formalités prescrites pour les mandats de comparution, d'amener, de dépôt et d'arrêt est sanctionnée par une amende civile de 2 000 francs prononcée contre le greffier par le président de la chambre d'accusation. Elle peut donner lieu à des sanctions disciplinaires ou de prise à partie contre le juge d'instruction ou le Procureur de la République.

2° Ces dispositions sont étendues, sauf application de peines plus graves, s'il y a lieu, à toute violation des mesures protectrices de la liberté individuelle sanctionnée par le Code pénal.

Section 7 : De la détention préventive

Article 119

La détention préventive est une mesure exceptionnelle. Lorsqu'elle est ordonnée, les règles ci-après doivent être observées.

Article 120

En matière correctionnelle, lorsque le maximum de la peine prévue par la loi est inférieur à un an d'emprisonnement, l'inculpé domicilié au Congo ne peut être détenu plus de 15 jours après sa première comparution devant le juge d'instruction s'il n'a pas été déjà condamné soit pour un crime, soit à un emprisonnement de plus de trois mois sans sursis pour délit de droit commun.

Article 121

1° Dans les cas autres que ceux prévus à l'article précédent, la détention préventive ne peut excéder quatre mois.

2° Si le maintien en détention apparaît nécessaire, le juge d'instruction peut prolonger la détention par ordonnance spécialement motivée d'après les éléments de la procédure, rendue sur les réquisitions également motivées du Procureur de la République.

3° Aucune prolongation ne peut être prescrite pour une durée de plus de deux mois.

Article 122

1° En toute matière lorsqu'elle n'est pas de droit, la mise en liberté provisoire peut être ordonnée d'office par le juge d'instruction, après avis du Procureur de la République, à charge pour l'inculpé de prendre l'engagement de se représenter à tous les actes de la procédure aussitôt qu'il en sera requis et de tenir informé le magistrat instructeur de tous ses déplacements.

2° Le Procureur de la République peut également requérir à tout moment la mise en liberté provisoire. Le juge d'instruction statue dans le délai de 5 jours à compter de la date de ces réquisitions.

Article 123

1° La mise en liberté provisoire peut être demandée à tout moment au juge d'instruction par l'inculpé, ou son conseil, sous les obligations prévues à l'article précédent.

2° Le juge d'instruction doit immédiatement communiquer le dossier au Procureur de la République aux fins de réquisitions.

3° Le juge d'instruction doit statuer, par ordonnance spécialement motivée, au plus tard dans les 5 jours de la communication au Procureur de la République.

4° Faute par le juge d'avoir statué dans le délai fixé à l'alinéa 3, l'inculpé peut saisir directement de sa demande la chambre d'accusation qui, sur les réquisitions écrites et motivées du Procureur général, se prononce sur cette demande.

Article 124

1° La mise en liberté provisoire peut aussi être demandée en tout état de cause par tout inculpé, prévenu ou accusé, et en toute période de la procédure.

2° Lorsqu'une juridiction de jugement est saisie, il lui appartient de statuer sur la liberté provisoire.

3° Avant le renvoi en cour criminelle et dans l'intervalle des sessions criminelles, ce pouvoir appartient à la chambre d'accusation.

4° En cas de pourvoi et jusqu'à l'arrêt de la Cour suprême, il est statué sur la demande de mise en liberté provisoire par la juridiction qui a connu en dernier lieu de l'affaire au fond.

5° Si le pourvoi a été formé contre un arrêt de la cour criminelle, il est statué sur ordonnance par la chambre d'accusation.

6° En cas de décision d'incompétence et généralement dans tous les cas où aucune juridiction n'est saisie, la chambre d'accusation connaît des demandes de mise en liberté.

7° Dans tous les cas où un individu inculpé, prévenu ou accusé est laissé ou mis en liberté provisoire la juridiction compétente peut lui assigner pour résidence un lieu dont il ne devra s'éloigner sans autorisation, avant non-lieu ou décision définitive, sous les peines prévues à l'article 45 du Code pénal.

Article 125

1° Lorsqu'en application de l'article précédent un inculpé, prévenu ou accusé est laissé ou mis en liberté provisoire avec assignation à résidence, la décision fixant sa résidence est immédiatement notifiée au préfet et aux autorités de police ou de gendarmerie territorialement compétents.

2° Le prévenu assigné à résidence est astreint à se présenter périodiquement au commissaire de police ou à l'officier de police ou à défaut au commandant de brigade de gendarmerie du lieu de sa résidence.

3° L'autorité de police ou de gendarmerie mentionne sur un registre le nom de l'intéressé et la date à laquelle il s'est présenté.

4° Si la juridiction qui a prononcé l'assignation à résidence n'en a pas décidé autrement, le prévenu est astreint à se présenter aux autorités de police ou de gendarmerie deux fois par mois, aux dates fixées par ces autorités.

5° Les autorisations provisoires de quitter le lieu d'assignation à résidence délivrées par la juridiction compétente mentionnent la destination et la durée de l'absence de l'intéressé. Notification en est faite aux services de police ou de gendarmerie chargés du contrôle.

6° Toute décision mettant fin à l'assignation à résidence doit être immédiatement notifiée aux autorités visées à l'alinéa 1er du présent article.

Article 126

Sera également puni des peines prévues à l'article 45 du Code pénal celui qui se soustrait aux mesures de contrôle prescrites à l'article précédent.

Article 127

1° Dans les cas où une juridiction ordonnera l'assignation à résidence prévue à l'article 124 elle est tenue d'avertir le prévenu des peines qu'il encourt s'il s'éloigne du lieu de résidence qui a été fixé ou se soustrait aux mesures de contrôle.

2° Mention de cet avertissement sera faite dans la décision.

Article 128

Préalablement à la mise en liberté, le demandeur, s'il est inculpé, doit par acte reçu par le greffier d'instruction, élire domicile dans le lieu où se poursuit l'information.

S'il est prévenu ou accusé, il doit, par acte reçu par le greffier de tribunal, élire domicile dans le lieu où siège la juridiction saisie au fond de l'affaire.

Article 129

1° Après la mise en liberté provisoire, si l'inculpé invité à comparaître ne se présente pas ou si les circonstances nouvelles ou graves rendent sa détention nécessaire, le juge d'instruction ou la juridiction de jugement saisie de l'affaire peut décerner un nouveau mandat.

2° Le même droit appartient en cas de décision d'incompétence à la chambre d'accusation jusqu'à ce que la juridiction compétente ait été saisie.

3° Lorsque la liberté provisoire a été accordée par la chambre d'accusation réformant l'ordonnance du juge d'instruction, ce magistrat ne peut décerner un nouveau mandat qu'autant que cette chambre, sur les réquisitions écrites du ministère public, a retiré à l'inculpé le bénéfice de sa décision.

Article 130

1° La mise en liberté provisoire, dans tous les cas où elle n'est pas de droit, peut être subordonnée à l'obligation de fournir un cautionnement.

2° Le cautionnement garantit :

(1). La représentation de l'inculpé à tous les actes de la procédure et pour l'exécution du jugement.

(2). Le payement dans l'ordre suivant :

a) Des frais avancés par la partie civile ;

b) De ceux faits par la partie publique ;

c) Des amendes ;

d) Des restitutions et dommages-intérêts.

3° La décision de mise en liberté détermine la somme affectée à chacune des deux parties du cautionnement.

Article 131

1° Dans le cas où la liberté provisoire a été subordonnée à un cautionnement ce cautionnement est fourni en espèces, billets de banque, chèques certifiés ou titres émis ou garantis par l'État.

2° Sur le vu du récépissé, le ministère public fait exécuter, sur le champ, la décision de mise en liberté.

Article 132

Lorsque les circonstances s'opposent au versement direct entre les mains du receveur de l'enregistrement du cautionnement auquel est subordonnée une mise en liberté provisoire ce cautionnement est versé au greffier en chef de la juridiction compétente.

Article 133

1° Dans le cas où le cautionnement est versé au greffier, le montant des sommes versées et la désignation des instruments de paiement employés sont portés pour chaque affaire sur un registre tenu par les greffiers sous la surveillance du Procureur général et des Procureurs de la République.

2° Ce registre est coté et paraphé suivant les cas par le Procureur général ou le Procureur de la République.

Article 134

Le récépissé constatant le versement du cautionnement est détaché d'un carnet à souches tenu par les greffiers.

Article 135

Lorsque le cautionnement est fourni par un chèque certifié, ce chèque doit être établi au nom du receveur de l'enregistrement.

Article 136

1° Les espèces ou valeurs de caisse remises au greffier pour un cautionnement doivent être versées au receveur de l'enregistrement.

2° Les greffiers sont responsables de la conservation desdites espèces ou valeurs de caisse tant qu'elles n'ont pas été remises au receveur de l'enregistrement. Ils sont tenus de présenter à toute réquisition des agents de l'enregistrement le registre, le carnet à souches et toutes pièces comptables établies en application du présent paragraphe.

Article 137

À l'expiration de chaque année, les greffiers adressent au ministre de la Justice un compte sommaire des sommes qui ont été versées entre leurs mains en application des articles 132 et 136.

Article 138

1° La première partie du cautionnement est restituée si l'inculpé s'est présenté à tous les actes de la procédure et pour l'exécution du jugement.

2° Elle est acquise à l'État, du moment que l'inculpé sans motif légitime d'excuse, a fait défaut à quelque acte de la procédure ou pour l'exécution du jugement.

3° Néanmoins, le juge d'instruction en cas de non-lieu, la juridiction de jugement en cas d'absolution ou d'acquittement peuvent ordonner la restitution de cette partie de cautionnement.

Article 139

1° La seconde partie du cautionnement est toujours restituée en cas de non-lieu, d'absolution ou d'acquittement.

2° En cas de condamnation, elle est affectée au frais, à l'amende et aux restitutions de dommages accordés à la partie civile, dans l'ordre énoncé dans l'article 130-2 le surplus est restitué.

Article 140

1° Le ministère public, d'office ou à la demande de la partie civile, est chargé de produire à l'administration de l'enregistrement soit un certificat du greffe constatant la responsabilité encourue par l'inculpé dans le cas de l'article 138, paragraphe 2 soit l'extrait du jugement dans le cas prévu par l'article 139, paragraphe 2.

2° Le trésor est chargé de faire, sans délai, aux ayants droit, la distribution des sommes déposées ou recouvrées.

3° Toute contestation sur ces divers points est jugée sur requête, en chambre du conseil, comme incident de l'exécution du jugement.

Article 141

1° L'accusé qui a été mis en liberté provisoire ou qui n'a jamais été détenu au cours de l'information doit se constituer prisonnier au plus tard la veille de l'audience.

2° L'ordonnance de prise de corps est exécutée si, dûment convoqué par la voie administrative au greffe de la cour criminelle et sans motif légitime d'excuse, l'accusé ne se présente pas le jour fixé pour être interrogé par le président de la cour criminelle.

Section 8 : Des commissions rogatoires

Article 142

1° Le juge d'instruction peut requérir par commission rogatoire tout juge de son tribunal, tout juge d'instance, tout officier de police judiciaire compétent dans ce ressort ou tout juge d'instruction, de procéder aux actes d'information qu'il estime nécessaire dans les lieux soumis à la juridiction de chacun d'eux.

2° La commission rogatoire indique la nature de l'infraction, objet des poursuites. Elle est datée et signée par le magistrat qui la délivre et revêtue de son sceau.

3° Elle ne peut prescrire que des actes d'instruction se rattachant directement à la répression de l'infraction visée aux poursuites.

Sauf circonstances exceptionnelles rapportées dans la commission rogatoire, le juge d'instruction ne peut donner à un officier de police judiciaire commission de procéder à l'interrogatoire ou à la confrontation de l'inculpé que si celui-ci réside ou est détenu en dehors du lieu où siège le tribunal.

Article 143

Les magistrats ou officiers de police judiciaire commis pour l'exécution exercent, dans les limites de la commission rogatoire, tous les pouvoirs du juge d'instruction.

Article 144

1° Tout témoin cité pour être entendu au cours de l'exécution d'une commission rogatoire est tenu de comparaître, de prêter serment et de déposer.

2° S'il ne satisfait pas à cette obligation, avis en est donné au magistrat mandant qui peut le contraindre à comparaître par la force publique et prendre contre lui les sanctions prévues à l'article 92.

Article 145

Lorsque, pour les nécessités de l'exécution de la commission rogatoire, l'officier de police judiciaire est amené à retenir une personne à sa disposition, les prescriptions des articles 48 et 49 sont observées et les autorisations visées à l'article 48 sont délivrées par le juge d'instruction dans le ressort duquel se poursuit l'exécution de la commission rogatoire.

Article 146

Le juge d'instruction fixe le délai dans lequel les procès-verbaux dressés par l'officier de police judiciaire doivent lui être transmis par celui-ci. À défaut d'une telle fixation, ces procès-verbaux doivent lui être transmis dans les dix jours de la fin des opérations exécutées en vertu de la commission rogatoire.

Article 147

1° Lorsque la commission rogatoire prescrit des opérations simultanées sur divers points du territoire, elle peut, sur l'ordre du juge d'instruction mandant, être adressée aux juges d'instruction chargés de son exécution sous forme de reproduction ou de copie intégrale de l'original.

2° Elle peut même, en cas d'urgence, être diffusée par tous les moyens, chaque diffusion doit toutefois préciser les mentions essentielles de l'original et spécialement la nature de l'inculpation, le nom et la qualité du magistrat mandant.

Section 9 : De l'expertise

Article 148

1° Toute juridiction d'instruction ou de jugement, dans le cas où se pose une question d'ordre technique, peut, soit à la demande du ministère public, soit d'office, ou à la demande des parties, ordonner une expertise.

2° Lorsque le juge d'instruction estime ne pas devoir faire droit à une demande d'expertise, il doit rendre une ordonnance motivée.

3° Les experts procèdent à leur mission sous le contrôle du juge d'instruction ou du magistrat que doit désigner la juridiction ordonnant l'expertise.

4° Le ministère public peut également, au stade de l'enquête préliminaire, ordonner une expertise soit d'office, soit à la demande de l'une des parties.

5° Dans le cas où l'expertise a lieu à la demande de l'une des parties elle peut être subordonnée à la consignation d'une certaine somme entre les mains du receveur de l'enregistrement dans le délai imparti par le magistrat commettant.

Article 149

La mission des experts, qui ne peut avoir pour objet que l'examen de questions d'ordre technique, est précisée dans la décision qui ordonne l'expertise.

Article 150
1° Les experts prêtent, chaque fois qu'ils sont commis, le serment d'accomplir leur mission, de faire leur rapport et donner leur avis en leur honneur et conscience devant le magistrat compétent.
2° Le procès-verbal de prestation de serment est signé par le magistrat compétent et par le greffier, en cas d'empêchement le serment peut être reçu par écrit et la lettre de serment est annexée au dossier de la procédure.
Article 151
1° Toute décision commettant des experts doit leur impartir un délai pour remplir leur mission.
2° Si des raisons particulières l'exigent, ce délai peut être prorogé sur requête des experts et par décision motivée rendue par le magistrat ou la juridiction qui les a désignés.
3° Les experts qui ne déposent pas leur rapport dans le délai qui leur a été imparti peuvent être immédiatement remplacés et doivent rendre compte des investigations auxquelles ils ont déjà procédé.
4° Ils doivent aussi restituer dans les quarante-huit heures les objets, pièces et documents qui leur auraient été confiés en vue de l'accomplissement de leur mission.
5° Ils peuvent être l'objet d'une amende de 12 000 à 36 000 francs lorsque, le pouvant, ils auront négligé ou refusé de faire les travaux ou le service pour lequel ils auront été requis.
6° Cette amende sera prononcée par le magistrat ayant ordonné l'expertise à charge d'appel, dans les dix jours devant la chambre d'accusation.
7° Les experts doivent remplir leur mission en liaison avec le juge d'instruction ou le magistrat compétent ; ils doivent le tenir au courant du développement de leurs opérations et le mettre à même de prendre à tout moment toutes mesures utiles.
8° Le juge d'instruction, au cours de ses opérations, peut toujours, s'il estime utile, se faire assister des experts.
Article 152
1° Si les experts demandent à être éclairés sur une question échappant à leur spécialité, le juge peut les autoriser à s'adjoindre des personnes nommément désignées, spécialement qualifiées pour leur compétence.
2° Les personnes ainsi désignées prêtent serment dans les conditions prévues à l'article 150.
3° Leur rapport sera annexé intégralement au rapport mentionné à l'article 155.
Article 153
1° Conformément à l'article 82, alinéa 3, le juge d'instruction ou le magistrat désigné par la juridiction représente à l'inculpé, avant de les faire parvenir aux experts les scellés qui n'auraient pas été ouverts et inventoriés.
2° Il énumère ces scellés dans le procès-verbal spécialement dressé à l'effet de constater cette remise.

3° Les experts doivent faire mention dans leur rapport de toute ouverture et réouverture des scellés, dont ils dressent inventaire, sauf dispense du juge d'instruction ou magistrat compétent.

Article 154

1° Les experts peuvent recevoir, à titre de renseignement et pour l'accomplissement strict de leur mission, les déclarations des personnes autres que l'inculpé.

2° S'ils estiment qu'il y a lieu d'interroger l'inculpé, il est procédé à cet interrogatoire en leur présence par le juge d'instruction ou le magistrat désigné par la juridiction, en observant dans tous les cas les formes et conditions prévues par les articles 97, 100, 101.

3° Toutefois, les médecins experts chargés d'examiner l'inculpé peuvent lui poser les questions nécessaires à l'accomplissement de leur mission.

Article 155

1° Lorsque les opérations d'expertise sont terminées les experts rédigent un rapport qui doit contenir la description desdites opérations ainsi que leurs conclusions.

2° Les experts doivent attester avoir personnellement accompli les opérations qui leur ont été confiées et signent leur rapport.

3° Le rapport et les scellés, ou leurs résidus, sont déposés entre les mains du greffier de la juridiction qui a ordonné l'expertise; ce dépôt est constaté par procès-verbal.

Article 156

1° Les experts exposent à l'audience, s'il y a lieu, le résultat des opérations techniques auxquelles ils ont procédé après avoir prêté serment de rendre compte de leurs recherches et constatations en leur honneur et conscience. Au cours de leur audition, ils peuvent consulter leur rapport et ses annexes.

2° Le président peut, soit à la demande du ministère public, des parties ou de leurs conseils, leur poser toutes questions rentrant dans le cadre de la mission qui leur a été confiée.

3° Après leur exposé, les experts assistent aux débats, à moins que leur président ne les autorise à se retirer.

Section 10 : Les nullités de l'information

Article 157

1° Les dispositions prescrites aux articles 40, 41, 43-1, 80, 81, doivent être observées à peine de nullité.

2° En outre, s'il est établi que l'inobservation des formalités non prescrites à peine de nullité porte directement et manifestement atteinte aux droits de la défense ou à ceux de la partie qui en fait état, l'acte vicié est déclaré nul, ainsi que, s'il y a lieu, tout ou partie de la procédure ultérieure.

3° La partie envers laquelle ces prescriptions ont été méconnues peut renoncer à s'en prévaloir et régulariser ainsi la procédure. Cette renonciation doit être expresse.

Article 158

1° S'il apparaît au juge d'instruction qu'un acte de l'information est frappé de nullité, il saisit la chambre d'accusation en vue de l'annulation de cet acte, après avoir pris l'avis du Procureur de la République et avoir avisé l'inculpé et la partie civile.

2° Si c'est le Procureur de la République qui estime qu'une nullité a été commise, il requiert du juge d'instruction communication de la procédure en vue de sa transmission à la chambre d'accusation et présente requête aux fins d'annulation à cette chambre.

3° Dans l'un ou l'autre cas, la chambre d'accusation procède comme il est dit à l'article 192.

4° La chambre d'accusation décide si l'annulation doit être limitée à l'acte vicié ou s'étendre à tout ou partie de la procédure ultérieure.

5° Les parties peuvent renoncer à se prévaloir de ces nullités lorsqu'elles ne sont édictées que dans leur intérêt. Cette renonciation doit être expresse.

6° La chambre d'accusation est saisie et statue ainsi qu'il est dit aux alinéas 1 et 2.

Article 159

1° Les actes annulés sont retirés du dossier d'information et classés au greffe de la cour d'appel.

2° Il est interdit d'y puiser aucun renseignement contre les parties au débat, à peine de forfaiture pour les magistrats et de poursuites disciplinaires pour les défenseurs.

Article 160

1° Les juridictions correctionnelles ou de police ont qualité pour constater les nullités visées à l'article 157.

2° Dans le cas où l'ordonnance qui les a saisies est affectée par cette nullité, elles renvoient la procédure au ministère public pour lui permettre de saisir à nouveau le juge d'instruction, sous réserve, s'il s'agit de la cour d'appel, de son droit d'évocation.

3° Toutefois, les juridictions correctionnelles ou de police ne peuvent prononcer l'annulation des procédures d'inscription lorsque celles-ci ont été renvoyées devant elles par la chambre d'accusation.

4° Les parties d'autre part, peuvent renoncer à se prévaloir des nullités visées au présent article lesquelles doivent, dans tous les cas, être présentées à la juridiction de jugement avant toute défense au fond, ainsi qu'en dispose l'article 323.

Section 11 : Des ordonnances de règlements

Article 161

1° Aussitôt que la procédure est terminée, le juge d'instruction la met à la disposition des conseils de l'inculpé et de la partie civile pendant un délai qui ne peut excéder trois jours. Cette mise à la disposition se fait sans dessaisissement du dossier par l'intermédiaire du greffier du siège de l'instruction.

2° Après l'accomplissement de la formalité prévue par l'alinéa précédent, le juge d'instruction communique le dossier au Procureur de la République pour ses réquisitions.
3° Cependant, en matière correctionnelle et de police, lorsque l'information a été suivie par un juge de section ou un juge d'instance, ce magistrat règle la procédure sans être tenu de provoquer, les réquisitions du Procureur de la République compétent lequel peut, en tout état d'information, demander la communication du dossier et requérir telles mesures qu'il jugera utiles.

Article 162

Le juge d'instruction examine s'il existe contre l'inculpé des charges constitutives d'infraction à la loi pénale.

Article 163

1° Si le juge d'instruction estime que les faits ne constituent ni crime, ni délit, ni contravention ou si l'auteur est resté inconnu ou s'il n'existe pas de charges suffisantes contre l'inculpé, il déclare, par une ordonnance qu'il n'y a lieu à suivre.
2° Les inculpés préventivement détenus sont mis en liberté.
3° Le juge d'instruction statue en même temps sur la restitution des objets saisis.
4° Il liquide les dépens et condamne aux frais la partie civile, s'il en existe en la cause. Toutefois, la partie civile de bonne foi peut être déchargée de la totalité ou d'une partie des frais par décision spéciale et motivée.

Article 164

Si le juge estime que les faits constituent une contravention, il prononce le renvoi de l'affaire devant le tribunal de simple police et le prévenu est mis en liberté.

Article 165

1° Si le juge estime que les faits constituent un délit, il prononce le renvoi de l'affaire devant le tribunal correctionnel.
2° Si l'emprisonnement est encouru, le prévenu arrêté demeure en état de détention.

Article 166

1° Dans le cas de renvoi, soit devant le tribunal de simple police soit devant le tribunal correctionnel, le juge d'instruction transmet le dossier avec son ordonnance au Procureur de la République.
2° Si la juridiction correctionnelle est saisie, le Procureur de la République doit faire donner citation au prévenu pour l'une des plus prochaines audiences, en observant les délais de citation prévus au présent code.

Article 167

1° Si le juge d'instruction estime que les faits constituent une infraction qualifiée crime par la loi, il ordonne que le dossier de la procédure et un état des pièces servant à conviction soient transmis sans délais par le Procureur de la République au Procureur général près la cour d'appel, pour être procédés ainsi qu'il est dit au chapitre de la chambre d'accusation.

2° Le mandat d'arrêt ou de dépôt décerné contre l'inculpé conserve sa force exécutoire jusqu'à ce qu'il ait été statué par la chambre d'accusation.
3° Les pièces à conviction sont transmises au greffe de la cour d'appel sauf dispositions contraires.

Article 168

Des ordonnances comportant non-lieu partiel peuvent intervenir en cours d'information.

Article 169

1° Il est donné avis dans les vingt-quatre heures, par lettre - missive, aux conseils de l'inculpé et de la partie civile de toutes ordonnances juridictionnelles.
2° Dans les mêmes formes et délais, les ordonnances de règlement sont portées à la connaissance de l'inculpé et les ordonnances de renvoi ou de transmission des pièces au Procureur général à celle de la partie civile. Si l'inculpé est détenu, la communication lui est faite par l'intermédiaire du régisseur de la maison d'arrêt.
3° Les ordonnances dont l'inculpé ou la partie civile peuvent aux termes de l'article 172 interjeter appel leur sont notifiées à la requête du Procureur de la République dans les vingt-quatre heures.
4° Avis de toute ordonnance non conforme à ses réquisitions est donné au Procureur de la République, le jour même où elle est rendue, par le greffier sous peine d'une amende civile de 1000 francs prononcée par le président de la chambre d'accusation.

Article 170

Les ordonnances rendues par le juge d'instruction en vertu de la présente section contiennent les noms, prénoms, date, lieu de naissance, domicile et profession de l'inculpé. Elles indiquent la qualification légale du fait imputé à celui-ci et, de façon précise, les motifs pour lesquels il existe ou non contre lui des charges suffisantes.

Section 12 : De l'appel des ordonnances du juge d'instruction

Article 171

1° Le Procureur de la République a le droit d'interjeter appel devant la chambre d'accusation de toute ordonnance du juge d'instruction.
2° Cet appel, formé par déclaration au greffe du tribunal, doit être interjeté dans les vingt-quatre heures à compter du jour de l'ordonnance.
3° Le droit d'appel appartient également dans tous les cas au Procureur général ; il doit notifier son appel aux parties dans les dix jours qui suivent l'ordonnance du juge d'instruction.
4° Les délais impartis au Procureur de la République ou au Procureur général pour interjeter appel des ordonnances du juge d'instruction ont pour point de départ, en ce qui concerne les ordonnances rendues par les juges de section des tribunaux ou les juges d'instance, le jour de la réception du dossier au parquet du Procureur de la République ou du Procureur général.

5° La déclaration d'appel est inscrite au greffe du tribunal ou de la cour d'appel, suivant les cas, et une expédition en est transmise sans délais au greffe de la section de tribunal intéressé.

Article 172

1° Le droit d'appel appartient à l'inculpé contre les ordonnances prévues par les articles 72 et 122.

2° La partie civile peut interjeter appel des ordonnances de non informé, de non-lieu et des ordonnances faisant grief à ses intérêts civils.

Toutefois, son appel ne peut, en aucun cas, porter sur une ordonnance ou sur la disposition d'une ordonnance relative à la détention de l'inculpé.

3° L'inculpé et la partie civile peuvent aussi interjeter appel de l'ordonnance par laquelle le juge à, d'office ou sur déclinatoire, statué sur sa compétence ainsi que sur l'ordonnance prévue à l'article 148, alinéa 2.

4° L'appel de l'inculpé et de la partie civile doit être formé, par déclaration au greffe du tribunal, dans les trois jours de la notification qui leur est faite conformément à l'article 169. Si l'inculpé est détenu, sa déclaration d'appel est transmise par l'intermédiaire du régisseur.

5° Le dossier de l'information ou sa copie établie conformément à l'article 65 est transmis, avec l'avis motivé du Procureur de la République, ou Procureur général qui procède ainsi qu'il est dit aux articles 181 et suivants.

6° En cas d'appel du ministère public, l'inculpé détenu est maintenu en prison jusqu'à ce qu'il ait statué sur l'appel.

Article 173

Lorsqu'il est interjeté appel d'une ordonnance autre qu'une ordonnance de règlement, le juge d'instruction poursuit son information sauf décision contraire de la chambre d'accusation.

Section 13 : De la reprise de l'information sur charges nouvelles

Article 174

L'inculpé à l'égard duquel le juge d'instruction à dit n'y avoir lieu à suivre ne peut plus être recherché à l'occasion du même fait, à moins qu'il ne survienne de nouvelles charges.

Article 175

Sont considérées comme charges nouvelles les déclarations des témoins, pièces et procès-verbaux qui, n'ayant pu être soumis à l'examen du juge d'instruction, sont cependant de nature soit à fortifier les charges qui auraient été trouvées trop faibles, soit à donner aux faits de nouveaux développements utiles à la manifestation de la vérité.

Article 176

Il appartient au ministère public seul de décider s'il y a lieu de requérir la réouverture de l'information sur charges nouvelles.

Chapitre II : De la chambre d'accusation, juridiction d'instruction du second degré

Section 1 : Dispositions générales

Article 177

1° Il existe au siège de la cour d'appel une chambre d'accusation.

2° Cette juridiction est composée du président de la cour d'appel et de deux conseillers qui peuvent, en cas de besoin, assurer le service des autres chambres de la cour.

Article 178

1° Les conseillers composant la chambre d'accusation sont désignés chaque année, pour la durée de l'année judiciaire suivante, par l'assemblée générale de la cour, dans la première quinzaine du mois qui précède la rentrée judiciaire.

2° En cas d'absence ou d'empêchement le président de la chambre d'accusation est remplacé par le conseiller le plus ancien.

3° La chambre d'accusation peut alors être complétée par un magistrat faisant partie de l'un des tribunaux de grande instance du ressort de la cour d'appel.

4° Exceptionnellement et dans les cas d'absolue nécessité, deux juges appartenant aux tribunaux de grande instance du ressort de la cour d'appel pourront éventuellement remplacer les conseillers assesseurs empêchés ou absents.

5° Ces juges seront désignés par ordonnance du président de la cour d'appel.

Article 179

Les fonctions du ministère public auprès de la chambre d'accusation sont exercées par le Procureur général ou par ses substituts ; celles du greffe par un greffier de la cour d'appel.

Article 180

La chambre d'accusation se réunit, sur convocation de son président ou à la demande du Procureur général, toutes les fois qu'il est nécessaire.

Article 181

Le Procureur général met l'affaire en état dans les quarante-huit heures de la réception des pièces en matière de détention préventive et dans les dix jours en toute autre matière ; il la soumet, avec son réquisitoire, à la chambre d'accusation.

Article 182

Dans les causes dont sont saisies les juridictions correctionnelles ou de police et jusqu'à l'ouverture des débats, le Procureur général, s'il estime que les faits sont susceptibles d'une qualification plus grave que celle dont ils ont été l'objet ordonne l'apport des pièces, met l'affaire en état et la soumet avec son réquisitoire à la chambre d'accusation.

Article 183

Le Procureur général agit de même lorsqu'il reçoit, postérieurement à un arrêt de non-lieu prononcé par la chambre d'accusation, des pièces lui paraissant contenir des charges nouvelles dans les termes de l'article 175. Dans ce cas et en attendant la réunion de la chambre d'accusation, le président de cette juridiction peut, sur les réquisitions du Procureur général, décerner mandat de dépôt ou d'arrêt.

Article 184

Les parties et leurs conseils sont admis jusqu'au jour de l'audience à produire des mémoires qu'ils communiquent au ministère public et aux autres parties.

Ces mémoires sont déposés au greffe de la chambre d'accusation et visés par le greffier.

Article 185

1° Les débats se déroulent et l'arrêt est rendu en chambre du conseil.

2° Après le rapport du conseiller, le Procureur général présente des observations sommaires.

3° La chambre d'accusation peut ordonner la comparution personnelle des parties ainsi que l'apport des pièces à conviction.

Article 186

Lorsque les débats sont terminés, la chambre d'accusation délibère sans qu'en aucun cas le Procureur général et le greffier puissent être présents.

Article 187

La chambre d'accusation peut, dans tous les cas, à la demande du Procureur général, d'une des parties ou même d'office, ordonner tout acte d'information complémentaire qu'elle juge utile.

Elle peut également, dans tous les cas, le ministère public entendu, prononcer la mise en liberté de l'inculpé.

Article 188

1° Elle peut, d'office ou sur réquisition du Procureur général, ordonner qu'il soit informé à l'égard des inculpés ou prévenus renvoyés devant elle sur tous les chefs de crimes, de délits, de contraventions, principaux ou connexes, résultant du dossier de la procédure, qui n'auraient pas été visés par l'ordonnance du juge d'instruction ou qui auraient été distraits par une ordonnance comportant non-lieu partiel, disjonction ou renvoi devant la juridiction correctionnelle ou de police.

2° Elle peut statuer sans ordonner une nouvelle information si les chefs de poursuite visés à l'alinéa précédent ont été compris dans les inculpations faites par le juge d'instruction.

Article 189

Les infractions sont connexes soit lorsqu'elles ont été commises en même temps par plusieurs personnes réunies, soit lorsqu'elles ont été commises par différentes personnes, même en différents temps et en divers lieux, mais par suite d'un concert formé à l'avance entre elles, soit lorsque les coupables ont commis les unes pour se procurer les moyens de commettre les autres, pour en faciliter, pour en consommer l'exécution, ou pour en assurer l'impunité, soit lorsque des choses enlevées, détournées ou obtenues à l'aide d'un crime ou d'un délit ont été, en tout ou en partie, recelées.

Article 190

1° La chambre d'accusation peut également quant aux infractions résultant du dossier de la procédure, ordonner que soient inculpées, dans les conditions prévues à l'article 191 des personnes qui n'ont pas été renvoyées devant elle, à moins qu'elles n'aient fait l'objet d'une ordonnance de non-lieu devenue définitive.

2° Cette décision ne pourra pas faire l'objet d'un pourvoi en cassation.

Article 191

1° Il est procédé aux suppléments d'information par un des membres de la chambre d'accusation, qu'elle désigne à cet effet.

2° Le Procureur général peut à tout moment requérir la communication de la procédure, à charge de rendre les pièces dans les vingt-quatre heures.

Article 192

1° La chambre d'accusation examine la régularité des procédures qui lui sont soumises.

2° Si elle découvre une cause de nullité, elle prononce la nullité de l'acte qui est entaché et, s'il y échec, celle de tout ou partie de la procédure ultérieure.

3° Après l'annulation, elle peut soit évoquer et procéder dans les conditions prévues aux articles 187, 188 et 190, soit renvoyer le dossier de la procédure au même juge d'instruction ou à tel autre, afin de poursuivre l'information.

Article 193

1° Lorsque la chambre d'accusation a statué sur l'appel relevé contre une ordonnance du juge d'instruction en matière de détention préventive, soit qu'elle ait confirmé l'ordonnance, soit que, l'infirmant, elle ait ordonné une mise en liberté ou maintenu en détention ou décerné un mandat de dépôt ou d'arrêt, le Procureur général fait sans délai retour du dossier au juge d'instruction après avoir assuré l'exécution de l'arrêt.

2° Lorsque, en toute autre matière, la chambre d'accusation infirme une ordonnance du juge d'instruction, elle évoquera et procédera dans les conditions prévues aux articles 187, 188, 190,191.

3° L'ordonnance du juge d'instruction frappée d'appel sort son plein et entier effet si elle est confirmée par la chambre d'accusation.

Article 194

Lorsqu'elle prescrit une information complémentaire et que celle-ci est terminée, la chambre d'accusation statue par un seul et même arrêt sur tous les faits entre lesquels il existe un lien de connexité.

Article 195

Elle examine s'il existe contre l'inculpé des charges suffisantes.

Article 196

1° Si la chambre d'accusation estime que les faits ne constituent ni crime, ni délit, ni contravention ou si l'auteur est resté inconnu ou s'il n'existe pas de charges suffisantes contre l'inculpé, elle déclare qu'il n'y a lieu à suivre.

2° Les inculpés préventivement détenus sont mis en liberté.

3° La chambre d'accusation statue par l'arrêt portant qu'il n'y a lieu à suivre sur la restitution des objets saisis ; elle demeure compétente pour statuer éventuellement sur cette restitution postérieurement à l'arrêt de non-lieu.

Article 197

1° Si la chambre d'accusation estime que les faits constituent un délit ou une contravention, elle prononce le renvoi de l'affaire dans le premier cas devant le tribunal correctionnel, dans le second cas devant le tribunal de police.

2° En cas de renvoi devant le tribunal correctionnel, si l'emprisonnement est encouru, le prévenu arrêté demeure en état de détention.

3° En cas de renvoi devant le tribunal de police, le prévenu est mis en liberté.

Article 198

1° Si les faits retenus à la charge des inculpés constituent une infraction qualifiée crime par la loi, la chambre d'accusation prononce la mise en accusation devant la cour criminelle.

2° Elle peut saisir également cette juridiction des infractions connexes.

Article 199

1° L'arrêt de mise en accusation contient, à peine de nullité, l'exposé de la qualification légale des faits, objets de l'accusation.

2° Il décerne, en outre, ordonnance de prise de corps contre l'accusé dont il précise l'identité.

Article 200

1° Les arrêts de la chambre d'accusation sont signés par le président et par le greffier. Il y est fait mention du nom des juges, du dépôt des pièces et des mémoires, de la lecture du rapport et des réquisitions du ministère public.

2° La chambre d'accusation réserve les dépens si son arrêt n'éteint pas l'action dont elle a eu à connaître.

3° Dans le cas contraire, ainsi qu'en matière de mise en liberté, elle liquide des dépens et elle condamne aux frais la partie qui succombe.

Article 201

1° Les dispositifs des arrêts de non-lieu sont portés à la connaissance des inculpés ; les dispositifs des arrêts de renvoi devant le tribunal correctionnel ou de police sont portés à la connaissance des inculpés et des parties civiles.

2° Les arrêts contre lesquels les inculpés ou les parties civiles peuvent former un pourvoi en cassation leur sont notifiés à la requête du Procureur général.

Article 202

1° Les dispositions des articles 157 et 159 relatives aux nullités de l'information sont applicables au présent chapitre.

2° La régularité des arrêts de la chambre d'accusation et celle de la procédure antérieure lorsque cette chambre a statué sur le règlement d'une procédure relève du seul contrôle de la Cour suprême, que le pourvoi soit immédiatement recevable ou qu'il puisse être examiné qu'avec l'arrêt sur le fond.

Section 2 : Pouvoirs propres du Président de la Chambre d'accusation

Article 203

Le président de la chambre d'accusation ou le conseiller par lui délégué à cet effet, exerce des pouvoirs propres qui sont définis aux articles suivants.

Article 204

Le président de la chambre d'accusation s'assure du fonctionnement des cabinets d'instruction du ressort de la cour d'appel. Il vérifie notamment les conditions d'application de l'article 65 et s'emploie à ce que les procédures ne subissent aucun retard injustifié.

Article 205

1° A cette fin, il est établi, chaque trimestre, dans chaque cabinet d'instruction un état de toutes les affaires en cours portant mention, pour chacune des affaires de la date du dernier acte d'information exécuté.

2° Les affaires dans lesquelles sont impliquées des inculpés détenus préventivement figurent sur un état spécial.

3° Les états prévus par le présent article sont adressés au président de la chambre d'accusation et au Procureur général dans les trois premiers jours du trimestre.

Article 206

Le président, chaque fois qu'il l'estime nécessaire, visite les maisons d'arrêt du ressort de la cour d'appel et y vérifie la situation des inculpés en état de détention préventive.

Article 207

Il peut saisir la chambre d'accusation, afin qu'il soit par elle statué sur le maintien en détention d'un inculpé en état de détention préventive.

Section 3 : Du contrôle de l'activité des officiers de police judiciaire

Article 208

1° La chambre d'accusation exerce un contrôle sur l'activité des fonctionnaires civils et militaires, officiers de police judiciaire, pris en cette qualité.

2° La chambre judiciaire de la Cour suprême joue à l'égard de ces fonctionnaires le rôle de chambre de discipline.

Article 209

1° La chambre d'accusation est saisie soit par le Procureur général, soit par son président.

2° Elle peut se saisir d'office à l'occasion de l'examen de la procédure qui lui est soumise.

Article 210

1° La chambre d'accusation, une fois saisie, fait procéder à une enquête, elle entend le Procureur général et l'officier de police judiciaire en cause. Les déclarations de l'officier de police judiciaire sont enregistrées sur procès-verbal.

2° Le dossier de l'enquête est adressé par le président de la chambre d'accusation au président de la Cour suprême, chambre judiciaire.

3° La chambre judiciaire de la Cour suprême entend l'officier de police judiciaire en cause.
4° Ce dernier doit avoir été préalablement mis à même de prendre connaissance de son dossier d'officier de police judiciaire tenu au parquet général de la cour d'appel.
Il peut se faire assister par un avocat.

Article 211

La chambre judiciaire de la Cour suprême peut, sans préjudice des sanctions disciplinaires qui pourraient être infligées à l'officier de police judiciaire par ses supérieurs hiérarchiques, lui adresser des observations ou décider qu'il ne pourra, soit temporairement, soit définitivement, exercer ses fonctions d'officier de police judiciaire et de délégué du juge d'instruction soit dans le ressort d'un tribunal de grande instance, soit sur tout l'ensemble du territoire.

Article 212

Si la chambre judiciaire de la Cour suprême estime que l'officier de police judiciaire a commis une infraction à la loi pénale, elle ordonne en outre la transmission du dossier au Procureur général, à toutes fins qu'il appartiendra.

Article 213

Les décisions prises par la chambre judiciaire de la Cour suprême contre les officiers de police judiciaire sont notifiées à la diligence du Procureur général, aux autorités dont ils dépendent.

Article 214

Les dispositions de la présente section sont applicables à tous fonctionnaires et les agents auxquels sont attribuées par la loi certaines fonctions d'officier de police judiciaire.

LIVRE II :
DES JURIDICTIONS DE JUGEMENT

TITRE PREMIER : DE LA COUR CRIMINELLE

Chapitre premier : de la compétente de la cour criminelle

Article 215

La cour criminelle a plénitude de juridiction pour juger les accusés renvoyés devant elle.

CHAPITRE II : DE LA TENUE DE LA COUR CRIMINELLE

Article 216

1° La cour criminelle siège à Brazzaville.
2° Toutefois, en cas de nécessité, le président de la cour d'appel peut sur réquisition du Procureur général ordonner qu'elle se tiendra au siège d'un tribunal de grande instance ou d'une section de tribunal.

Article 217

1° La tenue de la cour criminelle a lieu tous les trois mois.
2° Cependant le président de la cour d'appel peut, après avis du Procureur général, ordonner qu'il soit fixé, au cours d'un même trimestre, une ou plusieurs sessions supplémentaires.

Article 218
La date de l'ouverture de chaque session criminelle ordinaire ou supplémentaire est fixée après avis du Procureur général par ordonnance du président de la cour d'appel.
Article 219
Le rôle de chaque session est arrêté par le président de la cour criminelle sur proposition du Procureur général.

Chapitre III : Composition de la cour criminelle

Article 220
La cour criminelle comprend la cour proprement dite et les jurés.
Article 221
1° Les fonctions du ministère public y sont exercées dans les conditions fixées aux articles 22 et suivants.
2° Toutefois, le Procureur général peut déléguer tout magistrat du ministère public.
Article 222
1° La cour criminelle est à l'audience assistée d'un greffier ; au siège de la cour d'appel les fonctions de greffe sont exercées par le greffier en chef de la cour d'appel.
2° Au siège des tribunaux de grande instance ou des sections par le greffier en chef ou un greffier du tribunal de grande instance.

Section 1 : De la Cour

Article 223
La cour proprement dite comprend le président et les assesseurs.
Article 224
La cour criminelle est présidée par le président de la cour d'appel ou par un conseiller désigné par lui.
Article 225
1° Les assesseurs sont au nombre de deux.
2° Toutefois il peut leur être adjoint un ou plusieurs assesseurs supplémentaires si la durée ou l'importance de la session rendent cette mesure nécessaire.
Article 226
Les assesseurs sont choisis parmi les conseillers à la cour d'appel ou en cas de nécessité parmi les magistrats des tribunaux de grande instance.
Article 227
Ils sont désignés par le président de la cour d'appel pour la durée de chaque session.

Section 2 : Du collège des jurés

Article 228
Les collèges de jurés sont formés au siège de chaque tribunal de grande instance dans le mois de la rentrée judiciaire pour l'année suivante.
Article 229

Les listes sont dressées par une commission sous la présidence du président du tribunal ou du juge désigné par lui.

Article 230

Cette commission est composée du préfet, du maire ou de son adjoint, de quatre conseillers municipaux désignés par le conseil municipal, et du président de la chambre de commerce ou son délégué.

Article 231

Les listes des jurés comportent vingt noms au moins et trente au plus et ne peuvent comprendre que les citoyens ayant leur domicile dans la ville où la cour criminelle tient sa session.

Article 232

Les jurés de l'un ou de l'autre sexe doivent être âgés de vingt-cinq ans au moins, savoir parler et écrire le français et jouir de leurs droits civils et politiques.

Article 233

Sont incapables d'être jurés :

1° Les individus qui ont été condamnés à une peine criminelle ;

2° Ceux qui ont été condamnés à un mois au moins d'emprisonnement pour crime ou délit ;

3° Pendant cinq ans seulement à compter du jugement définitif ceux condamnés pour délit quelconque à un emprisonnement de moins d'un mois ou à une amende au moins égale à 100.000 francs ;

4° Les aliénés interdits ou internés ainsi que les individus pourvus d'un conseil judiciaire ;

5° Les faillis non réhabilités ;

6° Ceux auxquels les fonctions d'assesseurs ou de jurés ont été interdites par décision de justice ;

7° Les fonctionnaires et agents de l'État révoqués de leurs fonctions.

Article 234

Les fonctions de jurés sont, en outre incompatibles avec celles de membre du Gouvernement ou de l'Assemblée nationale, secrétaire générale du Gouvernement, directeur dans un ministère, magistrat de l'ordre administratif ou judiciaire, préfet, sous-préfet, officier ministériel, commissaire de police, militaires de l'armée de terre, de mer ou de l'air en activité de service.

Article 235

La liste des jurés du ressort de chaque tribunal de grande instance est arrêtée par la commission par ordre alphabétique signée séance tenante et déposée au greffe de la cour criminelle.

Article 236

Le Procureur général notifie à chacun des jurés l'extrait de la liste annuelle la concernant.

Article 237

Le président du tribunal ou le juge délégué est tenu d'informer immédiatement le président de la cour d'appel des décès incapacités ou des incompatibilités légales qui frapperaient les personnes dont les noms sont portés sur la liste annuelle.

Chapitre IV : De la procédure préparatoire aux sessions de la cour criminelle

Article 238

1° L'arrêt de renvoi est notifié à l'accusé sauf lorsque la procédure du crime flagrant prévue à l'article 55 a été suivie.
2° Il lui en est laissé copie.
3° Cette notification doit n'être faite à personne si l'accusé est détenu.
4° Dans le cas contraire, elle est faite dans les formes prévues au titre concernant les citations.

Article 239

Si l'accusé ne peut être saisi ou ne se présente pas, on procède contre lui par défaut.

Article 240

1° Hors le cas prévu à l'article 55 le président de la cour criminelle interroge l'accusé dans le plus bref délai après l'arrivée de ce dernier à la maison d'arrêt.
2° Si l'accusé est en liberté, il est procédé comme il est dit à l'article 141.
3° Le président peut déléguer un de ses assesseurs afin de procéder à cet interrogatoire.
4° Il doit être fait appel à un interprète si l'accusé ne parle ou ne comprend pas la langue française.

Article 241

Le président interroge l'accusé sur son identité et s'assure que celui-ci a reçu éventuellement notification de l'arrêt de renvoi.

Article 242

1° L'accusé est ensuite invité à choisir un conseil pour l'assister dans sa défense.
2° Si l'accusé ne choisit pas son conseil, le président ou son délégué lui en désigne un d'office.
3° Cette désignation est non avenue si, par la suite, l'accusé choisit un conseil.

Article 243

1° L'accomplissement des formalités prescrites par les articles 240 à 242 est constaté par un procès-verbal que signent le président ou son délégué, le greffier, l'accusé et, s'il y a lieu, l'interprète.
2° Si l'accusé ne sait ou ne veut signer, le procès-verbal en fait mention.

Article 244

L'accusé et la partie civile, ou leurs conseils, peuvent prendre ou faire prendre copie, à leurs frais, de toutes pièces de la procédure.

Article 245

1° Le ministère public et la partie civile notifient à l'accusé, l'accusé notifie au ministère public et, s'il y a lieu, à la partie civile, vingt-quatre heures au moins avant l'ouverture des débats, la liste des personnes qu'ils désirent faire entendre en qualité de témoins.

2° Les citations faites à la requête des parties sont à leurs frais, ainsi que les indemnités des témoins cités, s'ils en requièrent ; sauf au ministère public à faire citer, à sa requête, les témoins qui lui sont indiqués par l'accusé, dans le cas où il juge que leur déclaration peut être utile pour la découverte de la vérité.

Article 246

Le président, si l'instruction lui semble incomplète ou si des éléments nouveaux ont été révélés depuis sa clôture, peut ordonner tous actes d'information qu'il estime utile.

Article 247

Les procès-verbaux et autres pièces ou documents réunis au cours du supplément d'information sont déposés au greffe et joints au dossier de la procédure.

Article 248

1° Lorsqu'à raison d'un même crime plusieurs arrêts de renvoi ont été rendus contre différents accusés, le président peut, soit d'office, soit sur réquisition du ministère public, ordonner la jonction des procédures.

2° Cette jonction peut également être ordonnée quand plusieurs arrêts de renvoi ont été rendus contre un même accusé pour des infractions différentes.

Article 249

Quand l'arrêt de renvoi vise plusieurs infractions non connexes, le président peut, soit d'office, soit sur réquisition du ministère public, ordonner que les accusés ne soient immédiatement poursuivis que sur l'une ou quelques-unes de ces infractions.

Article 250

Le président peut, soit d'office, soit sur réquisition du ministère public, ordonner le renvoi à une session ultérieure des affaires qui ne lui paraissent pas en état d'être jugées au cours de la session au rôle de laquelle elles sont inscrites.

Article 251

1° Dix jours au moins avant l'ouverture de la session le président de la cour criminelle, tire au sort sur la liste annuelle, les noms des six jurés qui forment la liste des jurés de jugement.

2° Ils tirent en outre les noms des quatre jurés suppléants.

3° Le tirage au sort a lieu en audience publique en présence des accusés et du ministère public ou eux dûment appelés.

CHAPITRE V : DE L'OUVERTURE DES SESSIONS

Article 252

1° Aux lieu, jour et heure fixés pour l'ouverture de la session, la cour prend séance.
2° Le greffier procède à l'appel des jurés tirés au sort.
3° La cour statue sur le cas des jurés absents.

Article 253

1° Tout juré, dûment convoqué, qui ne sera pas présent, sera condamné par le président de la cour criminelle à une amende civile de 2 000 francs.
2° Les peines portées au présent article sont applicables à. tout juré qui, même ayant déféré à la citation, se retire avant l'expiration de ses fonctions, sans une excuse jugée valable par la cour.
3° Le juré défaillant qui produira des excuses jugées légitimes pourra, sur conclusion du ministère public, être déchargé de l'amende.

Article 254

Si parmi les jurés présents, il en est qui ne remplissent plus les conditions d'aptitude exigées par les articles 233 et suivants ou qui se trouvent dans un des cas d'incapacité ou d'incompatibilité, la cour ordonne qu'ils soient écartés des débats.

Article 255

1° Le président adressera aux jurés debout et découverts le discours suivant :
" Vous jurez et promettez, devant Dieu et devant les hommes, d'examiner avec l'attention la plus scrupuleuse les affaires qui vous seront soumises pendant le cours de la présente session, de n'écouter ni la haine ou la méchanceté, ni la crainte ou l'affection et de ne vous décider que d'après les charges, les moyens de défense et les dispositions des lois suivant votre conscience et votre intime conviction, avec l'impartialité et la fermeté qui conviennent à un homme probe et libre, de conserver le secret des délibérations même après la cessation de vos fonctions " .
2° Chacun des jurés appelés individuellement par le président répondra en levant la main : " Je le jure ".

Article 256

Les jurés se placent dans l'ordre désigné par le sort, aux côtés de la cour.

Article 257

1° L'ensemble des décisions de la cour fait l'objet d'un arrêt motivé, le ministère public entendu.
2° Cet arrêt ne peut être attaqué par la voie du recours en cassation qu'en même temps que l'arrêt sur le fond.

CHAPITRE V I : DES DÉBATS

Section 1 : Dispositions générales

Article 258

1° Les débats sont publics, à moins que la publicité ne soit dangereuse pour l'ordre ou les murs. Dans ce cas, la cour le déclare par un arrêt rendu en audience publique.

2° Toutefois, le président peut interdire l'accès de la salle d'audience aux mineurs ou à certains d'entre eux.
3° Lorsque le huis clos a été ordonné, celui-ci s'applique au prononcé des arrêts qui peuvent intervenir sur les incidents contentieux visés à l'article 267.
4° L'arrêt sur le fond doit toujours être prononcé en audience publique.

Article 259

1° Les débats ne peuvent être interrompus et doivent continuer jusqu'à ce que la cause soit terminée par l'arrêt de la cour criminelle.
2° Ils peuvent être suspendus pendant le temps nécessaire au repos des juges et de l'accusé.

Article 260

1° Le président a la police de l'audience et la direction des débats.
2° Il rejette tout ce qui tendrait à compromettre leur dignité ou à les prolonger sans donner lieu d'espérer plus de certitude dans les résultats.

Article 261

1° Le président est investi d'un pouvoir discrétionnaire en vertu duquel il peut, en son honneur et conscience, prendre toutes mesures qu'il croit utiles pour découvrir la vérité.
2° Il peut au cours des débats appeler, au besoin par mandat d'amener, et entendre toutes personnes ou se faire apporter toutes nouvelles pièces qui lui paraissent, d'après les développements donnés à l'audience, utiles à la manifestation de la vérité.
3° Les témoins ainsi appelés ne prêtent pas serment et leurs déclarations ne sont considérées que comme renseignements.

Article 262

1° Les assesseurs et les jurés peuvent poser des questions aux accusés et aux témoins en demandant la parole au président.
2° Ils ont le devoir de ne pas manifester leur opinion.

Article 263

1° Sous réserve des dispositions de l'article 260, le ministère public peut poser directement des questions aux accusés et aux témoins.
2° L'accusé ou son conseil peut poser des questions, par l'intermédiaire du président, aux coaccusés et aux témoins. La partie civile ou son conseil peut, dans les mêmes conditions, poser des questions aux accusés et aux témoins.

Article 264

1° Le ministère public prend, au nom de la loi, toutes les réquisitions qu'il juge utiles ; la cour est tenue de lui en donner acte et d'en délibérer.
2° Les réquisitions du ministère public prises dans le cours des débats sont mentionnées par le greffier aux notes d'audience. Toutes les décisions auxquelles elles ont donné lieu sont signées par le président et par le greffier.

Article 265

Lorsque la cour ne fait pas droit aux réquisitions du ministère public, l'instruction, ni le jugement ne sont arrêtés, ni suspendus.

Article 266

L'accusé, la partie civile et leurs conseils peuvent déposer des conclusions sur lesquelles la cour est tenue de statuer.

Article 267

1° Tous incidents contentieux sont réglés par la cour, le ministère public, les parties ou leurs conseils entendus.

2° Ces arrêts ne peuvent préjuger du fond.

3° Ils ne peuvent être attaqués par la voie du recours en cassation qu'en même temps que l'arrêt sur le fond.

Section 2 : De la comparution de l'accusé

Article 268

1° A l'audience, la présence d'un défenseur auprès de l'accusé est obligatoire.

2° Si le défenseur choisi ou désigné ne se présente pas, le président en commet un d'office.

Article 269

L'accusé comparaît libre et seulement accompagné de gardes pour l'empêcher de s'évader.

Article 270

Le président demande à l'accusé ses noms, prénoms, date et lieu de naissance, profession et résidence.

Article 271

Si un accusé refuse de comparaître, sommation lui est faite au nom de la loi par un agent d'exécution commis à cet effet par le président et assisté de la force publique. L'agent d'exécution dresse procès-verbal de la sommation et de la réponse de l'accusé.

Article 272

1° Si l'accusé n'obtempère pas à la sommation, le président peut ordonner qu'il soit amené par la force devant la cour ; il peut également, après lecture faite à l'audience du procès-verbal constatant sa résistance, ordonner que, nonobstant son absence, il soit passé outre aux débats.

2° Après chaque audience, il est, par le greffier de la cour criminelle, donné lecture à l'accusé qui n'a pas comparu du procès-verbal des débats, et il lui est signé copie des réquisitions du ministère public ainsi que des arrêts rendus par la cour, qui sont réputés contradictoires.

Article 273

1° Lorsqu'à l'audience l'un des assistants trouble l'ordre, de quelque manière que ce soit, le président ordonne son expulsion de la salle d'audience.

2° Si, au cours de l'exécution de cette mesure, il résiste à cet ordre ou cause du tumulte, il est, sur-le-champ, placé sous mandat de dépôt, jugé et puni d'un emprisonnement de deux mois à deux ans, sans préjudice des peines portées au Code pénal contre les auteurs d'outrages et de violences envers les magistrats.

3° Sur l'ordre du président, il est alors contraint par la force publique de quitter l'audience.

Article 274

1° Si l'ordre est troublé par l'accusé lui-même, il lui est fait application des dispositions de l'article précédent.

2° L'accusé, lorsqu'il est expulsé de la salle d'audience, est gardé par la force publique, jusqu'à la fin des débats, à la disposition de la cour ; il est après chaque audience, procédé ainsi qu'il est dit à l'article 272, alinéa 2.

Section 3 : De la production et de la discussion des preuves

Article 275

1° Le président ordonne au greffier de donner lecture de la liste des témoins appelés par le ministère public, par l'accusé et, s'il y a lieu, par la partie civile, et dont les noms ont été notifiés conformément aux prescriptions de l'article 245.

2° L'huissier de service fait l'appel de ces témoins.

Article 276

Le président ordonne aux témoins de se retirer dans la chambre qui leur est destinée. Ils n'en sortent que pour déposer. Le président prend, s'il en est besoin, toutes mesures utiles pour empêcher les témoins de conférer entre eux avant leur disposition.

Article 277

1° Lorsqu'un témoin cité ne comparaît pas, la cour peut, sur réquisition du ministère public ou même d'office, ordonner que ce témoin soit immédiatement amené par la force publique devant la cour pour y être entendu, ou renvoyer l'affaire à la prochaine session.

2° En ce dernier cas, tous les frais de citation, d'actes, de voyage de témoins et autres ayant pour objet de faire juger l'affaire sont, hors le cas d'excuse légitime, à la charge de ce témoin et il y est contraint, même par corps, sur la réquisition du ministère public, par l'arrêt qui renvoie les débats à la session suivante.

3° Dans tous les cas, le témoin qui ne comparaît pas ou qui refuse soit de prêter serment, soit de faire sa déposition, peut, sur réquisition du ministère public, être condamné par la cour à la peine portée à l'article 92.

4° La voie de l'opposition est ouverte au condamné qui n'a pas comparu. L'opposition s'exerce dans les cinq jours de la signification de l'arrêt faite à sa personne ou à son domicile. La cour statue sur cette opposition soit pendant la session en cours, soit au cours d'une session ultérieure.

Article 278

1° Hors le cas de crime flagrant prévu à l'article 55, le président invite l'accusé à écouter avec attention la lecture de l'arrêt de renvoi.

2° Il ordonne au greffier de lire cet arrêt à haute et intelligible voix.

Article 279

1° Le président interroge l'accusé et reçoit ses déclarations.

2° Il a le devoir de ne pas manifester son opinion sur la culpabilité.

Article 280

Les témoins appelés par le ministère public ou les parties sont entendus dans le débat, même s'ils n'ont pas déposé à l'instruction ou s'ils n'ont pas été assignés, à condition que leurs noms aient été notifiés conformément aux prescriptions de l'article 245.

Article 281

1° Le ministère public et les parties peuvent s'opposer à l'audience d'un témoin dont le nom ne leur aurait pas été notifié ou qui leur aurait été irrégulièrement notifié.

2° La cour statue sur cette opposition.

3° Si elle est reconnue fondée, ces témoins peuvent être entendus, à titre de renseignement, en vertu du pouvoir discrétionnaire du président.

Article 282

1° Les témoins déposent séparément l'un de l'autre, dans l'ordre établi par le président.

2° Les témoins doivent, sur la demande du président, faire connaître leurs nom, prénoms, âge, profession, leur domicile ou résidence, s'ils connaissent l'accusé avant le fait mentionné dans l'arrêt de renvoi, s'ils sont parents ou alliés soit de l'accusé, soit de la partie civile, et à quel degré. Le président leur demande encore s'ils ne sont pas attachés au service de l'un ou de l'autre.

3° Avant de commencer leur déposition, les témoins prêtent le serment de dire toute la vérité rien que la vérité dans les formes et conditions prévues à l'article 87. Cela fait, les témoins déposent oralement.

4° Sous réserve des dispositions de l'article 260, les témoins ne sont pas interrompus dans leur déposition. Ils déposent uniquement soit sur les faits reprochés à l'accusé, soit sur sa personnalité et sa moralité.

Article 283

1° Après chaque déposition, le président peut poser des questions aux témoins.

2° Le ministère public ainsi que les conseils de l'accusé et de la partie civile, l'accusé et la partie civile ont la même faculté, dans les conditions déterminées à l'article 263.

Article 284

Le président fait consigner aux notes d'audience d'office ou à la requête du ministère public ou des parties, par le greffier, les additions, changements ou variations qui peuvent exister entre la déposition d'un témoin et ses précédentes déclarations.

Article 285

Chaque témoin, après sa déposition, demeure dans la salle d'audience si le président n'en ordonne autrement, jusqu'à la clôture des débats.

Article 286

Ne peuvent être reçues sous la foi du serment, les dépositions :

1° Du père, de la mère ou de tout autre ascendant de l'accusé, ou de l'un des accusés présents et soumis au même débat ;

2° Du fils, de la fille ou de tout autre descendant ;
3° Des frères et sœurs ;
4° Des alliés aux mêmes degrés ;
5° Du mari ou de la femme ; cette prohibition subsiste même après le divorce ;
De la partie civile ;
Des enfants au-dessous de l'âge de 15 ans.

Article 287

1° Néanmoins, l'audience sous serment des personnes désignées par l'article précédent n'entraîne pas nullité lorsque le ministère public ni aucune des parties ne s'est opposé à la prestation de serment.
2° En cas d'opposition du ministère public ou d'une ou plusieurs des parties, le témoin peut être entendu à titre de renseignements, en vertu du pouvoir discrétionnaire du président.

Article 288

1° La personne qui, agissant en vertu d'une obligation légale ou de sa propre initiative, a porté les faits poursuivis à la connaissance de la justice, est reçue en témoignage mais le président en avertit la cour criminelle.
2° Celui dont la dénonciation est récompensée pécuniairement par la loi peut être entendu en témoignage, à moins qu'il y ait opposition d'une des parties ou du ministère public.

Article 289

Le ministère public ainsi que la partie civile et l'accusé peuvent demander, et le président peut toujours ordonner qu'un témoin se retire momentanément de la salle d'audience, après sa déposition, pour y être introduit et entendu s'il y a lieu après d'autres dépositions, avec ou sans confrontation.

Article 290

Le président peut, avant ou après l'audition d'un témoin faire retirer un ou plusieurs accusés, et les entendre séparément sur quelques circonstances du procès ; mais il a soin de ne reprendre la suite des débats qu'après avoir instruit chaque accusé de ce qui s'est fait en son absence, et ce qui en est résulté.

Article 291

Les magistrats et les jurés peuvent prendre note de ce qui leur paraît important soit dans les dispositions des témoins, soit dans la défense de l'accusé pourvu que les débats ne soient pas interrompus.

Article 292

1° Dans le cours ou à la suite des dépositions, le président fait, s'il est nécessaire, présenter à l'accusé ou aux témoins les pièces à conviction et reçoit leurs observations.
2° Le président les fait aussi présenter, s'il y a lieu, aux assesseurs et aux jurés.

Article 293

1° Si, d'après les débats, la déposition d'un témoin paraît fausse, le président, soit d'office, soit à la requête du ministère public ou d'une des parties, peut ordonner spécialement à ce témoin d'être présent aux débats jusqu'à leur clôture et en outre de demeurer dans la salle d'audience jusqu'au prononcé de l'arrêt de la cour criminelle. En cas d'infraction à cet ordre, le président fait mettre le témoin en état d'arrestation provisoire.

2° Après lecture de l'arrêt de la cour criminelle, la cour, sans la participation des jurés, statue comme il est prescrit à l'article 599.

Article 294

En tout état de cause, la cour peut ordonner d'office, ou à la requête du ministère public ou de l'une des parties, le renvoi de l'affaire à la prochaine session.

Article 295

1° Dans le cas où l'accusé, les témoins ou l'un d'eux ne parlent pas suffisamment la langue française ou s'il est nécessaire de traduire un document versé aux débats, le président nomme d'office un interprète, âgé de vingt et un ans au moins et lui fait prêter serment de remplir fidèlement sa mission.

2° Le ministère public, l'accusé et la partie civile peuvent refuser l'interprète en motivant leur récusation. La cour se prononce sur cette récusation. Sa décision n'est susceptible d'aucune voie de recours.

3° L'interprète ne peut, même du consentement de l'accusé ou du ministère public, être pris parmi les juges composant la cour, les jurés, le greffier qui tient l'audience, les parties et les témoins.

Article 296

1° Si l'accusé est sourd-muet et ne sait pas écrire, le président nomme d'office en qualité d'interprète la personne qui a le plus l'habitude de converser avec lui.

2° Il en est de même à l'égard du témoin sourd-muet.

3° Les autres dispositions du précédent article sont applicables.

4° Dans le cas où le sourd-muet sait écrire, le greffier écrit les questions ou observations qui lui sont faites ; elles sont remises à l'accusé ou au témoin, qui donne par écrit ses réponses ou déclarations. Il est fait lecture du tout par le greffier.

Article 297

1° Une fois l'instruction à l'audience terminée, la partie civile ou son conseil est entendu. Le ministère public prend ses réquisitions.

2° L'accusé et son conseil présentent leur défense.

3° La réplique est permise à la partie civile et au ministère public, mais l'accusé ou son conseil auront toujours la parole les derniers.

Section 4 : De la clôture des débats

Article 298

1° Le président déclare les débats terminés.

2° Il ne peut résumer les moyens de l'accusation et de la défense.

CHAPITRE VII : DU JUGEMENT

Section 1 : De la délibération de la cour criminelle

Article 299

Les magistrats de la cour et les jurés se retirent dans la chambre des délibérations.

Ils n'en peuvent sortir qu'après avoir pris leurs décisions.

Article 300

La cour et le jury délibèrent puis votent par bulletins écrits, tant sur la culpabilité de chacun des accusés que sur la peine et sur les intérêts civils.

S'il résulte des débats que le fait comporte une qualification légale autre que celle donnée dans l'arrêt de renvoi, le président fera voter sur cette nouvelle qualification.

Il en sera de même s'il résulte des débats une ou plusieurs circonstances aggravantes non mentionnées dans l'arrêt de renvoi.

Article 301

Chacun des magistrats et des jurés reçoivent à cet effet un bulletin ouvert.

Il écrit à la suite ou fait écrire secrètement le mot "oui" ou le mot "non" sur une table disposée de manière que personne ne puisse voir le vote inscrit sur le bulletin. Il remet le bulletin écrit et fermé au président, qui le dépose dans une urne destinée à cet usage.

Article 302

Le président dépouille chaque scrutin en présence des membres de la cour et du jury, qui peuvent vérifier les bulletins. Il constate sur-le-champ le résultat du vote.

Les bulletins blancs, ou déclarés nuls par la majorité, sont comptés comme favorables à l'accusé.

Immédiatement après le dépouillement de chaque scrutin, les bulletins sont brûlés.

La déclaration en ce qui concerne les circonstances atténuantes est exprimée qu'elle soit affirmative ou négative.

Article 303

Toute décision défavorable à l'accusé, y compris celle qui refuse les circonstances atténuantes, se forme à la majorité de sept voix au moins.

Article 304

La déclaration, lorsqu'elle est affirmative, constate que la majorité de sept voix au moins a été acquise sans que le nombre de voix puisse être autrement exprimé.

Article 305

1° En cas de réponse affirmative sur la culpabilité, la cour criminelle délibère sans désemparer sur l'application de la peine ainsi que sur les dommages-intérêts. Le vote a lieu au scrutin secret, et séparément pour chaque accusé.

2° Si, après deux tours de scrutin, aucune peine n'a réuni la majorité des suffrages, il est procédé à un troisième tour au cours duquel la peine la plus forte proposée au tour précédent est écartée. Si, à ce troisième tour, aucune peine n'a encore obtenu la majorité des votes, il est procédé à un quatrième tour et ainsi de suite, en continuant à écarter la peine la plus forte jusqu'à ce qu'une peine soit prononcée à la majorité absolue des votants.
3° Lorsque la cour criminelle prononce une peine correctionnelle, elle peut ordonner à la majorité qu'il soit sursis à l'exécution de la peine.
4° La cour criminelle délibère également sur les peines accessoires ou complémentaires.

Article 306

1° Si le fait retenu contre l'accusé ne tombe pas ou ne tombe plus sous l'application de la loi pénale ou si l'accusé est déclaré non coupable, la cour criminelle prononce l'acquittement de celui-ci.
2° Si l'accusé bénéficie d'une excuse absolutoire, la cour criminelle prononce son absolution.

Section 2 : De la décision

Article 307

1° La cour criminelle rentre ensuite dans la salle d'audience. Le président prononce l'arrêt qui porte tant sur l'action publique que sur l'action civile.
2° Les textes de loi dont il est fait application sont lus à l'audience par le président ; il est fait mention de cette lecture dans l'arrêt.
3° Au cas de condamnation ou d'absolution, l'arrêt condamne l'accusé aux dépens envers l'Etat et se prononce sur la contrainte par corps.
4° Dans le cas où la condamnation n'intervient pas pour toutes les infractions qui ont fait l'objet de la poursuite, ou n'intervient qu'à raison d'infractions qui ont fait l'objet d'une disqualification soit au cours de l'instruction, soit au moment du prononcé de l'arrêt, comme aussi dans le cas de mise hors de cause de certains des accusés, la cour doit, par une disposition motivée, décharger le condamné de la part des frais de justice qui ne résulte pas directement de l'infraction ayant entraîné la condamnation au fond. La cour fixe elle-même le montant des frais dont doit être déchargé le condamné, ces frais étant laissés, selon les circonstances, à la charge du trésor ou de la partie civile.
À défaut de décision de la cour sur l'application de l'alinéa précédent, il est statué sur ce point par la chambre d'accusation.

Article 308

Si l'accusé est absous ou acquitté, il est immédiatement en liberté s'il n'est retenu pour autre cause.

Article 309

Aucune personne acquittée légalement ne peut être reprise ou accusée à raison des mêmes motifs, même sous une qualification différente.

Article 310
Lorsque dans le cours des débats des charges sont relevées contre l'accusé à raison d'autres faits, et lorsque le ministère public a fait des réserves aux fins de poursuites, le président ordonne que l'accusé acquitté soit par la force publique, conduit sans délai devant le Procureur de la République du siège de la cour criminelle qui doit immédiatement requérir l'ouverture d'une information.
Article 311
Après avoir prononcé l'arrêt, le président avertit, s'il y a lieu, l'accusé de la faculté qui lui est accordée de se pourvoir en cassation et lui fait connaître le délai de ce pourvoi.
Article 312
1° La partie civile, dans le cas d'acquittement comme dans celui d'absolution, peut demander réparation du dommage résultant de la faute de l'accusé, telle qu'elle résulte des faits qui sont l'objet de l'accusation après que les parties et le ministère public ont été entendus. Il en est de même pour l'accusé acquitté, contre la partie civile.
2° La cour statue sur ces demandes par arrêt séparé sans la participation des jurés.
Article 313
1° La cour peut ordonner d'office la restitution des objets placés sous la main de la justice. Toutefois, s'il y a eu condamnation, cette restitution n'est effectuée que si son bénéficiaire justifie que le condamné a laissé passer les délais sans se pourvoir en cassation ou, s'il s'est pourvu, que l'affaire est définitivement jugée.
2° Lorsque la décision de la cour criminelle est devenue définitive, la chambre d'accusation est compétente pour ordonner, s'il y a lieu, la restitution des objets placés sous la main de la justice. Elle statue sur requête de toute personne qui prétend avoir droit sur l'objet ou à la demande du ministère public.
Article 314
L'accusé qui succombe est condamné aux dépens envers la partie civile.
Article 315
La partie civile qui a obtenu des dommages-intérêts n'est jamais tenue des dépens. Celle qui a succombé n'est condamnée aux dépens que si elle a, elle-même, mis en mouvement l'action publique. Toutefois, même en ce cas, elle peut, eu égard aux circonstances de la cause, être déchargée de la totalité ou d'une partie de ces dépens, par décision spéciale et motivée de la cour.
Article 316
1° Les accusés qui, régulièrement cités, ne comparaissent pas, sont jugés par défaut.
2° S'ils se constituent ou s'ils viennent à être arrêtés avant l'expiration des délais de prescription l'arrêt de condamnation est anéanti de plein droit et il est procédé de nouveau contre eux.

Section 3 : De l'arrêt

Article 317

1° Le greffier écrit l'arrêt ; les textes de loi appliqués y sont indiqués.

2° La minute de l'arrêt rendu après délibération de la cour criminelle ainsi que la minute des arrêts rendus par la cour sont signées par le président et le greffier.

3° Tous ces arrêts doivent porter mention de la présence du ministère public.

Article 318

Les minutes des arrêts rendus par la cour criminelle sont réunies et déposées au greffe de la cour d'appel siège de ladite cour.

TITRE II :
DU JUGEMENT DES DÉLITS

CHAPITRE PREMIER : DU TRIBUNAL CORRECTIONNEL

Section 1 : De la compétence et de la saisine du tribunal correctionnel

Paragraphe premier : Dispositions générales

Article 319

1° Le tribunal correctionnel connaît des délits.

2° Sont des délits les infractions que la loi punit d'une peine de plus de 10 jours d'emprisonnement ou 36 000 francs d'amende.

Article 320

1° Est compétent le tribunal correctionnel du lieu de l'infraction, celui de la résidence du prévenu, celui du lieu de détention ou d'arrestation, même lorsque cette détention ou arrestation a été opérée pour autre cause.

2° La compétence du tribunal correctionnel s'étend aux délits et contraventions qui forment avec l'infraction déférée au tribunal un ensemble indivisible ; elle peut aussi s'étendre aux délits et contraventions connexes, au sens de l'article 189.

Article 321

La compétence à l'égard d'un prévenu s'étend à tous coauteurs et complices.

Article 322

Le tribunal saisi de l'action publique est compétent pour statuer sur toutes exceptions proposées par le prévenu pour sa défense, à moins que la loi n'en dispose autrement, ou que le prévenu n'excipe d'un droit réel immobilier.

Article 323

Les exceptions tirées de la nullité de la procédure antérieure doivent, à peine de forclusion, être présentées avant toute défense au fond.

Article 324

1° L'exception préjudicielle est présentée avant toute défense au fond.

2° Elle n'est recevable que si elle est de nature à retirer au fait qui sert de base à la poursuite le caractère d'une infraction.

3° Elle n'est admise que si elle s'appuie sur des faits ou sur des titres donnant un fondement à la prétention du prévenu.

4° Si l'exception est admissible, le tribunal impartit un délai dans lequel le prévenu doit saisir la juridiction compétente. Faute par le prévenu d'avoir introduit l'instance dans ce délai et de justifier de ses diligences, il est passé outre à l'exception.

Si l'exception n'est pas admise, les débats sont continués.

Article 325

Lorsque le tribunal est saisi de plusieurs procédures visant des faits connexes, il peut en ordonner la jonction soit d'office, soit sur réquisition du ministère public, ou à la requête d'une des parties.

Article 326

Le tribunal correctionnel est saisi des infractions de sa compétence, soit par le renvoi qui lui en est fait par la juridiction d'instruction, soit par la comparution volontaire des parties, soit par la citation délivrée directement au prévenu et aux personnes civilement responsables de l'infraction, soit enfin par application de la procédure de flagrant délit.

Article 327

La partie civile, qui cite directement un prévenu devant un tribunal répressif, fait, dans l'acte de citation, élection de domicile dans le ressort du tribunal saisi, à moins qu'elle n'y soit domiciliée.

Paragraphe 2 : Du flagrant délit

Article 328

L'individu arrêté en flagrant délit et déféré devant le Procureur de la République, conformément à l'article 56 du présent code, est, s'il a été placé sous mandat de dépôt, traduit sur-le-champ à l'audience du tribunal.

Article 329

Si ce jour-là il n'est point tenu d'audience, le prévenu est déféré à l'audience du lendemain, le tribunal étant, au besoin, spécialement réuni.

Article 330

Les témoins du flagrant délit peuvent être requis verbalement par tout officier de police judiciaire ou agent de la force publique. Ils sont tenus de comparaître sous les sanctions portées à l'article 92.

Article 331

1° La personne déférée en vertu de l'article 328 est avertie par le président qu'elle a le droit de réclamer un délai pour préparer sa défense ; mention de l'avis donné par le président et de la réponse du prévenu est faite dans le jugement.

2° Si le prévenu use de la faculté indiquée à l'alinéa précédent, le tribunal lui accorde un délai de trois jours au moins.

Article 332

Si l'affaire n'est pas en état de recevoir jugement, le tribunal en ordonne le renvoi à l'une des plus prochaines audiences pour plus ample information et, s'il y a lieu, met le prévenu en liberté provisoire, avec ou sans caution.

Section 2 : De la composition du tribunal et de la tenue des audiences

Article 333

1° Le tribunal correctionnel est présidé par le président du tribunal ou l'un des juges, il peut juger les affaires qu'il a instruites.

2° Les fonctions du ministère public sont exercées par le Procureur ou l'un de ses substituts ; toutefois, dans les sections des tribunaux la présence d'un magistrat du ministère public n'est pas obligatoire ; les fonctions du greffe sont exercées par un greffier du tribunal ou de la section du tribunal.

Article 334

1° Le nombre, le jour et l'heure des audiences correctionnelles sont déterminés à la fin de chaque année judiciaire pour l'année judiciaire suivante par l'Assemblée générale du tribunal.

2° Il peut être modifié dans les mêmes conditions en cours d'année, suivant les nécessités.

Section 3 : De la publicité et de la police de l'audience

Article 335

1° Les audiences sont publiques.

2° Néanmoins, le tribunal peut, en constatant dans son jugement que la publicité est dangereuse pour l'ordre ou les mœurs, ordonner, par jugement rendu en audience publique, que les débats auront lieu à huis clos.

3° Lorsque le huis clos a été ordonné, celui-ci s'applique au prononcé des jugements séparés qui peuvent intervenir sur des incidents ou exceptions ainsi qu'il est dit à l'article 394, alinéa 4.

4° Le jugement sur le fond doit toujours être prononcé en audience publique.

Article 336

Le président a la police de l'audience et la direction des débats. Il est investi du pouvoir discrétionnaire prévu à l'article 261.

Article 337

Le président peut interdire l'accès de la salle d'audience aux mineurs ou à certains d'entre eux.

Article 338

1° Lorsque, à l'audience, l'un des assistants trouble l'ordre de quelque manière que ce soit, le président ordonne son expulsion de la salle d'audience.

2° Si, au cours de l'exécution de cette mesure, il résiste à cet ordre ou cause du tumulte, il est, sur-le-champ, placé sous mandat de dépôt, jugé et puni d'un emprisonnement de deux mois à deux ans, sans préjudice des peines portées au Code pénal contre les auteurs d'outrages et de violences envers les magistrats.

3° Sur l'ordre du président, il est alors contraint par la force publique de quitter l'audience.

Article 339

1° Si l'ordre est troublé à l'audience par le prévenu lui-même il lui fait application des dispositions de l'article précédent.

2° Le prévenu, même libre, lorsqu'il est expulsé de la salle d'audience, est gardé par la force publique, jusqu'à la fin des débats, à la disposition du tribunal. Il est alors reconduit à l'audience, où le jugement est rendu en sa présence.

Section 4 : Des débats

Paragraphe Premier : De la comparution du prévenu

Article 340

Le président constate l'identité du prévenu et donne connaissance de l'acte qui a saisi le tribunal. Il constate aussi s'il y a lieu la présence ou l'absence de la personne civilement responsable et de la partie civile.

Article 341

1° Dans le cas où le prévenu ne parle pas suffisamment la langue française ou s'il est nécessaire de traduire un document versé aux débats, le président désigne d'office un interprète, âgé de vingt et un ans au moins, et lui fait prêter serment de remplir fidèlement sa mission.

2° Le ministère public, le prévenu et la partie civile peuvent récuser l'interprète en motivant leur récusation. Le tribunal se prononce sur cette récusation, et sa décision n'est susceptible d'aucune voie de recours.

3° L'interprète ne peut, même du consentement du prévenu ou du ministère public, être pris parmi les juges composant le tribunal, le greffier qui tient l'audience, les parties et les témoins.

Article 342

1° Si le prévenu est sourd-muet et ne sait pas écrire, le président nomme d'office, en qualité d'interprète, la personne qui a le plus l'habitude de converser avec lui.

2° Les autres dispositions du précédent article sont applicables.

3° Dans le cas où le prévenu visé au présent article sait écrire, le greffier écrit les questions ou observations qui lui sont faites ; elles sont remises au prévenu, qui donne par écrit ses réponses. Il est fait lecture du tout par le greffier.

Article 343

Au jour indiqué pour la comparution à l'audience, le prévenu en état de détention y est conduit par la force publique.

Article 344

1° La partie civile, le civilement responsable et le prévenu cités en personne doivent comparaître à moins qu'ils ne fournissent une excuse reconnue valable par la juridiction devant laquelle ils sont appelés.

2° Si ces conditions sont remplies les parties non comparantes et non excusées sont jugées contradictoirement.

Article 345

1° Le prévenu cité pour une infraction passible d'une peine d'amende ou d'une peine d'emprisonnement inférieure à 2 ans peut, par lettre adressée au président et qui sera jointe au dossier de la procédure, demander à être jugé en son absence.

2° Dans ce cas, son défenseur est entendu.

Article 346

1° Toutefois, si le tribunal estime nécessaire la comparution du prévenu en personne, il est procédé à la réassignation du prévenu, à la diligence du ministère public, pour une audience dont la date est fixée par le tribunal.

2° Le prévenu qui ne répondrait pas à cette invitation est jugé contradictoirement.

3° Il est également jugé contradictoirement dans le cas prévu par l'article précédent.

Article 347

Si la citation n'a pas été délivrée à la personne du prévenu, la décision, en cas de non-comparution du prévenu, est rendue par défaut.

Article 348

Nul n'est recevable à déclarer qu'il fait défaut dès lors qu'il est présent au début de l'audience.

Article 349

Les dispositions de l'article 345 sont applicables chaque fois que le débat sur le fond de la prévention ne doit pas être abordé, et spécialement quand le débat ne doit porter que sur les intérêts civils.

Article 350

La personne civilement responsable peut toujours se faire représenter par un avocat-défenseur. Dans ce cas, ce jugement est contradictoire à son égard.

Article 351

Si le prévenu ne peut, en raison de son état de santé, comparaître devant le tribunal et s'il existe des raisons graves de ne pas différer le jugement de l'affaire, le tribunal ordonne, par décision spéciale et motivée, que le prévenu, éventuellement assisté de son conseil, sera entendu à son domicile ou à la maison d'arrêt dans laquelle il se trouve détenu, par un magistrat commis à cet effet, accompagné d'un greffier. Procès-verbal est dressé de cet interrogatoire. Le débat est repris après citation nouvelle du prévenu, et les réquisitions de l'article 345 sont applicables, quelle que soit la peine encourue. Dans tous les cas, le prévenu est jugé contradictoirement.

Article 352

1° Le prévenu qui comparaît a la faculté de se faire assister par un défenseur.

2° L'assistance d'un défenseur est obligatoire quand le prévenu encourt la peine de la relégation.

Paragraphe 2 : De la constitution de partie civile et de ses effets

Article 353

1° Toute personne qui, conformément à l'article 2, prétend avoir été lésée par un délit, peut, si elle ne l'a déjà fait, se constituer partie civile à l'audience même.

2° La partie civile peut, à l'appui de sa constitution, demander des dommages intérêts correspondant au préjudice qui a été causé.

Article 354
La déclaration de constitution de partie civile se fait soit avant l'audience, soit pendant l'audience par déclaration consignée par le greffier ou par le dépôt de conclusions.
Article 355
Lorsqu'elle est présentée avant l'audience, la déclaration de constitution de partie civile doit être faite par lettre missive adressée au Procureur de la République compétent et préciser l'infraction poursuivie et contenir élection de domicile dans le ressort du tribunal saisi, à moins que la partie civile n'y soit domiciliée.
Le ministère public cite la partie civile pour l'audience.
Article 356
À l'audience, la déclaration de constitution de partie civile doit, à peine d'irrecevabilité, être faite avant les réquisitions du ministère public sur le fond.
Article 357
La personne qui s'est constituée partie civile ne peut plus être entendue comme témoin.
Article 358
1° Le tribunal apprécie la recevabilité de la constitution de partie civile et, s'il échet, déclare cette constitution irrecevable.
2° L'irrecevabilité peut également être soulevée par le ministère public, le prévenu, le civilement responsable ou une autre partie civile.
Article 359
1° La partie civile peut toujours se faire représenter par un avocat-défenseur. Dans ce cas le jugement est contradictoire à son égard.
2° Toutefois, le tribunal peut ordonner sa comparution personnelle.
Article 360
1° La partie civile régulièrement citée qui ne comparaît pas ou n'est pas représentée à l'audience est considérée comme se désistant de sa constitution de partie civile.
2° En ce cas, si l'action publique n'a été mise en mouvement que par la citation directe délivrée à la requête de la partie civile, le tribunal ne statue sur ladite action que s'il en est requis par le ministère public, sauf au prévenu à demander au tribunal des dommages-intérêts pour abus de citation directe comme il est dit à l'article 407.
Article 361
Le désistement de la partie civile ne met pas obstacle à l'action civile devant la juridiction compétente.
Paragraphe 3 : De l'administration de la preuve
Article 362
1° Hors le cas où la loi en dispose autrement, les infractions peuvent être établies par tout mode de preuve et le juge décide d'après son intime conviction.

2° Le juge ne peut fonder sa décision que sur des preuves qui lui sont apportées au cours des débats et contradictoirement discutées devant lui.

Article 363

L'aveu, comme tout élément de preuve, est laissé à la libre appréciation des juges.

Article 364

Tout procès-verbal ou rapport n'a de valeur probante que s'il est régulier en la forme, si son auteur a agi dans l'exercice de ses fonctions et a rapporté sur une matière de sa compétence ce qu'il a vu, entendu ou constaté personnellement.

Article 365

Sauf dans le cas où la loi en dispose autrement, les procès-verbaux et les rapports constatant les délits ne valent qu'à titre de simples renseignements.

Article 366

Dans les cas où les officiers de police judiciaire, où les fonctionnaires et agents chargés de certaines fonctions de police judiciaire ont reçu d'une disposition spéciale de la loi le pouvoir de constater des délits par des procès-verbaux ou des rapports, la preuve contraire ne peut être rapportée que par écrit ou témoins.

Article 367

La preuve par écrit ne peut résulter de la correspondance échangée entre le prévenu et son conseil.

Article 368

Les matières donnant lieu à des procès-verbaux faisant foi jusqu'à inscription de faux sont réglées par des lois spéciales. À défaut de disposition expresse, la procédure de l'instruction de faux est suivie.

Article 369

Si le tribunal estime qu'une expertise est nécessaire, il est procédé conformément aux articles 148 et suivants.

Article 370

Les témoins sont cités ainsi qu'il est dit aux articles 490 et suivants.

Article 371

Après avoir procédé aux constatations prévues à l'article 340, le président ordonne aux témoins de se retirer dans la chambre qui leur est destinée. Ils n'en sortent que pour déposer. Le président prend, s'il en est besoin, toutes mesures utiles pour empêcher les témoins de conférer entre eux avant leur déposition.

Article 372

Toute personne citée pour être entendue comme témoin est tenue de comparaître, de prêter serment et de déposer.

Article 373

Le témoin qui ne comparaît pas ou qui refuse soit de prêter serment, soit de faire sa déposition, peut être, sur réquisitions du ministère public, condamné par le tribunal à la peine portée à l'article 92.

Article 374
1° Si le témoin ne comparaît pas, et s'il n'a pas fait valoir un motif d'excuse reconnu valable et légitime, le tribunal peut, sur réquisitions du ministère public ou même d'office, décerner contre ce témoin mandat d'amener pour y être entendu ou renvoyer l'affaire à une prochaine audience.
2° En ce dernier cas, tous les frais de citation, d'actes, de voyage de témoins et autres, ayant pour objet de faire juger l'affaire, sont, hors le cas d'excuse légitime, à la charge de ce témoin. Sur la réquisition du ministère public, le jugement qui ordonne le renvoi des débats le condamne, même par corps, au paiement de ces frais.
Article 375
1° Le témoin qui a été condamné à une amende ou aux frais pour non-comparution peut, au plus tard dans les cinq jours de la signification de cette décision faite à sa personne ou à son domicile, former opposition.
2° La voie de l'appel ne lui est ouverte que sur le jugement rendu sur cette opposition.
Article 376
Le témoin qui a été condamné pour refus de prêter serment ou de déposer peut interjeter appel.
Article 377
Avant de procéder à l'audition des témoins, le président interroge le prévenu et reçoit ses déclarations. Le ministère public, ainsi que la partie civile et la défense, celle-ci par l'intermédiaire du président, peuvent lui poser des questions.
Article 378
Lorsqu'un témoin est sourd-muet ou ne parle pas suffisamment la langue française, les dispositions des articles 295 et 296 sont applicables.
Article 380
1° Les témoins doivent, sur la demande du président, faire connaître leur nom, prénoms, âge, profession et domicile, s'ils sont parents ou alliés du prévenu, de la personne civilement responsable ou de la partie civile et s'ils sont à leur service.
2° Le cas échéant, le président leur fait préciser quelles relations ils ont ou ont eu, avec le prévenu, la personne civilement responsable ou la partie civile.
Article 381
Avant de commencer leur déposition, les témoins prêtent serment de dire toute la vérité, rien que la vérité dans les formes et conditions prescrites à l'article 87.
Article 382
Les enfants au-dessous de l'âge de 15 ans sont entendus sans prestation de serment.
Article 383
Sont reçues dans les mêmes conditions les dépositions :

1° Du père, de la mère ou de tout autre ascendant du prévenu ou de l'un des prévenus présents et impliqués dans la même affaire.
2° Du fils, de la fille ou de tout autre descendant.
3° Des frères et sœurs.
4° Des alliés aux mêmes degrés.
5° Du mari ou de la femme ; cette prohibition subsiste même après le divorce.

Article 384

Toutefois, les personnes visées aux articles 382 et 383 peuvent être entendues sous serment lorsque ni le ministère public ni aucune des parties ne s'y sont opposés.

Article 385

1° Le témoin qui a prêté le serment n'est pas tenu de le renouveler s'il est entendu une seconde fois au cours des débats.
2° Le président lui rappellera, s'il y a lieu, le serment qu'il a prêté.

Article 386

1° La personne qui, agissant en vertu d'une obligation légale ou de sa propre initiative, a porté les faits poursuivis à la connaissance de la justice, est reçue en témoignage mais le président en avertit le tribunal.
2° Celui dont la dénonciation est récompensée pécuniairement par la loi peut aussi être entendu en témoignage, à moins qu'il n'y ait opposition d'une des parties, ou du ministère public.

Article 387

1° Les témoins déposent oralement.
2° Toutefois, ils peuvent, exceptionnellement, s'aider de documents avec l'autorisation du président.

Article 388

1° Le greffier tient note du déroulement des débats et principalement, sous la direction du président, des déclarations des témoins ainsi que des réponses du prévenu.
2° Les notes d'audience sont signées par le greffier. Elles sont visées par le président, au plus tard dans les trois jours qui suivent chaque audience.

Article 389

1° Après chaque déposition, le président pose au témoin les questions qu'il juge nécessaires et s'il y a lieu, celles qui lui sont proposées par les parties.
2° Le témoin peut se retirer après sa déposition à moins que le président n'en décide autrement.
3° Le ministère public, ainsi que la partie civile et le prévenu, peuvent demander, et le président peut toujours ordonner, qu'un témoin se retire momentanément de la salle d'audience après sa déposition, pour y être introduit et entendu s'il y a lieu après d'autres dépositions avec ou sans confrontation.

Article 390

Au cours des débats le président fait, s'il est nécessaire, représenter au prévenu ou aux témoins les pièces à conviction et reçoit leurs observations.

Article 391

1° Le tribunal, soit d'office, soit à la demande du ministère public, de la partie civile ou du prévenu, peut ordonner tous transports utiles en vue de la manifestation de la vérité.

2° Les parties et leurs conseils sont appelés à y assister. Il est dressé procès-verbal de ces opérations.

Article 392

1° Si d'après les débats la déposition d'un témoin paraît fausse, le président, soit d'office, soit à la requête du ministère public ou de l'une des parties, fait consigner aux notes d'audience les dires précis du témoin.

2° Il peut enjoindre spécialement à ce témoin de demeurer à la disposition du tribunal, qui l'entendra à nouveau s'il y a lieu.

3° Si le jugement doit être rendu le jour même, le président peut également faire garder ce témoin par la force publique dans ou hors la salle d'audience.

4° Après lecture du jugement sur le fond, le tribunal statue sur le délit de faux témoignage comme il est prescrit à l'article 599.

Paragraphe VI : De la discussion par les parties

Article 393

1° Le Procureur de la République prend, au nom de la loi, les réquisitions écrites ou orales qu'il croit convenables au bien de la justice.

2° Dans le cas où des réquisitions écrites sont prises, mention en est faite dans les notes tenues par le greffier et le tribunal est tenu d'y répondre.

Article 394

1° Le prévenu, les autres parties et leurs conseils peuvent déposer des conclusions.

2° Ces conclusions sont visées par le président et le greffier ; ce dernier mentionne ce dépôt aux notes d'audience.

3° Le tribunal qui est tenu de répondre aux conclusions ainsi régulièrement déposées doit joindre au fond les incidents et exceptions dont il est saisi, et y statuer par un seul et même jugement en se prononçant en premier lieu sur l'exception et ensuite sur le fond.

4° Il ne peut en être autrement qu'au cas d'imposition absolue, ou encore lorsqu'une décision immédiate sur l'incident ou sur l'exception est commandée par une disposition qui touche à l'ordre public.

Article 395

1° L'instruction à l'audience terminée, la partie civile est entendue en sa demande le ministère public prend ses réquisitions, le prévenu et, s'il y a lieu, la personne civilement responsable présentent leur défense.

2° La partie civile et le ministère public peuvent répliquer. Le prévenu ou son conseil auront toujours la parole les derniers.

Article 396

1° Si les débats ne peuvent être terminés au cours de la même audience, le tribunal fixe, par jugement, le jour où ils seront continués.

2° Les parties et les témoins non entendus, ou ceux qui ont été invités à rester à la disposition du tribunal, sont tenus de comparaître, sans autre citation à l'audience de renvoi.

Section 5 : Du jugement

Article 397

1° Le jugement est rendu soit à l'audience même à laquelle ont eu lieu les débats, soit à une date ultérieure.

2° Dans ce dernier cas, le président informe les parties présentes du jour où le jugement sera prononcé.

Article 398

1° S'il y a lieu de procéder à un supplément d'information, le tribunal commet par jugement son président qui dispose des pouvoirs prévus aux articles 142 à 147 relatifs aux commissions rogatoires.

2° Le Procureur de la République peut obtenir, au besoin par voie de réquisitions, la communication du dossier de la procédure à toute époque du supplément d'information, à charge de rendre les pièces dans les vingt-quatre heures.

Article 399

1° Si le tribunal estime que le fait constitue un délit, il prononce la peine.

2° Il statue s'il y a lieu, sur l'action civile et peut ordonner le versement provisoire, en tout ou en partie, des dommages-intérêts alloués.

3° Il a aussi la faculté, s'il ne peut se prononcer en l'état sur la demande en dommages-intérêts, d'accorder à la partie civile une provision, exécution nonobstant opposition ou appel.

Article 400

1° Dans le cas visé à l'article 399, alinéa 1er, s'il s'agit d'un délit de droit commun et si la peine prononcée est d'au moins six mois d'emprisonnement le tribunal peut, par décision spéciale et motivée, décerner mandat de dépôt ou d'arrêt contre le prévenu.

2° Le mandat d'arrêt continue à produire son effet même si le tribunal, sur opposition, ou la cour, sur appel, réduit la peine à moins de six mois d'emprisonnement.

3° Le mandat de dépôt décerné par le tribunal produit également effet lorsque, sur appel, la cour réduit l'appel à moins de six mois d'emprisonnement.

4° Toutefois le tribunal, sur opposition ou la cour, sur appel à la faculté par décision spéciale ou motivée, de donner mainlevée de ces mandats.

5° En toutes circonstances, les mandats décernés, dans les cas susvisés, continuent à produire leur effet, nonobstant le pourvoi en cassation.

6° En cas d'opposition au jugement dans les conditions prévues par les articles 426 et 427, l'affaire doit venir devant le tribunal à la première audience au plus tard dans la quinzaine du jour de l'opposition, faute de quoi le prévenu doit être mis en liberté d'office. S'il y a lieu à remise, le tribunal doit statuer d'office par une décision motivée sur le maintien ou la mainlevée du mandat, le ministère public entendu. Le tout sans préjudice de la faculté pour le prévenu de former une demande de mise en liberté provisoire dans les conditions prévues par l'article 124.

Article 401

Si le tribunal régulièrement saisi d'un fait qualifié délit par la loi estime au résultat des débats, que ce fait ne constitue qu'une contravention, il prononce la peine et statue, s'il y a lieu, sur l'action civile.

Article 402

Si le fait est une contravention connexe à un délit, le tribunal statue par un seul et même jugement, à charge d'appel sur le tout.

Article 403

Si le prévenu bénéficie d'une excuse absolutoire, le tribunal prononce son absolution et statue, s'il y a lieu, sur l'action civile ainsi qu'il est dit à l'article 399, alinéa 2 et 3.

Article 404

1° Si le fait déféré au tribunal correctionnel sous la qualification de délit est de nature à entraîner une peine criminelle, le tribunal renvoie le ministère public à se pourvoir ainsi qu'il avisera.

2° Il peut, le ministère public entendu, décerné par la décision, mandat de dépôt ou d'arrêt contre le prévenu.

Article 405

1° Si le tribunal estime que le fait poursuivi ne constitue aucune infraction à la loi pénale ou que le fait n'est pas établi ou qu'il n'est pas imputable au prévenu, il renvoie celui-ci des fins de la poursuite.

2° Toutefois, lorsque l'action publique a été engagée par le ministère public la partie civile peut demander réparation des dommages résultant de la faute du prévenu telle qu'elle résulte des faits qui ont fait l'objet de la prévention après que le ministère public et les parties ont été entendus.

Article 406

1° Est nonobstant appel, mis en liberté, immédiatement après le jugement, le prévenu détenu qui a été acquitté ou absous ou condamné soit à l'emprisonnement avec sursis, soit à l'amende.

2° Il en est de même du prévenu détenu condamné à une peine d'emprisonnement aussitôt que la durée de la détention aura atteint celle de la peine prononcée.

Article 407

Dans le cas prévu par l'article 405, alinéa 1 lorsque la partie civile a elle-même mis en mouvement l'action publique, le tribunal statue par le même jugement sur la demande en dommages-intérêts formée par la personne acquittée contre la partie civile pour abus de constitution de partie civile.

Article 408
1° Tout jugement de condamnation rendu contre le prévenu et éventuellement contre la partie civile responsable les condamne aux frais et dépens envers l'État. Il se prononce à l'égard du prévenu sur la durée de la contrainte par corps comme il est prescrit aux articles 740 et suivants.
2° Il en est de même en cas de transaction ayant éteint l'action publique, conformément à l'article 6 et, en cas d'absolution, sauf si le tribunal, par décision spéciale et motivée, décharge le prévenu et la personne civilement responsable de tout ou partie des frais.
3° La partie civile dont l'action a été déclarée recevable n'est pas tenue des frais dès lors que l'individu contre lequel elle s'est constituée a été reconnu coupable d'une infraction.
Article 409
En cas d'acquittement le prévenu ne peut être condamné aux frais du procès.
Toutefois, si le prévenu est acquitté à raison de son état de démence au moment des faits, le tribunal peut mettre à sa charge tout ou partie des dépens.
Article 410
1° La partie civile qui succombe est tenue des frais. Il en est de même dans le cas visé par l'article 360.
2° Le tribunal peut toutefois, par décision spéciale et motivée, l'en décharger en tout ou en partie.
Article 411
Dans le cas où la condamnation n'intervient pas pour toutes les infractions qui ont fait l'objet de la poursuite ou n'intervient qu'à raison d'infractions qui ont fait l'objet d'une disqualification, soit au cours de l'instruction, soit au moment du prononcé du jugement, comme aussi dans le cas de mise hors de cause de certains prévenus, le tribunal peut, par une disposition motivée, décharger le condamné de la part des frais de justice qui ne résulte pas directement de l'infraction ayant entraîné la condamnation au fond. Le tribunal fixe lui-même le montant des frais dont est alors déchargé le condamné, ces frais étant laissés, selon les circonstances, à la charge du trésor ou de la partie civile.
Article 412
Les frais et dépens sont liquidés par le jugement. À défaut de décision sur l'application des articles 408 et suivants ou en cas de difficultés d'exécution portant sur la condamnation aux frais et dépens, la juridiction qui a statué au fond peut être saisie par tout intéressé, conformément aux règles établies en matière d'incidents d'exécution, et compléter son jugement sur ce point.
Article 413
1° Le prévenu, la partie civile ou la personne civilement responsable, peut réclamer au tribunal saisi de la poursuite la restitution des objets placés sous la main de la justice.
2° Le tribunal peut ordonner d'office cette restitution.

Article 414
1° Toute personne autre que le prévenu, la partie civile ou la personne civilement responsable qui prétend avoir droit sur des objets placés sous la main de la justice peut également en réclamer la restitution au tribunal saisi de la poursuite.
2° Seuls les procès-verbaux relatifs à la saisie des objets peuvent lui être communiqués.
3° Le tribunal statue par jugement séparé, les parties entendues.
Article 415
Si le tribunal accorde la restitution, il peut prendre toutes mesures conservatoires pour assurer jusqu'à décision définitive sur le fond la représentation des objets restitués.
Article 416
1° Si le tribunal estime que les objets placés sous la main de la justice sont utiles à la manifestation de la vérité ou susceptibles de confiscation, il sursoit à statuer jusqu'à sa décision sur le fond.
2° Dans ce cas, le jugement n'est susceptible d'aucun recours.
Article 417
1° Le jugement qui rejette une demande de restitution est susceptible d'appel de la part de la personne qui a formé cette demande.
2° Le jugement qui accorde la restitution est susceptible d'appel de la part du ministère public et de la part du prévenu, de la personne civilement responsable, ou de la partie civile à qui cette décision ferait grief. La cour ne peut être saisie qu'après que le tribunal a statué au fond.
Article 418
1° Le tribunal qui a connu l'affaire demeure compétent pour ordonner la restitution des objets placés sous la main de la justice, si aucune voie de recours n'a été exercée contre le jugement sur le fond.
2° Il statue sur requête de toute personne qui prétend avoir droit sur l'objet ou à la demande du ministère public.
3° Sa décision peut être déférée à la cour d'appel, conformément aux dispositions de l'article 417.
Article 419
1° Lorsque la cour d'appel est saisie du fond de l'affaire elle est compétente pour statuer sur les restitutions dans les conditions prévues par les articles 413 et 416.
2° Elle demeure compétente, même après décision définitive sur le fond, pour ordonner la restitution dans les conditions prévues aux alinéas 1er et 2 de l'article 418.
Article 420
1° Tout jugement doit contenir des motifs et un dispositif.
2° Les motifs constituent la base de la décision.

3° Le dispositif énonce les infractions dont les personnes citées sont déclarées coupables ou responsables, ainsi que la peine, les textes de loi appliqués, et les condamnations civiles.
4° Il est donné lecture du jugement par le président.

Article 421

1° La minute du jugement est datée et mentionne le nom du magistrat qui l'a rendu ; la présence du ministère public à l'audience doit y être constatée, sauf pour les jugements rendus par les juges de section et d'instance.
2° Après avoir été signé par le président et le greffier, la minute est déposée au greffe du tribunal dans les dix jours au plus tard du prononcé du jugement. Ce dépôt est mentionné sur le registre spécialement tenu au greffe à cet effet. Le tout à charge d'une amende civile de 5 000 francs à l'encontre du greffier.

Section 6 : Du jugement par défaut, et de l'opposition

Paragraphe premier : Du défaut

Article 422

Sauf les cas prévus par les articles 344, 345, 346, 349, 350, 351 et 359, toute personne régulièrement citée qui ne comparaît pas au jour et à l'heure fixés par la citation est jugée par défaut, ainsi qu'il est dit à l'article 347.

Article 423

Le jugement prononcé par défaut est signifié conformément aux dispositions des articles 490 et suivants.

Paragraphe 2 : De l'opposition

Article 424

1° Le jugement par défaut est non avenu dans toutes ses dispositions si de quelle que manière que ce soit le prévenu forme opposition à son exécution.
2° Il peut toutefois limiter cette opposition aux dispositions civiles du jugement.
3° Dans l'intérêt d'une bonne administration de la justice s'il a été décerné mandat d'arrêt, le tribunal du lieu d'arrestation sera également compétent pour connaître de l'opposition formée au jugement par défaut.
4° A cette fin le tribunal qui a rendu le jugement frappé d'opposition se dessaisit par ordonnance de son président au profit du tribunal du lieu d'arrestation.

Article 425

1° Dans le cas où l'opposition est limitée aux dispositions civiles du jugement, le prévenu doit signifier directement son opposition à la partie civile.
2° Quand l'opposition n'est pas limitée aux intérêts civils, le ministère public fait donner citation à comparaître à l'audience à toutes les parties en cause.

Article 426

Si la signification du jugement a été faite à la personne du prévenu, l'opposition doit être formée dans les délais ci-après, qui courent à compter de cette signification : dix jours si le prévenu réside au Congo, un mois s'il réside hors de ce territoire.

Article 427

1° Si la signification du jugement n'a pas été faite à la personne du prévenu, l'opposition doit être formée dans les délais ci-après qui courent à compter de la signification du jugement faite à domicile, à la mairie ou au parquet : dix jours si le prévenu réside au Congo, un mois s'il réside hors de ce territoire.

2° Toutefois, s'il s'agit d'un jugement de condamnation et s'il ne résulte pas soit de l'avis constatant remise de la lettre recommandée prévue aux articles 497 et 498, alinéa 5, soit d'un acte d'exécution quelconque ou de l'avis donné conformément à l'article 500, que le prévenu a eu connaissance de la signification, l'opposition tant en ce qui concerne les intérêts civils que la condamnation pénale reste recevable jusqu'à l'expiration des délais de prescription de la peine.

3° Dans les cas visés à l'alinéa précédent, le délai d'opposition court à compter du jour où le prévenu a eu cette connaissance.

Article 428

La personne civilement responsable et la partie civile peuvent former opposition à tout jugement par défaut à leur encontre, dans les délais fixés à l'article 426, lesquels courent à compter de la signification du jugement, quel qu'en soit le mode.

Paragraphe 3 : De l'itératif défaut

Article 429

L'opposition est non avenue si l'opposant ne comparaît pas à la date qui lui est fixée soit par la notification à lui faite verbalement et constatée par procès-verbal au moment où l'opposition a été formée, soit par une nouvelle citation délivrée à l'intéressé, conformément aux dispositions des articles 490 et suivants.

Article 430

Dans tous les cas, les frais de la signification du jugement par défaut et de l'opposition peuvent être laissés à la charge de la partie opposante.

CHAPITRE II : DE LA COUR D'APPEL EN MATIÈRE CORRECTIONNELLE

Section 1 : De l'exercice du droit d'appel

Article 431

Les jugements rendus en matière correctionnelle peuvent être attaqués par la voie de l'appel.

Article 432

1° Toutefois, l'appel contre les jugements préparatoires ou interlocutoires, statuant sur des incidents et exceptions ne sera reçu, même contre les jugements rendus sur la compétence, qu'après le jugement sur le fond et en même temps que l'appel contre ledit jugement.

2° Le greffier du tribunal dressera procès-verbal du refus qu'il oppose à la transcription de la déclaration d'appel, dans tous les cas où la loi prescrit que l'appel ne sera pas reçu.

3° Les parties sont admises à appeler, par simple requête, dans les vingt-quatre heures, devant le président du tribunal, du refus du greffier, lequel sera tenu de recevoir l'appel si l'injonction lui en est faite par ce magistrat.

4° Dans tous les cas, la partie qui aura manifesté sa volonté d'appeler d'un jugement dans les délais légaux conservera le droit de renouveler son appel après la décision sur le fond.

Article 433

L'appel est porté à la cour d'appel.

Article 434

La faculté d'appeler appartient :

1° Au prévenu ;

2° A la personne civilement responsable ;

3° A la partie civile, quant à ses intérêts civils seulement ;

4° Au Procureur de la République ;

5° Aux administrations publiques, dans les cas où celles-ci exercent l'action publique ;

6° Au Procureur général près la cour d'appel.

Article 435

1° Sauf dans le cas prévu à l'article 443, l'appel est interjeté dans le délai de dix jours à compter du prononcé du jugement contradictoire.

2° Toutefois, le délai d'appel ne court qu'à compter de la signification du jugement, quel qu'en soit le mode dans les cas suivants :

a) Pour la partie qui après débat contradictoire n'était pas présente ou représentée à l'audience où le jugement a été prononcé, mais seulement dans le cas où elle-même ou son représentant n'auraient pas été informés du jour où le jugement serait prononcé.

b) Pour le prévenu qui n'a pas comparu, dans les conditions prévues par l'article 346.

c) Il en est de même dans le cas prévu à l'article 344.

Article 436

Toutefois, l'appel par le Procureur de la République des jugements rendus par les sections de tribunaux est recevable dans le délai d'un mois à compter du prononcé.

Article 437

Si le jugement est rendu par défaut ou par itératif défaut, le délai d'appel ne court qu'à compter de la signification du jugement, quel qu'en soit le mode.

Article 438

En cas d'appel d'une des parties pendant les délais ci-dessus, les autres parties ont un délai supplémentaire de cinq jours pour interjeter appel.

Article 439

1° Lorsque le tribunal statue sur une demande de mise en liberté provisoire en conformité de l'article 124 l'appel doit être formé dans un délai de vingt-quatre heures.

2° Le prévenu est maintenu en prison jusqu'à ce qu'il ait été statué sur l'appel du Procureur de la République, et jusqu'à l'expiration du délai de cet appel, sauf le cas prévu à l'article 436.

Article 440

1° L'appel a lieu :

Soit par déclaration au greffe de la juridiction qui a statué, dans les délais ci-dessus ;

Soit par déclaration constatée par procès-verbal au moment de la signification du jugement ;

Soit par lettre recommandée avec accusé de réception ou télégramme adressé au greffier de cette juridiction. Le greffier, sur le registre des appels, dresse procès-verbal de réception de la lettre, du télégramme ou du procès-verbal d'appel. La date d'envoi portée sur le cachet de la poste ou la date du procès-verbal sont considérées comme date d'appel.

2° En ce qui concerne les jugements rendus par les juges des sections et d'instance le Procureur de la République fait sa déclaration au greffe de son tribunal qui en transmet expédition sans délai au greffe de la juridiction qui a statué.

3° En cas d'appel au siège de la juridiction qui a statué, la déclaration d'appel doit être signée par le greffier et par l'appelant lui-même ou par un avocat ou par un fondé de pouvoir spécial. Dans ce dernier cas, le pouvoir est annexé à l'acte dressé par le greffier. Si l'appelant ne peut signer il sera fait mention par le greffier.

4° La déclaration est inscrite sur un registre public à ce destiné et toute personne a le droit de s'en faire délivrer une copie.

Article 441

1° Lorsque l'appelant est détenu, il peut également faire connaître sa volonté d'interjeter appel par une lettre qu'il remet au régisseur de la maison d'arrêt ; ce dernier lui en délivre récépissé.

2° Le régisseur certifie sur cette lettre même que celle-ci lui a été remise par l'intéressé, et il précise la date de la remise.

3° Ce document est transmis immédiatement au greffe de la juridiction qui a rendu la décision attaquée, il est transcrit sur le registre prévu par l'article 440 et est annexé à l'acte dressé par le greffier.

Article 442

1° Une requête contenant les moyens d'appel peut-être remise dans les délais prévus pour la déclaration d'appel au greffe du tribunal. Elle est signée de l'appelant ou d'un avocat inscrit à un barreau.

2° La requête, ainsi que les pièces de la procédure sont envoyées par le Procureur de la République au parquet de la Cour dans le plus bref délai.

Article 443

L'appel du Procureur général est formé contre le prévenu et la partie civilement responsable dans le délai de trois mois à compter du prononcé du jugement, soit par notification au prévenu, ou à la partie civilement responsable, soit par la déclaration au greffe de la Cour d'appel, soit à l'audience si le prévenu ou la partie civilement responsable comparaissent en personne.

Article 444

Pendant les délais d'appel, à l'exception du délai prévu à l'article précédent, et durant l'instance d'appel, il est sursis à l'exécution du jugement sous réserve des dispositions des articles 400, alinéas 2 et 3, 406 et 619.

Article 445

1° L'affaire est dévolue à la cour d'appel dans la limite fixée par l'acte d'appel et par la qualité de l'appelant ainsi qu'il est dit à l'article 452.

2° La cour doit statuer dans les trois mois de la déclaration d'appel.

Section 2 : De la composition de la chambre des appels correctionnels

Article 446

1° La chambre des appels correctionnels est composée du président de la cour d'appel et de deux conseillers.

2° En cas d'absence ou d'empêchement du président de la cour d'appel, celui-ci est remplacé, d'office par le conseiller le plus ancien.

3° En cas d'absence ou d'empêchement des conseillers, ceux-ci peuvent être remplacés, sur ordonnance du président de la cour, par des juges choisis dans les tribunaux de grande instance du ressort.

4° Les fonctions du ministère public sont exercées par le Procureur général ou par ses substituts ou par tout officier du ministère public délégué par lui, celles du greffe par un greffier de la cour d'appel, ou en cas de besoin, par un greffier d'un tribunal de grande instance.

Article 447

1° Le nombre des audiences correctionnelles est déterminé à la fin de chaque année judiciaire pour l'année suivante par délibération de la cour.

2° Il peut être modifié dans les mêmes conditions en cours d'année, suivant les nécessités.

Section 3 : De la procédure devant la Chambre des appels correctionnels

Article 448

Les règles édictées par le tribunal correctionnel sont applicables devant la cour d'appel sous réserve des dispositions suivantes.

Article 449

1° L'appel est jugé à l'audience sur rapport oral d'un conseiller ; le prévenu est interrogé.

2° Les témoins ne sont entendus que si la cour a ordonné leur audition. Les parties en cause ont la parole dans l'ordre suivant : d'abord les parties appelantes, puis les parties intimées ; s'il y a plusieurs parties appelantes ou intimées, elles sont entendues dans l'ordre fixé par le président. Le prévenu ou son conseil auront toujours la parole les derniers.

Article 450

1° Toutefois, la cour juge sur pièces dans les affaires intéressant les prévenus appelants ou intimés détenus en dehors de Brazzaville. Elle peut toutefois, lorsqu'elle le juge utile ordonner la comparution.

2° Les prévenus appelants ou intimés non détenus, la partie civile et la partie civilement responsable appelante ont la faculté de déclarer qu'ils renoncent à comparaître devant la cour d'appel. Dans ce cas, la cour juge également sur pièces et l'arrêt est réputé contradictoire. À cet effet, au moment de la déclaration d'appel, le greffier est tenu d'interpeller la partie appelante sur le point de savoir si elle entend comparaître ou non devant la cour, et de mentionner à l'acte la réponse faite.

Article 451

1° Si la cour estime que l'appel est tardif ou irrégulièrement formé, elle le déclare irrecevable.

2° Si elle estime que l'appel, bien que recevable, n'est pas fondé, elle confirme le jugement attaqué.

3° Dans les deux cas, elle condamne l'appelant aux dépens, à moins que l'appel n'émane du ministère public, les dépens étant alors laissés à la charge du trésor.

Article 452

1° La cour peut, sur l'appel du ministère public, soit confirmer le jugement, soit l'infirmer en tout ou en partie dans un sens favorable ou défavorable au prévenu.

2° La cour ne peut, sur le seul appel du prévenu ou du civilement responsable, aggraver le sort de l'appelant.

3° Elle ne peut, sur le seul appel de la partie civile, modifier le jugement dans un sens défavorable à celle-ci.

4° La partie civile, ne peut, en cause d'appel, former aucune demande nouvelle ; toutefois elle peut demander une augmentation des dommages-intérêts pour le préjudice souffert depuis la décision de première instance.

Article 453

1° Si le jugement est réformé parce que la cour estime qu'il n'y a ni crime ni délit, ni contravention ou que le fait n'est pas établi ou qu'il n'est pas imputable au prévenu, elle renvoie celui-ci des fins de la poursuite.

2° Dans ce cas, si le prévenu acquitté demande des dommages-intérêts, dans les conditions prévues à l'article 407 il porte directement sa demande devant la cour d'appel.

Article 454

Si le jugement est réformé parce que la cour estime que le prévenu bénéficie d'une excuse absolutoire, elle se conforme aux dispositions de l'article 403.

Article 455
Si le jugement est annulé parce que la cour estime que le fait ne constitue qu'une contravention, elle prononce la peine et statue, s'il y a lieu, sur l'action civile.
Article 456
1° Si le jugement est annulé parce que la cour estime que le fait est de nature à entraîner une peine criminelle, la cour d'appel se déclare incompétente. Elle renvoie le ministère public à se pourvoir ainsi qu'il avisera.
2° Elle peut, le ministère public entendu, décerner par la même décision mandat de dépôt ou d'arrêt contre le prévenu.
Article 457
Si le jugement est annulé pour violation ou omission non réparée de formes prescrites par la loi à peine de nullité, la cour évoque, statue sur le fond.

ss

TITRE III :
DU JUGEMENT DES CONTRAVENTIONS

Chapitre premier : De la compétence du Tribunal de police

Article 458
1° Le tribunal d'instance statuant en matière de police connaît des contraventions.
2° Toutefois, lorsqu'un tribunal d'instance n'est pas installé au siège d'un tribunal de grande instance ou de section, ces dernières juridictions statuent en matière de police dans le ressort fixé par arrêté du garde des sceaux.
3° Sont des contraventions les infractions que la loi punit d'une peine de dix jours d'emprisonnement ou au-dessous ou de 36.000 francs d'amende ou au-dessous, qu'il y ait ou non confiscation des choses saisies et quelle qu'en soit la valeur.

CONCLUSION

À l'observation de ce qui précède, il sied de souligner que lorsqu'une infraction a été découverte, le procès pénal est inévitable. Toutefois, il est important à ce niveau de nuancer en disant que l'infraction elle-même doit d'abord avoir été prévue par un texte législatif ou règlementaire. Car, seule la raison écrite prime en matière pénale. Ce qui fait qu'en l'absence de toute prévention légale, quel que soit le comportement manifestement dangereux d'un individu, l'action publique ne saurait être mise en mouvement. Le procès pénal constitue l'aboutissement d'un cycle au cours duquel plusieurs personnes interviennent avant que l'on arrive au procès proprement dit. De la commission de l'infraction en passant par l'enquête préliminaire lorsqu'il en était ainsi jusqu'à la juridiction de jugement il y a différents acteurs qui interviennent pour les raisons d'efficacité de la procédure. C'est en cela que dans un procès pénal on retrouve la victime (partie civile), le contrevenant, le prévenu ou l'accusé selon la matière ou l'infraction poursuivie. Les officiers de police judiciaire, les parquetiers et bien évidemment les différentes juridictions compétentes.

Ainsi, bien que la commission d'une infraction à la loi pénale donne lieu au procès, il va de soi, sans contraste aucun, que bon nombre d'obstacles sont tout de même susceptibles d'entraver la tenue ou le déroulement d'un procès pénal. Ces obstacles sont tantôt temporaires, tantôt permanents. Si les immunités d'ordre familial sont permanentes c'est-à-dire ne peuvent pas être levées, les immunités parlementaire, diplomatique, judiciaire quant à elles demeurent temporaires dans la mesure où elles prennent fin à la fin de l'exercice de la fonction à laquelle elles sont attachées. Et peuvent même dans certaines situations être levées pour permettre la poursuite de l'action publique contre celui qui en était couvert.

Il y a, à côté des immunités, bien d'autres faits justificatifs qui, lorsqu'ils écorchent l'action publique, du coup annihilent cette action du coup, en ce sens qu'elle ne peut plus aboutir à la condamnation de celui qui s'est rendu coupable d'une infraction à la loi pénale. Cependant, il est important de le rappeler que dans le déroulement du procès pénal, se greffe également l'action civile qui vise la réparation du préjudice que subit la victime d'une infraction à la loi pénale. Toutefois, la victime seule a le monopole de cette action et elle n'est pas tenue d'une obligation de l'exercer devant la juridiction répressive. Car, elle peut l'exercer devant une juridiction civile quand bien même elle serait issue d'une infraction à la loi pénale. Son exercice obéit à un certain nombre de règles telles que les délais de prescription. Ainsi, pour cette action dite civile, l'écoulement d'une durée de trente (30) ans sans l'avoir exercé frappe son titulaire de forclusion.

Au regard de cet ouvrage, il convient de retenir que le droit étant une science, l'observation des règles et des principes demande une attention particulière pour éviter les leurres. Le procès pénal se déroulant de bout en bout, le respect de la procédure et des règles qui le gouvernent détermine l'issue même d'un procès pénal. La logique dans laquelle cet ouvrage a été conçu demeure la même. Il vise non seulement l'orientation du déroulement d'un procès pénal mais rappelle à quelques endroits à quoi doit normalement ressembler un procès pénal. Ceci étant, sa confection a été au centre d'un examen approfondi des éléments essentiels qui figurent dans les codes de procédure pénale aussi bien de la France que du Congo. La France, en tant qu'ancienne métropole, les Etats d'Afrique centrale ou d'Afrique de l'Ouest ont énormément hérité de sa législation pénale ; ce qui fait que les traits caractéristiques dans le déroulement d'un procès pénal en France soient à bien des endroits les mêmes que dans les Etats de l'AEF et de l'AOF.

TABLE DES MATIÈRES

DROIT
AUX ÉDITIONS L'HARMATTAN

Dernières parutions

DROIT DES RESSOURCES NATURELLES
Éléments d'élaboration, d'analyse et d'évaluation des lois
Mukendi Mukendi Ntantamika
Préface de Maître Emery Mukendi Wafwana
Cet ouvrage tente de répondre à la problématique induite par la quête scientifique et politique d'un meilleur système d'appropriation des ressources naturelles, d'un meilleur dispositif de contrôle d'accès à leurs gisements et de redistribution des revenus de leur exploitation. C'est par la construction d'archétypes de régimes juridiques déduits des critères institutionnels, écologiques, sociaux et économiques du principe de développement durable que ce livre procède.
(Coll. Harmattan RDC, 612 p., 49 euros)
ISBN : 978-2-343-15169-4, EAN EBOOK : 9782140122569

LES PROCÉDURES DE CONTRÔLE A POSTERIORI EN RD CONGO
Mise en oeuvre de contrôles douaniers et accisiens modernes et efficaces
Alain Tenday Lupumba
Préface d'Albert Yuma Mulimbi - Postface de Gabriel Mwepu Numbi
"Les objectifs de cet ouvrage sont de sensibiliser les professionnels et les autres acteurs du commerce international aux spécificités du contrôle douanier a posteriori et d'offrir une approche pratique et spécifique des rôles et responsabilités des uns et des autres. En l'intitulant Les procédures de contrôle a posteriori en RD Congo, mise en oeuvre de contrôles douaniers et accisiens modernes et efficaces, l'auteur a volontairement pris le parti de questionner l'ensemble des composantes susceptibles d'influencer la performance de l'administration douanière, y compris les aspects humains" (extrait de la préface de Albert Yuma Mulimbi)
(Coll. Comptes Rendus, 270 p., 28 euros)
ISBN : 978-2-343-17235-4, EAN EBOOK : 9782140122149

AN OUTILINE OF CUSTOMS POLICY OF THE DEMOCRATIC REPUBLIC OF CONGO
2003-2010
Jean-Paul Esamba Bokel'Ipoka
Foreword by Déo Rugwiza Magera
An Outline of Customs Policy of the Democratic Republic of Congo presents in the easiest way what is meant by customs policy in general, its basics namely: objects, elements, sources, instruments, functions (...), regional and international frameworks. The author stresses on the customs policy progress from 2003 to 2010, which is a decisive period in the DRC customs management, through the implementation of 2003 customs reform and modernization programme.
(Coll. Harmattan Cameroun, 156 p., 17 euros)
ISBN : 978-2-343-17710-6, EAN EBOOK : 9782140122040

LA GOUVERNANCE FORESTIÈRE EN RÉPUBLIQUE DU CONGO
1899-2017
André Ondele-Kanga
Ce livre a été rédigé pour documenter et archiver, au profit des générations futures, l'historique de la gouvernance forestière en République du Congo de 1899 à 2018. Il dénonce un paradoxe de la

gouvernance forestière actuelle qui, renonçant à la croissance économique du secteur, fonde son satisfécit sur le succès diplomatique retentissant qui fait jouer au pays un rôle honorifique de leadership des forêts du bassin du Congo.

(Coll. Harmattan Congo-Brazzaville, 376 p., 37,5 euros)

ISBN : 978-2-343-15305-6, EAN EBOOK : 9782140121845

LES CHEFFERIES TRADITIONNELLES AFRICAINES FACE À LA DYNAMIQUE DES RÉFORMES TERRITORIALES

Contribution à l'étude des processus de décentralisation

Koko Adiki Tovenim

Cette étude, au-delà d'un bilan sur les processus de décentralisation en Afrique, se veut aussi prospective en offrant une mise à jour des institutions locales en Afrique subsaharienne dans le cadre des réformes territoriales entreprises ces dernières années.

(Coll. Études africaines, 228 p., 24,5 euros)

ISBN : 978-2-343-17045-9, EAN EBOOK : 9782140121371

LES MUTATIONS RÉCENTES DE LA JUSTICE ADMINISTRATIVE EN AFRIQUE FRANCOPHONE

Etude critique à partir du modèle camerounais

Olivier Fandjip

En Afrique francophone, on observe ces dernières années des réformes qui tendent, d'une part, à consolider les différents modèles de justice administrative en vigueur et, d'autre part, à améliorer la qualité de la justice. Ces évolutions renouvellent les interrogations sur la déconcentration et l'autonomie des juridictions administratives. À travers une analyse critique et prospective, cet ouvrage montre que, malgré l'importance de ces mutations, les problématiques de l'accès et de l'autonomie de la justice administrative se posent encore avec acuité.

(Coll. Études africaines, 254 p., 25 euros)

ISBN : 978-2-343-16510-3, EAN EBOOK : 9782140120657

DROITS DES TÉLÉCOMS ET DU NUMÉRIQUE

Profil africain et congolais, prospective comparée d'Europe et de France

Kodjo Ndukuma Adjayi

Les télécoms, l'Internet et le numérique sont des facteurs techniques de transformation du droit. À l'origine, les télécoms étaient sous le régime des services publics. À partir des États-Unis et de l'Europe, l'OMC (1994-1997) a promu le droit sectoriel de la régulation. Partout, de nouveaux défis sont nés, dans le démantèlement des monopoles vers une totale économie de marché. Pour la République démocratique du Congo, ses lois « dérégulatrices », figées depuis le 16 octobre 2002, contrastent avec les mutations numériques, économiques et sociétales des États postmodernes à l'épreuve d'Internet. L'« Europe des télécoms » réajuste constamment sa politique législative autour d'objectifs structurants : construction du marché, diffusion technologique, protection des données, etc. Si l'Afrique s'adapte à peine et avec peine, la République démocratique du Congo entend bien encadrer télécoms et TIC, renouveau de régulation étatique, échanges et commerce électroniques, à travers trois textes de loi en gestation...

(Coll. Enjeux et droits numériques, 434 p., 39 euros)

ISBN : 978-2-343-15722-1, EAN EBOOK : 9782140119033

DROIT DE L'ÉCONOMIE NUMÉRIQUE

E-commerce et dérégulation européenne, française, internationale, africaine, congolaise des télécoms

Kodjo Ndukuma Adjayi

Télécoms, Internet et numérisation ont donné prise à la révolution numérique. La phénoménologie d'ordre sociétal qui en résulte est une source réelle pour le Droit. Aujourd'hui, l'État fait face à des polycentres du pouvoir normatif et aux géants planétaires du Net. L'indépendance du Net postule la régulation seulement par le code informatique et par le marché. Tourneboulés, les paradigmes du droit offrent deux approches possibles de législation : via le contenu des activités réseautées ou via leur contenant. Le réseau est, en effet, la voie électronique pour le commerce à distance. Il monétise la valeur du clic ainsi que les intelligences sans cesse inventives. Il faut donc appréhender les enjeux dans le champ d'un Droit de l'économie numérique.

(Coll. Enjeux et droits numériques, 460 p., 42 euros)

ISBN : 978-2-343-15721-4, EAN EBOOK : 9782140119057

ESCULAPE ET MARS

Certificat médical et détention d'armes

Tanguy Kerneïs

Comment rédiger un certificat médical pour "faire du tir" et que faut-il écrire ? Engage-t-on sa responsabilité pour établir un certificat lors d'une demande d'inscription à l'examen du permis de chasser ou pour rédiger un document pour ce patient qui vient d'hériter du fusil du grand-père et qui veut le conserver ? Cet ouvrage explique les arcanes de la législation des armes et détaille les diverses situations pour que ces certificats ne deviennent pas une source d'inquiétude supplémentaire à une époque où la détention et l'usage d'une arme provoquent une angoisse sociétale.

SPM (92 p., 13 euros)

ISBN : 978-2-917232-98-9, EAN EBOOK : 9782140119460

CENTENAIRE DE LA DEUXIÈME RÉVOLUTION RUSSE

Perceptions et représentations contemporaines

David Cumin

2017 fut l'année du centenaire de la Révolution russe. Les contributions regroupées dans cet ouvrage s'intéressent aux perceptions et aux représentations contemporaines de cet événement. Comment perçoit-on le bolchevisme et l'URSS de nos jours, aussi bien en Russie qu'en France ou en Europe occidentale ? Andreï Gratchev (ancien conseiller de Mikhaïl Gorbatchev) fournit une réponse inédite sur ce point.

(Coll. Épistémologie et philosophie des sciences, 182 p., 19 euros)

ISBN : 978-2-343-17482-2, EAN EBOOK : 9782140120411

SÉPARATION DES POUVOIRS ET CONTRE-POUVOIRS

Actes des 1ères journées scientifiques de droit constitutionnel
Palais des Congrès de Niamey, du 10 au 13 octobre 2017

Oumarou Narey

Avec l'Association Nigérienne de Droit Constitutionnel (Andc)

L'ouvrage tente de remettre en lumière l'essence de la séparation des pouvoirs et l'esprit des contre-pouvoirs alors qu'ils ont toujours été au centre des débats doctrinaux. La tombée en désuétude de la théorie ou son inadaptation aux réalités contemporaines fait que l'on assiste aujourd'hui à la construction d'une notion de substitution, celle de contre-pouvoir. Mais le recours presque frénétique à la notion, dans le champ du droit constitutionnel et politique, comporte un risque principal : celui de la perte de toute portée explicative et de son sens critique.

(Coll. Harmattan Sénégal, 518 p., 49 euros)

ISBN : 978-2-343-16827-2, EAN EBOOK : 9782140120237

QUAND SURVEILLER C'EST PUNIR

Vers un au-delà de la justice pénale

Dominique Rivière

Punir semble la réponse naturelle à un acte jugé indésirable. Pourtant, constatant l'impossibilité de définir clairement l'acte délictueux ou criminel, et réalisant que ce sont surtout les pauvres qui sont punis, la question du sens de la peine se pose, et plus encore sa justification. Remplacer le mot crime par situation problème, c'est envisager un au-delà de la justice rétributive. Refuser toute violence, c'est aller vers une société où le paradigme punitif cède la place au soin, à l'éducation, à la médiation, à la protection des personnes. Abolir la prison, et le Code pénal, suppose un changement de regard : l'autre, dans une altérité parfois très difficile, reste un être de parole et ne peut être l'objet de coercition. Puissent ces lignes ouvrir un nouvel horizon qui exclue radicalement la violence.

(Coll. Questions contemporaines, 222 p., 22,5 euros)

ISBN : 978-2-343-17356-6, EAN EBOOK : 9782140120138

POUR UNE CRIMINOLOGIE INTERCULTURELLE
Ethnoprobation
Guillaume Arandel
Préface de Philippe Pottier. Postface de Loïck M. Villerbu
Travailler avec des personnes délinquantes ou victimes suppose une adaptation à la diversité humaine et la singularité des situations. Or, dans un contexte d'interculturalité, les risques d'incompréhensions, de méprises et de maladresses sont démultipliés. L'analyse proposée ici s'appuie sur différentes méthodes et s'inspire de disciplines telles que : l'approche comparée (France, Canada, Mali), la philosophie, l'anthropologie juridique, l'ethnopsychiatrie, la communication interculturelle ou encore des témoignages. Développer ces savoirs revient à se donner l'opportunité de mieux appréhender les différentes cultures pour, in fine, encourager une meilleure prise de conscience de celle dans laquelle nous évoluons. Il s'agit de mieux appréhender les cultures questionnées, en comprendre leurs déviances et de gagner en lucidité sur leurs valeurs.
(Coll. Controverses, 134 p., 15 euros)
ISBN : 978-2-343-17291-0, EAN EBOOK : 9782140120008

LA DOMANIALITÉ DES BIENS DE L'ADMINISTRATION PUBLIQUE À L'ÉPREUVE DES RÉGIMES FONCIERS TRADITIONNELS
Samba Sarr
De nombreuses difficultés demeurent par rapport à la gestion du domaine, qu'il soit public ou privé, qu'il appartienne à l'Etat ou aux collectivités territoriales. Les droits coutumiers désormais reconnus et magnifiés à la faveur de la valorisation des traditions séculaires contestent la primauté du droit écrit. L'auteur présente la photographie des biens de l'administration publique ainsi que leur évolution par rapport aux régimes fonciers coutumiers.
(426 p., 42 euros)
ISBN : 978-2-343-17362-7, EAN EBOOK : 9782140120046

LES SÛRETÉS ET GARANTIES RÉELLES DANS LES PROCÉDURES COLLECTIVES
Yaya Diallo
Préface de Philippe Delebecque
En France et dans l'espace OHADA, le droit des procédures collectives renvoie aux procédures judiciaires spéciales et dérogatoires par rapport au droit commun réservées au traitement curatif des difficultés des entreprises. D'ordre public, ce droit est destiné à l'entreprise débitrice et à ses créanciers. Conformément aux objectifs poursuivis, les droits et sûretés subissent des atteintes et des restrictions. Mais cette emprise naturelle du droit des procédures collectives sur les sûretés des créanciers est remise en cause. Les nouveaux mécanismes de garantie de créance ont été différenciés des sûretés réelles classiques. Il en résulte une incohérence entre le droit des sûretés et le droit des procédures collectives. Pour y remédier, cette thèse propose l'extension de l'emprise du droit des procédures collectives aux propriétés sûretés.
(Coll. Logiques Juridiques, 564 p., 49 euros)
ISBN : 978-2-343-15222-6, EAN EBOOK : 9782140119538

LIRE LES CONSTITUTIONS
Laureline Fontaine
Ouvrage coordonné par
Le phénomène du constitutionnalisme englobe plusieurs événements et appréciations : la philosophie initiale s'appuyant sur la valeur du droit comme « capable » de limiter et de cadrer le pouvoir politique qu'il s'agit effectivement de limiter et de cadrer, relayée par la valeur anthropologique du droit comme « élément traducteur » de la société humaine ; l'élaboration, la pratique, l'interprétation, la pensée et la diffusion des constitutions aussi, au sein des différents espaces géographiques et temporels, qui comptent donc autant d'éléments non juridiques que juridiques.
(Coll. Questions contemporaines, 196 p., 19,5 euros)
ISBN : 978-2-343-16082-5, EAN EBOOK : 9782140119132

Structures éditoriales du groupe L'Harmattan

L'Harmattan Italie
Via degli Artisti, 15
10124 Torino
harmattan.italia@gmail.com

L'Harmattan Hongrie
Kossuth l. u. 14-16.
1053 Budapest
harmattan@harmattan.hu

L'Harmattan Sénégal
10 VDN en face Mermoz
BP 45034 Dakar-Fann
senharmattan@gmail.com

L'Harmattan Cameroun
TSINGA/FECAFOOT
BP 11486 Yaoundé
inkoukam@gmail.com

L'Harmattan Burkina Faso
Achille Somé – tengnule@hotmail.fr

L'Harmattan Guinée
Almamya, rue KA 028 OKB Agency
BP 3470 Conakry
harmattanguinee@yahoo.fr

L'Harmattan RDC
185, avenue Nyangwe
Commune de Lingwala – Kinshasa
matangilamusadila@yahoo.fr

L'Harmattan Congo
67, boulevard Denis-Sassou-N'Guesso
BP 2874 Brazzaville
harmattan.congo@yahoo.fr

L'Harmattan Mali
Sirakoro-Meguetana V31
Bamako
syllaka@yahoo.fr

L'Harmattan Togo
Djidjole – Lomé
Maison Amela
face EPP BATOME
ddamela@aol.com

L'Harmattan Côte d'Ivoire
Résidence Karl – Cité des Arts
Abidjan-Cocody
03 BP 1588 Abidjan
espace_harmattan.ci@hotmail.fr

L'Harmattan Algérie
22, rue Moulay-Mohamed
31000 Oran
info2@harmattan-algerie.com

L'Harmattan Maroc
5, rue Ferrane-Kouicha, Talaâ-Elkbira
Chrableyine, Fès-Médine
30000 Fès
harmattan.maroc@gmail.com

Nos librairies en France

Librairie internationale
16, rue des Écoles – 75005 Paris
librairie.internationale@harmattan.fr
01 40 46 79 11
www.librairieharmattan.com

Lib. sciences humaines & histoire
21, rue des Écoles – 75005 Paris
librairie.sh@harmattan.fr
01 46 34 13 71
www.librairieharmattansh.com

Librairie l'Espace Harmattan
21 bis, rue des Écoles – 75005 Paris
librairie.espace@harmattan.fr
01 43 29 49 42

Lib. Méditerranée & Moyen-Orient
7, rue des Carmes – 75005 Paris
librairie.mediterranee@harmattan.fr
01 43 29 71 15

Librairie Le Lucernaire
53, rue Notre-Dame-des-Champs – 75006 Paris
librairie@lucernaire.fr
01 42 22 67 13

www.ingramcontent.com/pod-product-compliance
Lightning Source LLC
LaVergne TN
LVHW011306061026
849535LV00005B/1418